MARTIN ZWEIG'S
WINNING ON WALL STREET

马丁·茨威格
的华尔街制胜之道

如何判断
市场趋势、选股、择时买卖

HOW TO SPOT MARKET TRENDS EARLY, WHICH STOCKS TO PICK,
AND WHEN TO BUY AND SELL FOR PEAK PROFITS AND MINIMUM RISK

[美]马丁·茨威格 Martin Zweig 著　王汀汀 译

中国青年出版社
CHINA YOUTH PRESS

图书在版编目（CIP）数据

马丁·茨威格的华尔街制胜之道：如何判断市场趋势、选股、择时买卖 /（美）马丁·茨威格著；王汀汀译.
—北京：中国青年出版社, 2019.6
书名原文：Martin Zweig's Winning on Wall Street: How to Spot Market Trends Early, Which Stocks to Pick, and When to Buy and Sell for Peak Profits and Minimum Risk
ISBN 978-7-5153-5562-7

Ⅰ.①马… Ⅱ.①马…②王… Ⅲ.①股票交易—基本知识 Ⅳ.①F830.91

中国版本图书馆CIP数据核字（2019）第061860号

Martin Zweig's Winning on Wall Street
Copyright © 1986, 1990, 1994, 1997 by Martin Zweig
Simplified Chinese translation copyright © 2019 by China Youth Press
This edition published by arrangement with Center Street, New York, New York, USA.
All rights reserved.

马丁·茨威格的华尔街制胜之道：
如何判断市场趋势、选股、择时买卖

作　　者：	〔美〕马丁·茨威格
译　　者：	王汀汀
策划编辑：	肖　佳
文字编辑：	张祎琳
美术编辑：	杜雨萃
出　　版：	中国青年出版社
发　　行：	北京中青文文化传媒有限公司
电　　话：	010-65511270/65516873
公司网址：	www.cyb.com.cn
购书网址：	zqwts.tmall.com　　www.diyijie.com
印　　刷：	三河市文通印刷包装有限公司
版　　次：	2019年6月第1版
印　　次：	2019年6月第1次印刷
开　　本：	787×1092　1/16
字　　数：	230千字
印　　张：	16.5
京权图字：	01-2018-6370
书　　号：	ISBN 978-7-5153-5562-7
定　　价：	59.00元

版权声明

未经出版人事先书面许可，对本出版物的任何部分不得以任何方式或途径复制或传播，包括但不限于复印、录制、录音，或通过任何数据库、在线信息、数字化产品或可检索的系统。

中青版图书，版权所有，盗版必究

谨以此书献给我的妻子莫莉，感谢她在我职业道路上的不断鼓励，以及在本书写作过程中的耐心与支持。

扫码免费听
《高效能人士的七个习惯》有声书

MARTIN ZWEIG'S
WINNING ON WALL STREET

各方赞誉

他是个现象级的存在……他的投资顾问业绩稳稳地排在第一位……自从我开始跟踪他的业绩以来,他没有一年出现过亏损。

——马克·赫尔伯特(Mark Hulbert),
《赫尔伯特金融文摘》(Hulbert Financial Digest)编辑

写得很清楚,也很容易消化……《马丁·茨威格的华尔街制胜之道》对于那些希望以最少的代价更好地掌握自己命运的投资者来说,几乎是完美的。

——《系统与预测》(Systems and Forecasts)

我很高兴看到这本书。马丁·茨威格的新书可以推荐给个人投资者。本书就是一个预测体系,能够获得让人难忘的业绩。

——威廉·海耶斯(William Hayes),《市场纪事》(Market Chronicle)

在把握市场趋势和选股方面,他有着相当不错的纪录。

——凯瑟琳·韦林(Kathryn M. Woling),《巴伦周刊》(Barron's)

茨威格博士是投资行业最具创造力的技术分析师之一。相比任何股票市场服务机构的专家，他做了更多的统计工作来证明其方法的可靠性。

——罗伯特·努洛克（Robert Nurock），《每周华尔街》投资者分析部总裁

他是世界上最精明的市场观察家之一。

——杰克·伊根（Jack Egan），《纽约杂志》（New York Magazine）

马丁·茨威格已经在顾问业务的各个方面达到了顶峰……这样的纪录并不是缘于运气。马丁工作的成果使他在市场策略师和预测者中名列前茅。

——《择机者文摘》（Timer Digest）

请购买、阅读本书，消化书中的知识宝藏，并经常回顾本书内容……马丁·茨威格是美国投资顾问领域中最成功的人之一。

——耶鲁·赫希（Yale Hirsch），《聪明的钱》（Smatr Money）

当一位市场通讯作者在挑选股票方面领先竞争对手一年时，你可能会认为这是一次幸运的巧合。但是当同一位作家再一次出现并连续第二年重复其胜利时，显然是时候考虑一下他可能有什么独到之处。

——路易斯·鲁凯塞（Louis Rukeyser）

当茨威格说话时，人们洗耳恭听。那些预言大崩盘的分析师们获得了大师的地位。他们中的最突出者是马丁·茨威格。

——《时代周刊》（Time）

这本书是为数不多的优秀作家的优秀著作之一……推荐这本书是因为这位

著名的市场通讯作者已经在华尔街维持了相当长时间的领先地位。

——《福布斯》(Forbes)

华尔街几乎没有哪个市场预测者能获得像马丁·茨威格那样的尊重。

——《财富》(Money®)

如果马丁·茨威格打棒球,他会同时打出0.400的安打率和62支全垒打。

——《投资者智慧》(Investors Intelligence)

本书能够让任何投资者成为华尔街的赢家。这本书可能是10年来最好的股票市场专著,我们强烈推荐给所有市场上的投资者和学生们。

——《劳氏投资与财务通讯》(Lowe Investment & Financial Letter)

伟大的股票市场科学家的伟大著作。

——瓦尔特·海比,《动态合成》(Dynamic Synthesis)的作者

我们向所有积极参与股票市场的读者推荐这本书。

——《收入和资产咨询》(Income & Asset Advisory)

毫无疑问,茨威格已经证明,那些纪律严明、耐心、灵活的趋势跟踪者可以持续地战胜市场。投资成功不需要水晶球。

——《迪克·戴维斯文摘》(Dick Davis Digest)

一个可以击败市场的可靠交易系统……对市场趋势、利率、美联储政策、债务规模、市场势头等做出了清晰而详细的分析。

——《出版人周刊》(Publishers Weekly)

这是一本极好的工具书……书中详细解释了茨威格博士开发并经过历史验证的投资方法中的基本指标和模型。

——《迈阿密先驱报》(*Miami Herald*)

美国排名第一的选股大师……在书中他向读者展示了如何选择适合自己的股市指标。

——《孟菲斯商业杂志》(*Memphis Business Journal*)

这是一本极有深度的入门读物……对于那些想要在一个或多个不同的市场中寻找机会的投资者……这本书是你的最优选择。

——《柯克斯书评》(*Kirkus Reviews*)

美国最炙手可热的选股人……与茨威格相比,这个城市中的其他人看起来像是笨蛋。

——《洛杉矶杂志》(*Los Angeles Magazine*)

投资者的自我救赎!本书清楚地解释了影响市场价格的因素。茨威格充分解释了他用以提前识别熊市和牛市的模型。

——《达拉斯时代先驱报》(*Dallas Times-Herald*)

有价值的建议……可靠的参考来源。

——《普罗维登斯星期日杂志》(*Providence Sunday Journal*)

本书对一般的股票市场投资者有价值吗?答案是肯定的。

——弗雷德里克·C. 阿普特(Frederick C. Apter),《巴伦周刊》(*Barron's*)

本书不仅是市场涨跌的指南……它是对许多信号、指标和比率的严密描述,如果运用得当,这些信号、指标和比率可以为投资者带来良好的结果。

——《变革时代》(*Changing Times*)

致　谢

在这里，我要感谢那些为本书出版做出贡献的人。琼·格拉夫（Joan Graff）和丽莎·里斯（Lisa Liss），他们负责书稿的文字录入与更新；乔·迪姆纳（Joe DiMenna）、卡罗尔·怀特海（Carol Whitehead）和茨威格证券公司的蒂姆·克拉克（Tim Clark）、奈德·戴维斯研究公司的奈德·戴维斯（Ned Davis）和德拉菲尔德—哈维—塔贝尔公司的肯·塔（Ken Tower），感谢他们在研究方面提供的支持；奈德·戴维斯研究公司的黛比·德雷克（Debbie Drake）（当然还有奈德），他们在制作图表方面给予了作者无私帮助；华纳图书公司的吉姆·弗罗斯特（Jim Frost）、拉里·基尔施鲍姆（Larry Kirshbaum）和其他所有人；纳特·索贝尔（Nat Sobel），我的经纪人；《华尔街日报》的卢·鲁凯泽（Lou Rukeyser）和《巴伦周刊》的艾伦·阿贝尔森（Alan Abelson），多年以前，当我还处于事业发展初期时，他们给了我展示自己的机会；乔纳森·维斯（Jonathan Weiss），他教我相信自己的股票市场判断；我母亲和已故的父亲，原因无需多说；我已故的莫特叔叔，他是第一个鼓励我学习股票市场知识的人；最应该感谢的是，我的好朋友和合作伙伴莫里·戈德菲舍尔（Morrie Goldfischer），他督促我写完这本书，然后又不辞辛劳地编辑稿件，使之成为连贯的整体，并充分体现我的个人观点，也正是他的帮助让这本书能够按时交付印刷。

MARTIN ZWEIG'S
WINNING ON WALL STREET

目 录

引 言　我是如何预见到风险上升，并在股市崩溃当天获利 ／ 015

第1章　本书和其他股票书籍有何不同？它能为你带来什么 ／ 021

　　　判断市场趋势的基本指标 ／ 023

　　　挑选绩优股的方法 ／ 024

　　　灵活的投资理念 ／ 026

第2章　我为什么以及如何进入市场分析和股票投资行业 ／ 029

　　　我的第一笔投资 ／ 033

　　　《茨威格预测》启动 ／ 039

第3章　股票市场指数——它们意味着什么 ／ 043

　　　平均指数和市场活动 ／ 045

　　　未加权价格指数 ／ 047

　　　通货膨胀调整 ／ 049

　　　1929年到底发生了什么 ／ 051

第4章 货币指标——"不要与美联储唱反调" / 055

优惠利率指标 / 056

美联储指标 / 063

分期付款债务指标 / 070

货币模型 / 076

买入和卖出信号 / 081

第5章 动量指标——"趋势是你的朋友" / 089

涨跌比指标 / 090

上涨交易量指标 / 093

百分之四模型指标 / 098

第6章 货币指标和动量指标相结合——你唯一需要的投资模式 / 109

第7章 与行情作对——离灾难就不远了 / 125

第8章 情绪指标——何时与众人分道扬镳 / 129

共同基金的现金/资产比率 / 132

投资顾问的看多和看空 / 137

《巴伦周刊》的看多和看空广告 / 142

二次发行 / 145

茨威格情绪指数 / 148

第9章 周期性指标——关于全年重要时点的预测指南 / 151

223胜8负 / 156

周一效应与周五效应 / 159

月份效应 / 160

月末效应 / 163

目录

总统选举期效应 / 165

年底核税抛售效应 / 167

第10章　如何提前判断牛市与熊市 / 169

牛市的两个基本要素 / 169

熊市的三个重要条件 / 175

第11章　如何挑选击败市场的绩优股——"霰弹枪"和"步枪"方法 / 183

浏览财经信息 / 185

市盈率 / 194

价格表现 / 199

内部人交易 / 202

第12章　我自己的股票选择——为什么有时"太早"卖出是对的 / 209

杜尔-费劳尔医疗（DURR-FILLAUER MEDICAL）/ 209

卡奇公司（CACI, INC.）/ 211

伊美莱斯公司（EMULEX CORP.）/ 212

德雷福斯公司（DREYFUS）/ 216

中大西洋银行（MIDLANTIC BANKS）/ 218

第13章　止损！如何管理投资以最大限度地降低风险并实现利润最大化 / 221

止损是什么 / 221

锁定盈利 / 228

第14章　卖空——并非不爱国 / 237

第15章　关于投资的问与答 / 243

第16章　给聪明投资者的结束语 / 257

| 引言 |
INTRODUCTION

我是如何预见到风险上升,并在股市崩溃当天获利

1987年10月19日,这是一个历史性的日子,道琼斯指数暴跌22.6%。通过运用这本书中介绍的经过时间检验的指标和策略,我在股市崩溃之前已经采取了一些保障措施。因此,我的《茨威格预测》投资组合在"黑色星期一"当天上涨了9%!接下来,我将与你分享当时的背景以及上述投资决策的基础。

在20世纪40年代,那时我还是个孩子,家里饭桌上大人们谈话时总是会提到10年前的大萧条。每当买卖股票时,那段可怕的时期和大熊市总是萦绕在我的脑海里。但我很早就明白,如果你大声叫唤"1929要来了",那么在你最终正确之前,可能会犯好几次错误,到那时因为你谎报"狼来了"的次数太多,没有人会相信你……而且人们这样做也合情合理。此外,1929年及其后的大萧条给大多数人造成了严重的心理阴影。至少,1987年的市场崩溃让人们又一次联想到了1929年。

除了这次黑色星期一,我上一次认为市场处于类似于1929年时期的情况是在1978年9月。当时,我确信市场即将崩溃,我也毫不掩饰地在我的《茨威格预测》的第一页写道:"预计崩溃降至。"我接着把这种情况与1929年的情况进行了比较。市场确实在"10月大屠杀"中崩溃了,但此轮熊市造成的损失不大,

道琼斯指数下跌13.5%，市场股价平均下跌21.7%（茨威格未加权价格指数）。

这并不是可以忽略的小波动，但也不是类似于1929年那样的大萧条。所以，我从这些经历（以及其他我判断错误的经历）中学会了不要大声叫喊着"1929大萧条"就要来了。相反，如果有出现1929大萧条事件的可能性，我会保持低调，并采取策略来保护投资组合。

1987年，我一直对市场的总体高估感到不安，但直到劳动节[①]前后，我才真正开始关注那一年与1929年、1946年和1962年的相似之处。但1929年的情况与当年市场崩溃前的情形最为相似。我仍然记得我在市场崩溃前发行的两期《茨威格预测》上所写的内容。

在1987年9月18日发行的《茨威格预测》中，我谈到了贴现率的上调，谈到了为何1946年和1968年仅仅是一次上调就导致了恐慌性的抛售（后来，1969年又有一次上调），以及1973年的熊市为何始于第一次贴现率上调。大多数华尔街人士一直坚称，至少要经历3次上调，市场才会出现危险。我还用市盈率、红利收益率和账面价值的图表来说明股票如何被出奇地高估了。

下一期，即1987年10月9日发行的《茨威格预测》的标题是"风险正在上升"。就在第一段中，我写道："最近几周的总体格局与1929年、1946年或1962年股市崩盘前的格局没有什么不同……我认为一个无法逃避的事实是，风险很可能是自1981年上次熊市以来规模最大的。"我有意避免谈论1929年、1946年或1962年的血腥细节。这是没有必要的，我也不是100%相信1929年的情形会再现。我只是觉得我们有一个很好的机会，但也担心已经持续了几个月的投机狂潮可能会继续下去。见鬼，如果我100%肯定的话，我会做空报价板上的每一只股票……但除了傻瓜，没有人能确定。我要应对的是概率，而不是确定性。所以，关键是策略，而不是说教。

按照这样的思路，9月25日，我建议《茨威格预测》电话热线上的每一个客

---

① 9月的第一个星期一。——编者注

户用1%的资金买入11月份的看跌期权。（看跌期权使其所有者有权在一定时间内以规定的价格出售规定数量的股票。）当时，11月份的看跌期权大概有8%的虚值程度。换句话说，即使市场下跌了8%，看跌期权仍然毫无价值。此外，如果市场大跌，但不是在11月之前，看跌期权也将毫无价值。只有在11月中旬之前市场崩溃的情况下，买入看跌期权才有意义。

我估计，如果出现1946年或1962年的跌幅，看跌期权就足以保护我们持有的40%左右的多头头寸（其风险也受到止损的保护），甚至可能会有一定的收益。如果我的判断错误，看跌期权只会给投资组合带来1%的损失，如果市场上涨，这些损失可能会被股票收益抵消。记住，我不是在做主动投资，我只是基于概率来操作。

最后，市场与1929年的情形如出一辙。道琼斯指数从1987年8月的2,722点跌至10月19日的1,738点，暴跌36.1%。这几乎相当于1929年市场一路下跌至10月29日的最低点时39.6%的跌幅。其结果是，在9月下旬以2.375美元购入的看跌期权价格飙升（这是16年来我第二次在《茨威格预测》组合中购买看跌期权，也是过去两年来的第一次）。

当市场崩溃时，我开始把它们分批出售，从10月15日开始的几个交易日里出售了5次，分别以9.25、19.25、54、86.50的价格出售，最后在10月20日，我们以130美元的价格出售了最后一部分。看跌期权的加权平均利润为2075%，这为我们的整体投资组合增加了约20.8%的价值，足以抵消了我们剩余股票约7%的亏损，并且我们也已止损离场了。（截至10月16日，投资组合中投资于股票的已经下降至8%。）因此，我们的投资组合在黑色星期一上涨了9%。

如果我是一个天才——事实上投资业界没有任何天才——我会在市场大跌前把所有股票都卖掉，并买入更多的看跌期权，一直持有到最后一天，赚取无尽的财富。但这并不现实。现实的做法是在指标显示市场走弱时把风险降到最低，并希望在市场环境好的时候赚点钱，祈祷自己能熬过市场崩溃、瘟疫和地震，生存足够长的时间，以便有一天你能迎来另一个光明的牛市，并有足够的本金在牛市中增值。

为什么我如此担心崩盘发生的可能,却远不能确认它是否会发生?首先,我用来衡量货币政策、市场情绪、市场行情的常规指标,在股市崩盘前只是适度看跌。我借助计算机用过去数十年的数据回测这些模型,我把这些模型的综合结果分为"十等分",即过去所有得分中前10%,第二个10%,以此类推。

在10月19日股市崩盘前几周的价格下跌之前,模型的综合指数跌至第四个十分位数的水平。假定这是1984年以来最糟糕的数据,但客观来看,1973年至1974年的熊市一直在第一和第二个十分位数的水平。而第四个十分位数仅略低于平均水平。当然,自1984年底以来,我们大部分时间都处在第八至第十个十分位数水平。

历史上,模型得分位于第四个十分位数的年份标普指数平均年化跌幅仅为3.4%,而得分位于第一个十分位数的年份跌幅超过28%。由于没有信贷紧缩(收益率曲线为正……这是1987年和1929年的主要区别),货币政策只是轻度利空。市场情绪指标大致保持中性(尽管当年早些时候该指标极度糟糕……传统上,在市场达到最后高点之前,这类指标往往会有所改善)。市场行情,当然一直处于看空的状态。

我常用的指标都可以量化并且经过回测检验,都是负面的,但没有极度负面。困扰我的是这一轮股灾与1929年、1946年和1962年的相似之处。即出现了人们所熟悉的模式:市盈率和收益总体高估,价格直线上升,多年来缺乏重大调整,导致道琼斯指数翻了一番或更多。除此以外,我发现牛市后期出现了一次持续数月的大反弹,这是从轻微的回调(开始于1986年秋季的1,755点)、另一次轻微的回调(1987年春季,从2,404点到2,216点)演化而来的,然后是一次小范围的井喷式反弹,并持续了2—3个月(在8月达到峰值2,722点)。

随后市场逐渐开始了看似"正常"的调整,但很快就出现了市场崩溃。关键的问题,也正是令我在9月份感到不安的是,随着小规模调整的出现,华尔街的主流情绪却是"买入"。每个人都学会了不害怕下跌,这反而让我恐惧,并买入看跌期权。

多年来，我发现最好的办法是根据市场情况判断牛市和熊市，采取适当的策略，并坚持下去，直到指标反转，然后改变策略。为了准备好——并随时准备好——应对任何变化，投资者迫切地需要不断获取可靠的市场指标信息。当这些指标告诉你应该做某事时，就去做！我犯过的代价最大的错误来自忽视——或者更糟糕的是，不信任——我自己的指标……就像一个飞行员怀疑自己的罗盘。我花了大约35年的时间来测试和改进我在这本书中详述的重要股票市场指标。它们并不完美，但它们是我所知最可靠的。

耐心是投资中最有价值的特质之一。我们可以用伟大的棒球击球手（比如当今的韦德·博格斯或我青年时代的泰德·威廉斯）做类比。他们成功的关键是要等着击中好打的慢球，而不是在任何情况下都全力击球。换句话说，如果击球手有耐心，他会努力等待胜算最高的时候。然后，也只有在那时，他才真正地击球。

股票市场也大致同理。我要等待有利的时机，当指标给出较为明确的单边市场信号时，我才会放手一搏。如果这些指标并没有给出市场趋势的明确信号，我就满足于保守操作并等待机会。在接下来的内容中，我将介绍并证明如何从这种投资理念中获利。

第1章
CHAPTER ONE

本书和其他股票书籍有何不同？它能为你带来什么

如果你正在寻找一种简单、可靠和可行的系统来指导股票投资，并希望战胜市场，那这本书正是为你而作。我会教你如何避免最常见的投资错误，保护资本，并赚大钱。你所需要的是愿意花半个小时左右的时间，每周跟踪观察书中描述的市场指标，并保持自律。

让我们面对现实吧。没有人比市场更聪明。如果市场预测很容易，每个人都会很富有。就连华尔街传奇金融家伯纳德·巴鲁克（Bernard Baruch）在职业生涯早期也曾经破产。我没有水晶球，也不想要。我发现，依赖水晶球的投资者往往最后只剩下玻璃碎片。如果我能预测市场趋势，与市场趋势保持一致，并在趋势持续的时间内与之同步，我就很满意了。

自从成为一名投资顾问以来，我阅读了大多数关于股票市场的书——不是我买的，而是出版社寄送给我，希望能在我的市场通讯中进行推介。遗憾的是，大多数的这类书并不是很有帮助。

有些书打着发财致富的噱头，例如：我如何一夜之间赚到一百万。这些只是纯粹的炒作。他们兜售的是彩虹尽头的理想。贪婪是一种非常强烈的情感，很多人买这些书的目的是希望通过一个不同寻常的公式，马上找到传说中装满金币的宝箱。当然那是不可能的,世界并不是如此运转。

有些书也许不会作出过分的承诺,但提供了或简单或复杂的指标体系,以指导投资者如何进行市场交易或挑选股票。虽然指标体系不一定不好,但这些书中的许多指标体系基本无效,甚至更糟。我怀疑,如果那些想要参与市场的人按照错误的方法进行投资,他们极有可能毁掉自己的一生。

还有一些貌似投资的百科全书,内容广泛,从期权到贵金属,从吉利美到房地美,从大宗商品到收藏品。它们全面地描述了每一种工具,但我认为,这些书中充斥着的细节并不能让你很好地掌握投资决策的精髓。

我还应该提到亚当·斯密(Adam Smith)和安德鲁·托比亚斯(Andrew Tobias)的著作。他们的书以奇闻轶事、幽默和智慧来取悦读者。这很好,他们有一定用处,一般读者会从这些书中得到有用的建议。但是他们的书没有提供一个在市场上赚钱的系统。

不过,不要绝望。很多学术研究证明确实存在一些方法可以"战胜市场"。我将这些工具纳入了我的选股技术中,并摒弃了那些流行但不幸是徒劳无功的方法。有了这本书,你可以找到市场中人人都在说的"特殊优势"。

我为自己在华尔街的成功纪录感到自豪。20世纪80年代中期,独立的《赫尔伯特金融文摘》(Hulbert Financial Digest)开始为股票市场顾问评级,自那时起至1995年,我的《茨威格预测》投资组合的总收益率是898.9%,这是基于复利的基础,相当于这期间年收益率为16%。我连续两年是排名第一的选股专家。至1995年,《茨威格预测》投资组合经风险调整的业绩在赫尔伯特跟踪的所有股票市场投资顾问中长达15年排名第一。

挑选股票的工作绝不能掉以轻心。持续战胜市场是很难的。尽管华尔街每年花费巨资用于分析股票,但现有的研究表明:(1)分析师无法保证预测收益一贯正确——这使得按照一定的价格乘数(比如市盈率倍数等)买入成长股之类的策略具有相当高的风险(正如许多机构近年来发现的那样);(2)整体来看,无论采用何种投资方法,共同基金和其他机构多年来都未能超过市场整体的平均水平；（3）图表和相对强弱指标等技术工具对市场的预测能力并不比随机猜测来得更好；（4）证券公司昂贵而冗长的研究报告通常都不能准确指出表现优于市场总体水平的股票。

多年来，我经过反复试验，精心开发出行之有效的市场预测和选股方法，既适合保守投资者，也适合那些希望更积极交易的投资者。我的交易原则已经过广泛的检验，并且都是可验证的，在这本书中对此会有详细的介绍。它们是行之有效的！

我不可能把我跟踪市场活动的所有变量都纳入本书，因为这样会变得极其复杂。因此，我将该方法简化，以便非专业读者理解和操作。在这方面，我努力遵循爱因斯坦的名言："不是让事情变得简单，而是要努力让它们更简单。"

判断市场趋势的基本指标

首先，我想告诉大家基本的投资决策方法。大多数人认为我是一个技术分析师，但实际上，我会采用任何有用的东西。如果行得通，我还会跟踪行星或太阳黑子的运动，甚至占卜算卦。事实上，我非常依赖一系列基本指标。

货币因素影响市场的主要方向，主要包括美联储政策和利率变动。为了监测这些趋势和其他重要趋势，我设计了几个简单的指标，在本书后面将详细介绍，我发现这些指标非常可靠。

我给投资者的指南中包括纯技术指标。我把技术因素称为市场中的行情或动量。在这里，我结合各种价格和成交量指标来衡量一只股票或整个市场的实际表现。要想体会动量的作用，不妨设想我们正将一枚火箭发射到月球。如果火箭起飞时的动力强大，它就能够脱离地球大气层。如果没有足够的动力，它就会掉转跌落。广义而言，市场表现也与此类似。对我来说，"行情走势"是所有投资决策的最终评判者。我有一条基本原则："永远不要和市场行情作对。"

如果你在熊市中大量买入，或者买入表现不佳的个股，这就像试图抓住一个下跌的保险箱。投资者有时过于渴望其中有值钱的东西，以至于他们会无视物理定律，试图在空中接住保险箱，似乎那只是一只小小的苍蝇。这样做很可能会受伤：看看那些抄底投资者的记录你就会知道。这场游戏不仅危险，而且毫无意义。在大多数情况下，一种更简便、更安全，并且回报类似的做法是等到保险箱落到人行道上，轻微反弹后再取走里面的东西。

我还密切关注市场上投资者的乐观和悲观程度，并将与各位分享我使用的关键情绪指标，这些指标提供了一种预警机制，可用于判断市场趋势。我相信当你看到所谓专家的意见错得离谱时，你会大吃一惊。

最后但并非最不重要的是，我监控所谓的基本面——某只股票的实际价值。包括分析收益、红利和资产负债表。基本面分析并不能很好地预测市场的大方向，但对个股非常重要。在选股方面，我可能90%的投入都是在基本面，但在预测整个市场时，这一比重不超过10%。

股市上赚大钱是建立在对大趋势的正确判断基础之上的。我不相信逆潮流而动。当我的市场择时模型看空时，我很少推荐买进股票；当我的市场择时模型看多时，我也几乎不推荐卖空。我希望在市场上涨时保持全仓，在市场下跌时持有现金，但市场一点也不会在意我的愿望。因此，我们应该让自己与市场保持一致。对抗趋势无异于自杀，市场通常持续趋势的可能性要大于逆转的可能性。

事实上，大约三分之二的时间里市场要么是水平波动，要么是适度上升或下降。在这种情况下，市场走势并不那么关键，你可以通过选择合适的个股来获利，尽管回报率不会像牛市行情中那么高。

挑选绩优股的方法

本书除了介绍各种指标以及它们的应用之外，还将讨论选择个股的标准。我主要看两个方面。第一个是收益，价格与收益的关系（市盈率），收益趋势和一些资产负债表项目。我对公司正在生产什么产品没有太大兴趣。如果一家公司能在四五年内持续保持良好的盈利，我不在乎它是生产扫帚还是电脑零件。

我考察的第二个因素是股票本身，看它是否表现良好。如果股票正在上涨，我自己并不会马上买入。在买入股票之前,我要考察股票相对于市场的表现是否良好。基于这种相对表现作出的买入决策会给你带来优势。等到信号明确后再入市,虽然此时价格可能比之前更高了,但判断错误的可能性更低了,提高了操作正确的可能性。

人们总是认为必须在底部买进,然后在市场高点卖出才能在市场上获得成功。那是胡说八道。投资者应该在市场上涨可能性最大的时候买进。如果熊市中道琼斯指数跌至4,000点,最后又升至6,000点,你并不需要在4,000点买入。如果指数在4,300点时市场有90%的概率上涨,那你就应该在这时候建仓。

同样,你也不需要在市场最高点卖出。你可以在达到高点后卖出,也可能在达到高点之前卖出。假设你判断市场很有可能下跌,你在5,700点离开。在4,300点买入,5,700点卖出,给接盘的对手几百点的盈利空间,这没什么不好。你所关心的是成功的概率,或者反过来就是亏损的概率。你要避免损失。因此,在最低点之上买入,在最高点之下卖出其实不错。

我的投资规则中有一条:在市场上赚钱唯一始终行之有效的方法就是尽量减少损失,从而实现盈利增长。就算你对个股判断的正确率仅为30%,如果你能在恰当的时机退出,仍然会做得很好。

遗憾的是,许多投资者并没有吸取教训。自尊心让他们不愿意承认错误。价格下跌15%,就像一巴掌打在脸上,如果你还是固执地坚持,等待你的将会是更为沉重的打击。我是趋势追随者,不会与市场趋势对抗。我能意识到,被打一巴掌比被猛击一下更容易恢复,在被猛击之后,你可能就失去了追求未来收益的能力。

我发现,在这个行业中,人们通常要犯几次错误才能得出真正有效的方法。事实上,把动量作为股票市场指标的完整想法(第5章中我们会介绍)就是因为我曾经错过了一次重大的市场上涨机会。几年前,我的一位客户给了我一幅抽象画,上面引用了本杰明·富兰克林的话:"那些给你造成伤害的东西会给你启发。"我把那幅画放在我办公室里一处显眼的地方。

我的风险控制策略是止损系统（提前设置好的卖单），我将在本书后面详细介绍。这为我制定了明确的纪律，以避免陷入更大的损失。基本上，每当我买股票时，我通常在比当前价格低10%到20%的时候止损。具体止损位取决于我自己对这只股票交易模式的分析。如果一只股票突破这个止损点，我就毫不犹豫地退出，也不会后悔。我承认之前的选择错误，但也认为这是一个寻找更好盈利的机会。如果这只股票上涨了，我会告诉你如何提高止损位以锁定利润。这样你就可以让你的利润增长……但需要有跟踪止损点的保护。

为了说明这种市场策略，我将以过去真实推荐过的股票为例，其中既有成功的案例，也有失败的案例。有时候止损退出后，股价确实一落千丈；另一些时候则很不幸，我在低点止损退出，只能艳羡地看着股价升至更高的水平。如果股票价格的波动本身很剧烈，那么可能随机的下调就可能会让你止损退出。这种情况不止一次发生，但那又怎样？总有另外一只股票在等着我。从长期来看，利用止损能够提高成功的概率。

灵活的投资理念

现在谈谈我的投资理念。我认为自己既保守又激进。我天生保守，非常厌恶冒险。我想保护我自己和那些听从我建议的人。但是有时候你又必须要有进攻性。大多数市场参与者的问题是他们不够灵活。

保守的投资者倾向于投资公用事业股票和国库券等工具。他们从不会赚很多钱，但也不会有较大损失。激进的投资者会购买疯狂的股票或石油开采公司的股票，还可能利用高杠杆在房地产市场上投机。在经济繁荣时期，他们可能会发财，但在经济不景气时却会一无所有。

我认为这两种方法本身都不健全。如果你是一个激进的交易者，没关系，但仍然需要在某些时期采取保守的策略。如果你是保守的投资者，那也没关系，但在某些时期要积极进取。这种时机可能不会经常发生，但一旦出现，就要抓住它并加以利用。剩下的时间，你可以收缩战线，继续做回保守投资者。

人们有时会问我,如果投资者想在市场上取得成功,他应该具备什么样的特质。我告诉他们纪律是最重要的——严格遵守你的投资方法或系统,不要被那些可能动摇你决心的诱惑所影响。如果经纪人给你打电话告诉你最新的热门信息,听过就忘了吧。如果有人说:"你为什么不买些星际仿生公司的看涨期权呢?你会发财的。"不要理他,遵守自己的原则。

战胜市场的第二个必要条件是灵活性。举个例子。我记得那是1980年2月的时候,我认为市场会出现大跌。果然,市场开始崩溃,并急速下跌。那时亨特兄弟俩垄断了白银市场,而其他大宗商品的价格都开始崩溃。一些证券公司由于给亨特兄弟公司的不良贷款而濒临倒闭,我们也差点陷入财务困境。我对市场非常悲观。

随后,在3月的某一天,美联储在没有提前发出任何警告的情况下,向涉及其中的一家证券公司贝奇公司(Bache & Co.)提供了救助,阻止了这一趋势的恶化。美联储的这一行为向华尔街传递出一个信号,即没有一家证券公司会因为这场灾难而倒闭。当天下午3点30分时股市大跌了27个点,但到收市时只下跌了两个点。在收市前的半个小时里,市场强力反弹。第二天,市场大涨。

我坐在那里看着市场的变化,依然极度悲观——但市场已经逆转。随着美联储降低利率和放松信贷管制,情况开始发生变化。尽管我有先入为主的想法,认为市场正走向某种灾难,但我对不断变化的情况做出了反应。每天我都变得少一点悲观,多一点乐观。到了5月,我彻底成了一头尖叫的公牛,将资金100%地投资于市场。接下来的一年左右,市场走出了不错的牛市行情。

总而言之,要在市场上取得成功,你必须遵守原则,具备灵活性和耐心。你需要等待市场行情发出信号后再买入或卖出。这意味着你必须停止追逐精准的高点或低点,这是任何人都无法持续做到的。但在市场上取得成功并不需要抓住这些高点和低点。成功意味着赚钱和避免损失。通过使用本书中的指标并等待趋势的发展,你可以赚钱,与行情走势和利率保持一致,最重要的是,晚上睡得更好。

| 第 2 章 |
CHAPTER TWO

我为什么以及如何进入市场分析和股票投资行业

1948年秋天是我生命中的一段特殊时期。我刚开始在俄亥俄州东克利夫兰就读一年级，我觉得学校很棒。当时全城的人都对克利夫兰印第安人棒球队着迷。他们将迎来球队28年来的第一个世界系列赛胜利（从那以后他们再没有夺得过冠军），他们的夺冠之路成为了我们在10号教室的特殊话题。我是其中最了解这个球队的孩子，感谢我的父亲，他过去常常带我去看比赛，甚至有时候还会逃课。

我知道每个球员的球衣号码，甚至对安打率的含义有模糊的认识。所以当我们剪下印第安人队队员的小纸片，在他们的背上画数字，然后把它们挂在教室里的时候，它们就在我的脑海里。我从那时起开始喜欢数字了。也许这是最初的启示，我会被吸引到股票市场，并应用我的数字方法。

那年秋天晚些时候，托马斯·杜威（Thomas Dewey）在总统选举中被认为有望击败哈里·杜鲁门（Harry Truman）。我家隔壁的一座教堂被用作投票站。教堂的停车场（我一直认为是我的私人游乐场）四周都装饰着美国国旗。到处都是车和人，这使得我不得不取消我模拟的印第安人队和波士顿红袜队之间的日常比赛，在比赛中我为这两支球队效力。不知怎的，印第安人队总是赢，尽管有些比赛非常接近。

选举后的第二天,我感到失望,因为我发现一个空无一人的停车场,没有美国国旗,也没有乐趣。那天晚上我家里也没有什么欢乐。通常我父亲会从《克利夫兰报》体育版上查一下,告诉我印第安人队的最新消息。这一次他的脸埋在股票市场的版面里。他的表情和我用棒球打破客厅窗户的那天一样糟糕。

我父亲咕哝着杜鲁门的事,说他对股市来说是一场多么大的灾难。我不知道他的意思。对我来说,股票市场是报纸上的一千个模糊数字,6岁的我对这些数字一无所知。但我确定我父亲不开心。

我终于明白了为什么我父亲那天如此心烦意乱,还知道他把票投给了杜威。华尔街认为,共和党人杜威应该当选,当民主党人杜鲁门最终胜出时,市场表现出极强烈的不安情绪。选举后的第二天,道琼斯工业平均指数暴跌3.8%,大约相当天1996年中期下跌215个点。在纽约证券交易所,上涨股票和下跌股票的家数比例为1∶36。从那以后的几年里,每日的涨跌比从未如此糟糕,直到1987年10月19日,也就是股市崩盘的那一天。

我父亲在我9岁时去世了。一年后,我母亲再婚了,我们从我出生的克利夫兰搬到了佛罗里达州的迈阿密。我13岁时就对股票市场产生了浓厚的兴趣。作为我的生日礼物,我父亲的弟弟莫特叔叔给了我6股通用汽车股票。我觉得那太棒了。每天我都会搜索股票列表,看看通用汽车公司的表现如何。我不知道为什么价格波动,但我喜欢跟踪自己的股票。我也期待每3个月收到小额红利。支票进一步激起了我的兴趣,我开始每天跟踪几只其他公司的股票。

后来,在美国高中历史课上,我们了解到著名的企业家(有些人称他们为强盗大亨)。我正好选择了一本关于J. P. 摩根的书,并提交读书报告。我被他的生活故事迷住了,我相信正是在那个时候,我决定要成为一个百万富翁——我会通过股票市场做到这一点。摩根的生活中没有任何东西对我产生过指导意义——他也不是我心目中的英雄。这只是一个有事业心的人在市场上不断壮大的成功例子,这激励着我。

我开始更加关注各种股票的表现。我记得在高中三年级一次关于市场的讨论中，老师提问："有没有人知道现在交易价格最高的股票是哪只？"班里其他人对股票市场基本一无所知，但我举手说："我相信是克里斯蒂安娜证券公司。"我说得没错——老师有些吃惊。（我记得当时这只股票的价格大约是1,500美元。）我甚至告诉大家苏必利尔石油公司可能是次高的股票。我又说对了，老师不敢相信。但截至那个时候，我对股票市场的了解都是二手知识。

1960年，我从珊瑚山墙高中毕业，并被宾夕法尼亚大学沃顿商学院金融系录取，这是我的第一以及唯一的志愿。我选择沃顿是因为我想学习商科，当然还有股票市场。而且，它是全国最好的本科商学院，现在它仍然是。虽然我可能是自卖自夸，因为我现在担任该校董事。（客观地说，也许是因为哈佛和芝加哥就没有本科商学院。）

1960年秋天，我在沃顿商学院开始了四年的学习，内心仍然渴望了解股票市场。但是我们第一学期的课程表是自动设置的，没有包括任何股票市场的课程。股票市场的课程是给高年级学生设置的。我最感兴趣的课程是经济学，由默里·布朗教授讲授，我清楚地记得他的开场白。他说我们大多数人可能是来沃顿学习赚钱的，他的课程在这方面没有多大帮助。嗯，他只是部分正确。如果你掌握了经济学的课程和供求规律，这对经营企业和股票投资都有好处。

我和布朗教授相处的头几个星期，我们俩的关系并不融洽。当我们讨论理查德·尼克松和约翰·肯尼迪即将举行的总统选举时，我们之间的矛盾达到了顶峰。布朗教授在教室里问每一个人："你是尼克松的支持者还是肯尼迪的支持者？"我讨厌这种调查，认为政治信念是我自己的私事。当他问我同样的问题时，我回答说："都不是。我是一个运动的支持者。"

全班同学都大笑起来，布朗教授大为震惊。他爽快地回答说："你是说你是个运动员？"嗯，我在高中时是个运动健将。我是篮球队的一员，几乎每一项运动我都参加过。但我并不是刻意要表现成一个聪明人，我只是想捅破那个我认为是热气球的东西。不幸的是，这件事后他对我的印象很糟糕。

这可能很无礼，但我是认真地想要学习所有关于经济和商业的知识。我只是对常春藤联盟的氛围不太满意。也许我仍然处于从迈阿密到费城的文化冲击中，尽管现在我又陷入了迈阿密的文化冲击中，但那是另一个故事。

因此，我在沃顿商学院的第一年，希望了解股票市场的情况，但却在苦苦学习供求规律和会计中的借贷——后一门课枯燥乏味，但我正确地意识到这门课对我以后的投资活动会有所帮助。

那是大一的早些时候，我遇到了同学莫里斯·福尔克。他会随时把一只在新闻中出现过或者发布了不错盈利报告的股票名字记录下来。莫里斯和我，还有其他几个朋友，包括我的扑克伙伴托尼·罗森博格、卢·艾森普雷斯，当时考虑建立某种投资伙伴关系。我们打算称之为动态增长联盟。有了这个名字，我想我们本可以走得很远，但不知为何，我们从来没有把钱凑在一起。但重要的是，在年轻的时候，我们已经在考虑一件如此雄心勃勃的事情。

刚开始时我们总是或多或少地以委员会的方式运作，这其实是不利的。多年来我了解到，市场上"委员会"做出的决定往往是平庸的。我从来没有听说过一家伟大的投资机构是委员会决策。因此，我们从未进入运营，这也许是好事。

但是当时这个投资的想法至少起到了激发我对股市兴趣的作用，使我比以前了解得更多。1961年的夏天，大学一年级结束时，我回到了科勒尔盖布尔斯，想在一家证券公司寻找一份暑期工作。我从一家公司到另一家公司，试图给他们留下我是一个年轻的沃顿学生，渴望学习，愿意接受低薪工作的印象。唉，没有这样的岗位。

我甚至愿意接受一个"粉笔男孩"的职位。那时，电子设备才刚刚开始在证券公司中应用。通常价格和报价都是在收报机上公布的。报价在屏幕上滚动，你可以看到价格变动。但唯一能记住当天价格的方法是让一个所谓的粉笔男孩在一块大黑板上定时写下领涨股票的报价。通常，最重要的50只股票的报价将会在黑板上不断地用粉笔记录下来。当时小镇上还有一家证券公司有这样的职位，但我想我可能不太符合从事粉笔男孩工作的资格，即使一小时的工资如此之低。

不想在其他领域找一份报酬低、没有前途的工作，我决定把我的全部时间花在研究证券公司的市场活动上，这对我的长期目标来说是有利的。我正是这样做的。我去了海登斯通的当地分公司，实际上在接下来的几个月里我直接搬进了公司。(那时我完全没有想到海登斯通最终会成为希尔森·雷曼·赫顿[①]的一部分——而且它将成为茨威格总回报基金的主承销商，该基金1988年发行，共募集603,750,000美元的资金。)

每天我都会阅读《华尔街日报》和海登斯通发布的所有投资信息。还花了更多的时间查看标准普尔、穆迪和其他统计机构的报告。我仔细研读收益报告，有了一定的会计知识后，就能调整一些项目的收益。不久，我开始了解收益在股票估值中的作用。价格与收益、市盈率之间的关系也越来越清楚。

我的第一笔投资

那个夏天的晚些时候，我终于决定投资真金白银来测试自己的股市知识。我攒了几千美元，准备大干一场。我购买的第一只股票是通用汽车，这并没有什么特别。我买了14股股票，头寸控制在20%左右。当时该股票的价格大概略高于40美元，最终我的投资翻倍了（不包括红利），这是相当可观的。几年后，我发现这是典型的首次投资的操作方法。新手购买蓝筹股感觉更安全，当时蓝筹股价格比通用高的很少。此外，我对它很满意，已经跟踪了很长时间。结果证明这也是一笔不错的投资。

当然，我需要的是一个多元化的投资组合，所以我忙于选择更多的股票。选择的第二只股票很快就变成了一场灾难，给了我一个教训，那就是：永远不要听信经纪人，嗯，至少大部分时候不要听信。这名经纪人推荐了一家大型化

[①] 雷曼兄弟的前身。——编者注

工公司——美国蓝星公司。我分析了该公司的收益，做了统计分析，感觉投资该公司股票是可行的，于是我买入20股。接下来的第一天，股票就下跌了4个点，跌幅达10%。我简直不敢相信，因为那个夏天市场一直很平静，即使是半个点的价格波动也很大。到底发生了什么事？

我记得，事实是该公司受到了政府反垄断诉讼的影响。重要的是，该股票出现了意料之外的坏消息，于是突然之间我的股票损失了10%，而我甚至还没有弄清楚状况。我继续持有那只股票，并且期待未来会在上面赚钱。但这是一个相当糟糕的开始。在接下来的几个星期里，我还零星买入了一些海湾石油和丹河磨坊的股票。这样就形成了我的投资组合。

虽然1961年夏天我一直在买零星的股票，但当时我真的不想看到市场腾飞。因为几年后我21岁时，我就可以从父亲的遗产中继承几千美元，我希望能在股票便宜的时候投资这些钱。事实证明，我不用担心。从1961年春天开始，市场开始波动，伴随着极低的成交量。如果你认为今天3亿股交易的行情很慢，想象一下，在那些交易未能达到200万股的夏天，股市是多么没有活力。

从1960年秋季到1961年春季，市场经历了一次巨大的上涨，之后上涨的势头减弱。随后，价格在1961年的剩余时间和1962年第一季度在一个非常狭窄的范围内波动。1962年初春，市场开始崩溃。

那时我在宾夕法尼亚大学读大二。就在学校春天开学的时候，市场在1962年的大跌中崩溃了。这场灾难被归咎于肯尼迪总统对钢铁行业的强硬言论，但这只是催化剂，加速了当时已经非常疲软的市场的崩溃。事实上，我觉得市场的暴跌令人兴奋，尤其是我投资很少，损失也很少。但是我也注意到周围人遭受损失的痛苦。

1962年夏天，我在纽约待了几个星期看望学校的朋友。我清楚地记得6月初在一个朋友家里的某个夜晚。他的父亲和会计师在那里，他们正在疯狂地查阅股票交易和其他记录。他父亲脸上满是痛苦，我知道出了什么严重的问题。

朋友告诉我一些细节。显然，他的父亲在股票市场上利用了很高的保证金杠杆，在市场暴跌时遭受了巨大损失，尤其是在他的重仓股宝丽来上损失惨重，这是当时的明星股之一。现在，他正忙于将资产变现，以满足保证金的要求。宝丽来公司的股价多年来一直处于快速上升的通道，但在1962年的市场崩溃中价格大跌。这个故事最后还算有一个开心的结局：我朋友的父亲在危机中幸存下来，市场反弹，宝丽来在随后的牛市中也是领涨的股票之一。

然而，这个故事的重点与宝丽来毫无关系。那个晚上朋友父亲的痛苦表情深深铭刻在我的脑海里。看到股市逆转给一个人所带来的创伤，增加了我对未来股市崩盘影响的敬畏。我常常忍不住担心，如果市场上又出现了类似1929年的情况，将会产生怎样的影响。我刚刚经历的就是那次事件的微缩版。这件事在我的脑海中亮起了红灯，提醒我永远不要在股灾中遭受损失。当时我对这种股市崩盘的警告信号一无所知，但我决心弄清楚。

我在沃顿商学院完成了四年的学业，最后两年主修金融，重点是投资和股票市场。我选修了学校开设的所有股票市场课程，但我知道我的学习远未完成。他们真正教给我们的唯一一件事是如何评估个股，所用的教材正是本杰明·格雷厄姆、戴维·多德和西德尼·科特的《证券分析》，这本书是基本面分析的圣经。格雷厄姆、多德和科特的全部理念是购买那些以合理且高出几倍的价格卖出、支付不错红利、具有良好投资价值的股票，同时要充分考虑风险因素。这么说并没有问题，但在我看来，还有许多重要的事情没有讲明白。

在学校里，没有人教我关于整个市场走势的知识，诸如市场自身的价格走势、群体心理或美联储影响以及货币和经济变量等技术因素。换句话说，当我离开沃顿商学院时，我最多只有一个工具可以使用，这显然是不够的。

1964年秋天，我在纽约大学攻读MBA。我选择那所学校是因为它坐落在美国证券交易所的隔壁，也因为课程目录中有很多股票市场课程。不幸的是，在第一学期，我不得不重复我刚在沃顿商学院完成的基础课程。这让我很不满，因为我觉得没有学到什么新东西。那时，我刚和未来的妻子莫莉订婚，她在迈阿密上大学。因为厌倦了离家，我决定回到迈阿密。

我在迈阿密大学继续学业,我选择了读夜校,而白天工作是因为我需要钱。与我以前的求职经历不同,我立即得到了三家证券公司的工作。我的意思是我得到了这份工作——我没有求他们。我在市场上已经有了不算大的声誉,也许算不上一个好交易员,但确实是一个积极的交易员,也因此,朋友们给我取了一个"交易商号角"的绰号。

我在位于佛罗里达的瑟夫赛德的贝奇公司管理客户账户。那里的分行经理埃德温·克鲁克斯让我担任经纪人。虽然有另外两家公司也给我提供了类似的工作机会,但我选择了贝奇公司,因为我喜欢并尊重克鲁克斯先生。我在那里只待了大约7个月,刚好够拿到执照,然后就辞职了,因为我想回到学校。但多亏了克鲁克斯,我在贝奇公司的时间并没有浪费。

克鲁克斯是一位老前辈,在他的职业生涯早期曾经是1929年股市崩盘时纽约证券交易所最年轻的成员。他喜欢谈论过去,我是他最好的听众。在克鲁克斯给我讲的许多股市故事中,我发现他对杰西·利弗莫尔(Jesse Livermore)的描述最吸引人,这是有史以来最出色的交易员之一。后来我读了很多关于利弗莫尔的书,如果说有谁在股票市场上更接近我的英雄,那就是利弗莫尔。他强调的让利润增长和减少损失的原则让我受益终身。

1965年莫莉和我结婚,之后我离开贝奇公司,并作为一名全日制研究生进入迈阿密大学。我在一年内拿到了硕士学位,并且又选修了所有的股票市场课程。所有这些课程都是由韦德·杨(Wade Young)教授讲授的,他非常注重市场的技术方面。正如我们将在本书后面看到的,最纯粹的技术分析是研究那些你可以在行情图表上看到的变量,即价格和交易量。

尽管我自己学过技术分析,但一开始我并不同意杨教授的方法。几年后,我想起了他的一些建议,比如"买强卖弱",我开始越来越意识到这种方法的价值。但在那段时间里,和大多数新手一样,我认为诀窍是"弱买强卖"。这正是大多数人在市场上陷入困境的原因。

1966年夏天,我一边结束自己的MBA课程,同时也在迈阿密大学讲授公司金融课程，并且非常享受这段经历。几年来，我一直梦想着能站在讲台前讲授金融或股票，最后我有了机会。我知道我不想一辈子做一个与世隔绝的大学教授，但我觉得这份工作最有价值。然而，我教得越多，我就越意识到我必须学的东西越多。

接下来我决定攻读金融学博士学位。迈阿密大学没有这样的项目，所以1966年秋天我去了密歇根州的东兰辛，在那里我注册了密歇根州立大学的博士课程。我比以往任何时候都更加重视通过正规教育来全面认识股票市场，所以我选择了金融专业。我在密歇根州立大学待了3年，1969年毕业。

在密歇根州立大学，我学到了很多关于经济学的知识，也学到了更多关于普通股基本分析的知识。我还接触到证券市场相关的理论研究，这些理论归结为这样一种观点，即市场波动遵循所谓的随机游走，基于过去的价格模式我们无法准确地预测未来。此外，学术界普遍倾向于支持有效市场的概念，在有效市场中，即便一个人拥有再多经济、基本面或技术数据，他和一个买了规模较大、多样化的投资组合，一直持有，然后不去管它的人相比，在预测股票价格上好不到哪里去。

我反对这些想法。事实上，我的一位教授奥尔登·奥尔森也不同意。奥尔森教授在为自己和他人理财方面相当成功，他通常是基于价值分析和与有效市场相反的观点行事。也就是说，他买入的是那些不太热门，并且被低估的股票。

但我在密歇根州立大学的3年中学到的大部分知识都是自学而来，尤其是在我的博士论文《看跌和看涨期权市场》的研究中，这是我当时的主要兴趣所在。（简单来说，当你买入一份看跌期权时，你就获得了在规定的时间内以既定价格卖出100股公司股票的权利。相反，看涨期权是在规定的时间内购买一家公司100股股票的权利。）

那个时候还没有芝加哥期权交易所或其他可以交易期权的交易所。在那个时候，看跌期权和看涨期权是由专门从事这类交易的交易商交易的。市场规模小，流动性不强。我本希望能找到一种在期权方面赚大钱的方法，但在研究了

54种不同交易策略的结果后，我在论文中得出结论，即风险调整后的回报率并不足以吸引投资者入市，主要原因是交易成本巨大。这些发现并不一定适用于今天的期权市场，现在的期权交易成本较低，流动性也有所改善。尽管如此，我仍然对交易期权不感兴趣。

让我感到失望的是，我所有关于期权的研究都没能找到一种战胜市场的方法。但我确实发现了一些长远而言更有价值的东西。在为论文积累数据的过程中，我从证券交易委员会发掘了一些可追溯到二战时期的数据，发现当期权投资者过于乐观时——买入大量看涨期权、回避看跌期权——股票市场通常随后会陷入困境。反之亦然。当期权交易者对市场非常悲观时——买入看跌期权并且卖出或回避看涨期权——市场通常即将触底。

我还发现，期权市场交易者极度活跃时，是一个负面信号，当他们回避这个市场，期权成交量下降时，往往是买入股票的好时机。换句话说，这就是逆势操作的老把戏——不要随波逐流。我的研究还表明，大多数期权市场交易者并不是很成功。他们的财富持续缩水，因此可以认为不管是单独还是作为整体，不管看涨还是看跌，他们总是会经常犯错。

就在完成论文后不久，我发明了看跌期权/看涨期权比率，这是目前广泛使用的技术指标，很多新的期权市场在应用这一比率。这一发现对我来说很重要，不仅仅是因为我发现了这一特定指标，更是因为我开始整合衡量市场情绪的各种数字，并将结果用于指导预测。对货币政策和技术指标我也是这样做的。这对我构建有用的工具包很有帮助，多年来在股市通讯和资金管理业务中我一直使用这些工具。

1969年夏天，我拿到了博士学位，渴望在纽约工作以便离华尔街更近。我接受了纽约城市大学助理教授的职位。在我的内心深处，存有一种希望，那就是我可以通过顾问业务涉足华尔街。在任教的第一年，我得到了这个机会。我被芝加哥期权交易所聘请为顾问，而当时甚至还没有芝加哥期权交易所这个名字。他们正在努力获得证券交易委员会的许可来筹建交易所，并且在交易所成立后又花了4年才开始交易。我还将我的期权知识整理成短期课程，在赫顿俱乐部为刚入行的经纪人讲解期权业务。

虽然我的工作丰富多彩，充满乐趣，但我想要追求更大的刺激和更高的回报。我的大学老友罗恩·罗斯斯坦为我打开了一扇门。他当时已经是一家证券公司的合伙人，邀请我作为顾问加入他们的行列。我抓住了这个机会，尽管公司规模小，相对来说还不为人所知。在完成了几个项目后，我们决定由我主笔撰写面向机构投资者的市场通讯。

《茨威格预测》启动

市场通讯的出发点和我随后的职业生涯都是建立在我之前为《巴伦周刊》撰写的几篇文章的基础之上。第一篇文章写于1970年春季，当时市场刚刚经历了自20世纪30年代以来最猛烈的崩盘。5月份市场实际上处于底部，《华尔街日报》刊登了一篇二流证券公司的报告，建议投资者出售美国电话电报公司（AT&T）的股票。在华尔街，很少有公司会发布卖出建议，并且建议卖出的股票是蓝筹股中最好的公司，这几乎是闻所未闻的。

我研读了这份卖出建议背后的所谓推理，立即得出结论：（1）它会把那些持有该股的胆小投资者吓得魂不守舍；（2）它是基于错误的逻辑推理；（3）它只是一篇没有实质内容的官样文章。虽然我对美国电话电报公司没有什么特别的兴趣，但这份报告让我怒火中烧，并决定做点什么。我坐下来写了一篇反驳的文章，但对《华尔街日报》来说太长了，所以我把它寄给了《巴伦周刊》，它和《华尔街日报》一样，都是由道琼斯公司发行。

幸运的是，时任《巴伦周刊》出版社总编辑的阿兰·阿贝尔森喜欢我写的东西，他的秘书雪莉·拉佐马上打电话给我，告诉我他们会尽快刊发。直到很久以后，我才意识到自己的好运，因为《巴伦周刊》每期都会收到数百份投稿，其中只有寥寥几篇能够发表。

1970年6月，我的第一篇文章《茶与同情》刊登在《巴伦周刊》上，驳斥了那家证券公司关于美国电话电报公司的悲观建议。我的意见被证明是对的。股票市场和美国电话电报公司实际上都已触底。此外，发出误导性建议的那家证券公司在几个月后倒闭了。

很自然，我对在《巴伦周刊》上发表文章感到非常高兴，尤其是我的观点正确。但是写关于美国电话电报公司的报告不是我的专长，我真正想写的是一些关于股票市场指标的文章。第一篇文章发表后，我陆续又完成了其他文章。

几个月后，我又给阿兰·阿贝尔森发送了一篇文稿，这篇文章是关于期权的，利用了我在博士论文中发现的数据。我发明了一种称为期权活跃度比率的指标，当期权交易量低时，它发出看涨信号，当期权交易规模高时，它发出看跌信号。这篇发表于1970年11月下旬的文章对未来做出了非常乐观的预测。多么巧合的时间！在当期《巴伦周刊》摆上报摊的那一天，市场暴涨，在接下来的几个月里，市场继续大幅上扬。

再次预测准确让我很高兴，这让我更加渴望再写一篇文章。下一篇文章是关于我前面提到的看跌/看涨期权比率。这篇文章在1971年春天刊发，当时该指标刚刚转为看空市场。在接下来的7个月里，市场下跌了，我又一次一针见血。这两篇关于技术指标的文章给我带来了大量来自投资者的邮件，他们想知道我是否在写或计划写股市通讯。我认为这是一个理想的开始，因为我已经做好了准备并渴望朝这个方向努力。

不久之后，我开始为证券公司撰写市场通讯，并定位于机构投资者。我认为面向机构是很好的选择，因为这让我可以向他们提供更复杂的信息，而这正是我真正想做的。1971年秋天我完成了第一期市场通讯。当我正在编写第二期通讯时，证券公司破产了。据称其中一个合伙人贪污了几百万美元，公司因此而倒闭。

所以我新一期的股票市场通讯没有证券公司的支持。怎么办？我从《巴伦周刊》的读者那里收到了大约120封对我的作品感兴趣的邮件。我写信给每个人，希望他们能订阅我的市场通讯。在接下来的几个月里，我最终获得了大约

40个订阅者，我决定把我的市场通讯定名为《茨威格预测》。我就是这样开启了这一段职业生涯，并且似乎是走了捷径。

1972年春天，我又在《巴伦周刊》发表了关于另一项技术指标的文章，这是一项关于卖空活动的指标。我再次预测市场将下跌，而市场在接下来几个月逐渐走低。这并没有损害我的新业务。1972年春天，我开始在《巴伦周刊》上为《茨威格预测》做广告，很快我的这项业务就真正建立起来了。不久，我的市场通讯和资产管理业务的收入就超过了大学教职的收入。然而，我真的很喜欢教书，并接受了位于纽约州新罗谢尔市的爱纳大学副教授的职位，在那里我又工作了7年，最后因为我没有足够的时间完成教学工作而离开。

如果时间允许，我想再去大学里教书。我最享受的是教学对我的激励。我鼓励学生提问，如果我不知道答案，我也会感到尴尬。我从来不会想办法掩饰。如果我真的不知道，我就直接告诉学生。他们常常强迫我思考某个问题，在思考过程中，我会时不时地产生一些新的想法，其中一些想法形成了市场预测中使用的理论。

在按时发布《茨威格预测》的同时，我于1986年9月推出了"茨威格基金"，这是一只封闭式股票共同基金，首次发行募集资金340,000,000美元。基金的主承销商是德瑞塞。两年后，"茨威格总回报基金"发行。这两只基金都在纽约证券交易所交易。之后，我们发行了几只开放式基金。

从我记事起，我就有一种几乎压倒一切的欲望，想要学习所有关于股票市场的知识，并成功地发挥它们的作用。也许我的冲动和那个登山者的想法并没有太大的不同，登山者必须要攀登那座山，因为它就在那里。我不太喜欢山，但从小我就想登上股市的顶峰。这是我无法抗拒的挑战。

股票市场并不会事事如意。它有时也会把我逼疯。而过些时候，我又会大赚一笔，从而带来极大的心理满足。但是，不管股市的道路多么崎岖，它从来没有使我感到厌倦。我总是觉得市场很迷人，充满惊喜。也许是因为这个星球上没有人会知道市场的所有情况，也没有人会始终保持或在大部分时间里都正确。

然而,你可以让自己正确的概率超过错误的概率。如果你有60%的时间是对的,利用好获利的机会,并控制损失,你会发现,当你判断正确时,你将获得巨大的好处,而当你犯错时,损失并不严重。从长远来看,60%的成功率意味着巨大的收益,50%的成功率意味着稳固的收益,甚至40%的成功率也能击败市场。

在参与市场交易的时候,记住你是与概率打交道,你必须采用合理的策略来控制风险,并且只有在条件允许的情况下才采取积极的策略。我成人之后的时间都用于深入地了解股票市场,在接下来的几章里,我会尽力告诉你我所获得的最好的信息。

第3章
CHAPTER THREE

股票市场指数——它们意味着什么

世界上最著名的股票市场指数是道琼斯工业平均指数。该指数自1897年推出以来一直持续至今，最初包括12家大型工业公司。1916年，指数样本股扩大到20只股票，1928年增至目前的30只工业股票。美国主要工业领域的许多大型制造公司都包括在内。它们[①]是：

联合信号公司	伊士曼柯达公司	默克公司
美国铝业公司	埃克森美孚公司	3M公司
美国运通公司	通用电气公司	J. P. 摩根
美国电话电报公司	通用汽车公司	菲利普·莫里斯公司
波音公司	美国固特异轮胎橡胶公司	宝洁公司
卡特彼勒公司	惠普	西尔斯·罗巴克公司
雪佛龙股份有限公司	IBM公司	旅行者
可口可乐公司	国际造纸公司	联合碳化物公司
迪士尼	强生	联合技术公司
杜邦公司	麦当劳	沃尔玛

① 这30家公司是20世纪90年代时的公司列表。后来指数成分公司又经历了数次调整。后续关于指数的数据同此。——译者注

最初，当工业平均指数包括12只股票时，计算方法是将12只股票的价格相加，除以12。今天同样的规则也适用于30只股票，只不过除数完全不同了。在历史上，上市公司的股票经常出现分拆。此外，道琼斯公司有时会用一家工业公司取代另一家公司。最近的变化发生在1997年3月，惠普、强生、旅行者、沃尔玛取代了伯利恒钢铁公司、美国德士古公司、西屋公司、伍尔沃斯公司。

这种成分股的调整和股票分拆需要改变除数以保持股价平均数的连续性。如果只有两种股票，A的价格是每股20美元，B的价格是每股40美元，人们可以把价格加起来（60美元），除以除数（2），答案当然是30美元。然而，假设B股票按照2∶1进行分拆，即将1股分拆为2股，其价格将跌至20美元（事实上并没有发生"真正的"变化）。如果你把两只股票的价格加起来，再除以2，分拆后的股票平均价格将从30美元跌到20美元。显然，这不符合现实，因为价值没有发生真正的变化（B公司股票以之前一半的价格出售，但其股票数量是之前的两倍，因此股东们的财富并未发生变化）。

要将平均数依然维持在大约30美元的水平，需要向下调整除数。现在两只股票现行价格的总和（分拆后）是20美元的A加20美元的B，也就是40美元。如果把40美元除以1.333，结果为30美元，这个平均数就和之前保持了一致。因此，虽然指数包括了两只股票，但新的除数只有1.333。多年来，道琼斯工业指数经历了如此多的分拆和调整，其除数已经降至0.346。换句话说，你可以把30家工业企业的股票价格加总后除以0.346，最后得出道琼斯工业平均指数。

大多数投资者不需要使用除数，但重要的是要理解道琼斯工业平均指数为5,500，或6,000，或其他数字的含义。

道琼斯平均指数还包括另外两个指数，一个是运输业平均指数，另一个是公用事业平均指数，还有一个是将这三者相结合的65股平均指数。你经常会在财经报纸上看到这些指数，但是因为它们报道的行业范围很窄，所以我在这本书里没有详细讨论。在一些情形中，公用事业平均指数由于代表的是一组对利率非常敏感的股票，可以成为股票市场其余部分的有效领先指标。存在这样的

第3章 股票市场指数——它们意味着什么

趋势,但不是特别的显著。

平均指数和市场活动

让我们看看最重要的指数如何反映市场活动。图A的上半部分(第45页)显示了1962—1988年道琼斯工业平均指数的月度走势。图上的每一条垂直线表示道琼斯指数当月的高点和低点之间的区间。你应该花一两分钟看一下图A,了解这一时期市场的历史。很容易看到,1962年、1966年、1969年至1970年、1973年至1974年、1976年至1978年、1980年初、1981年至1982年、1987年都是熊市。在1973—1974年的这一轮熊市中,道琼斯指数从1,052点跌至578点,是20世纪30年代大萧条以来最糟糕的一次。1987年的熊市是第二糟糕的。

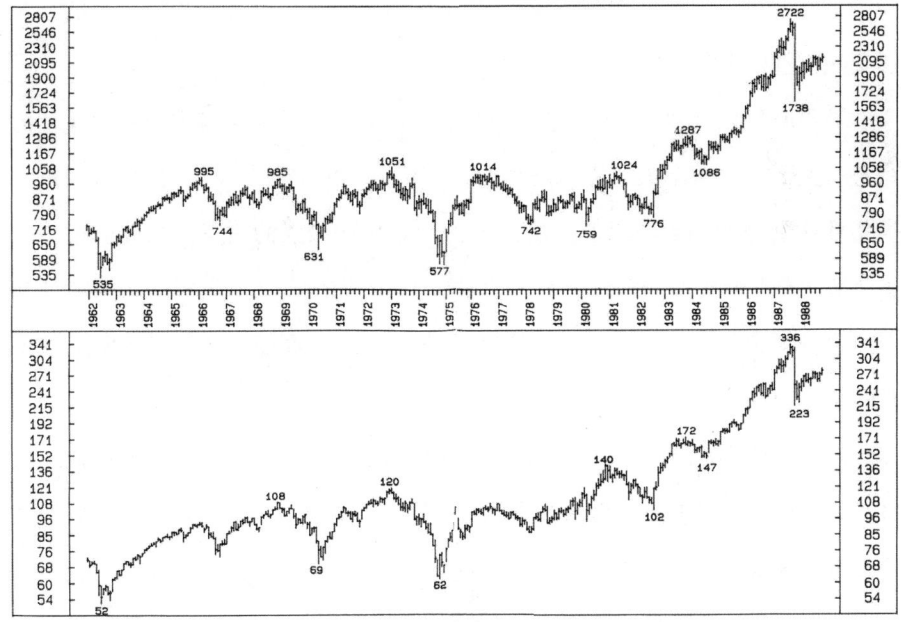

图A
图片提供:奈德·戴维斯研究公司

一段漫长的牛市从1962年一直持续到1966年初，在此期间道琼斯指数几乎翻了一番。其他牛市发生在1967年至1968年、1970年至1973年、1974年后期至1976年、1980年至1981年、1982年至1987年。你还会发现介于牛市和熊市之间的中型上涨和下跌阶段，包括1983年和1984年的下跌，我将这两个时期归类为中型下跌。

图A的下半部分是标准普尔500指数的走势。这一指数对机构投资者影响最大，因为他们的业绩通常与这一基准进行比较。顾名思义，标准普尔500指数由500只股票组成，其中大部分是蓝筹股。标准普尔指数按市值加权计算。如果股票发行额为100,000,000股，每股售价为20美元，则其市值为100,000,000 × 20美元，即2,000,000,000美元。按市值加权意味着，股票的市值越高，其在标准普尔指数中的权重就越大。目前，通用电气是权重最大的股票，约占该指数价值的2.7%。其他权重较大的股票包括可口可乐、埃克森美孚、美国电话电报公司和默克公司。由于标准普尔500指数由大型公司主导，因此规模较小的公司股票的权重相应较小。

如图A所示，道琼斯工业平均指数和标准普尔指数通常表现出同向运动的趋势。然而，两个指数上涨和下跌的幅度可能不同。例如，1981年4月，道琼斯指数达到约1024点的峰值，略低于1973年初1052点的高点。与此同时，标普指数早些时候曾在1980年11月达到略高于140点的峰值，远高于1973年的120点。道琼斯指数在两个峰值之间实际下跌了近3%，而标准普尔指数则上涨了近17%。

出现这种差异的原因可能是标准普尔500指数是按照500只股票的市值加权计算，而道琼斯指数只计算了30只股票，样本少得多，同时只按照价格而不是市值来计算权重。并不存在一种完美的衡量股市的指标，这有时令人沮丧。我们只能通过多个指标衡量股市。

另一种主要的市场指数是纽约证券交易所综合指数。其结构类似于标准普尔500指数，只是它给纽约证交所的每一只普通股（约2,500只股票）赋予了权重。该指数也基于市值来确定权重，通用电气再次成为权重最大的股票。纽交所综合指数和标准普尔500指数的走势非常相似。

未加权价格指数

衡量市场表现的另一种方法是查看未经市值加权的股价变化。这种指数称为未加权价格指数。为此，我构建了自己的度量标准，称为"茨威格未加权价格指数"，简称"ZUPI"，该指数1965年初的基数为100。我从Quotron系统中获取ZUPI指数的原始数据，Quotron是一个基本的股票报价电子服务系统。如果ZUPI指数在某一天上涨1%，这意味着不考虑公司规模的差异，当天所有公司平均股价上涨1%。

举例来说，如果计算由两只股票构成的平均指数，指数包括IBM和一家非常小的公司。那么按照市值加权计算（如标准普尔500指数），小盘股的表现几乎对指数没有什么影响，而IBM将占到权重的90%。此时的指数几乎只是反映了IBM的价格走势。但如果是两种股票的未加权指数，IBM涨跌幅仅占50%的权重，而小盘股的价格变化则占另外的50%。如果对交易所的所有股票都这样处理，IBM的权重跟小公司就不会有差异。

未加权平均数对个人投资者非常有用，因为他们可以灵活地购买任何公司的股票，无论是大公司还是小公司。不过，对于机构投资者来说，标准普尔500指数可能是一个更好的衡量标准。这些机构投资者可以购买价值数百万美元的通用电气或可口可乐，但很难在规模极小的公司股票上投入大量资金。

ZUPI指数的表现有时可能与道琼斯指数或标准普尔500指数的表现明显不同。这是因为ZUPI明显偏向于小盘股（通常称为次级股票）的表现，而主要的指数则由蓝筹股主导。有时蓝筹股表现相当不错，比如从1972年春季到1973年初，而次级股则下跌。在其他时候，比如1977年，当蓝筹股面临压力和下跌时，小盘股却在上涨。但在1973—1974年等主要熊市中，多数股票走软，所有股票平均指数都大幅下跌。这正如一句老话所说："当警车来时，他们把好女孩和坏女孩都带走。"同样，在主要牛市期间，加权和未加权平均指数都将趋于上升。

在接下来的研究中，我会对比使用ZUPI和标准普尔500指数来测试各种指标和模型。偶尔也会利用道琼斯工业指数或价值线综合指数来检验。图B的下半部分（第48页）是价值线综合指数。该指数由价值线指数服务提供商阿诺德·伯恩哈德公司构建。这是一个由大约1,700只股票构成的未加权指数（其覆盖的公司数小于纽约证券交易所综合指数），这些股票大部分在纽约证券交易所上市。该指数的构建几乎与ZUPI完全相同，差别在于ZUPI覆盖了纽约证券交易所的所有普通股，但没有包括美国证券交易所和场外交易市场的普通股。价值线综合指数没有包括纽约证交所交易的几百只股票，但包括了美国证券交易所和场外市场的一些股票。如图B所示，这两个未加权指数的表现几乎相同，尽管它们在短期内可能会产生很小的偏离。

茨威格未加权价格指数（ZUPI）　　　1965/1/31—1988/10/31度数据（对数标尺）

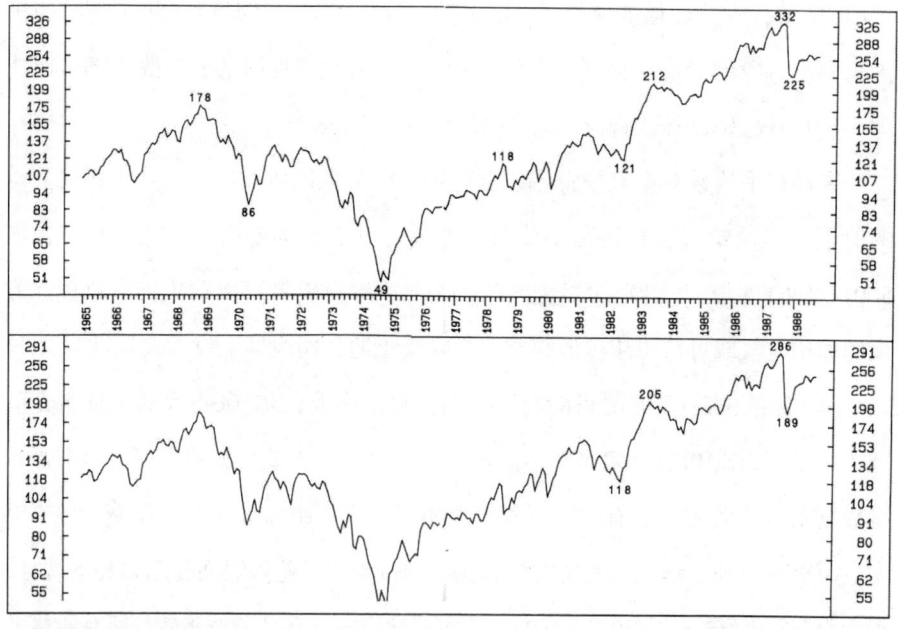

价值线综合指数

图片提供：奈德·戴维斯研究公司　　　　　　　　　　　　　　　　　　　图B

第3章 股票市场指数——它们意味着什么

1982年春，堪萨斯城交易委员会开始了有史以来第一次股票指数期货交易，并以价值线综合指数为基础。期货价格可以高于或低于指数的实际价值。但抛开折价或者溢价因素，你可以对价值线指数衡量的整个市场进行买卖操作。同样在1982年，芝加哥的股指期货开始推出标准普尔500指数期货产品。那年晚些时候，纽交所作为第三个推出股指期货的市场，推出了标的指数为纽交所综合指数的股指期货。

迄今，标准普尔500指数期货的交易量最大，三个股指期货的交易总规模现在超过了纽约证交所所有股票的交易规模。以最近一周为例，标准普尔指数期货的所有交易总额为1137亿美元，价值线指数期货交易总额为1.69亿美元，纽交所综合指数期货交易总额为28亿美元，使指数期货交易总额达到1167亿美元，远高于纽约证交所800亿美元的交易总额。显然，股指期货自诞生以来，成交量大幅增长，对投资者和投机者而言，正变得越来越重要。

我不能在此详述股指期货，因为这是另一个完整的课题。然而，在后面的章节中，当你看到我们检验一个指标或模型时，记住这些测试的结果同样适用于股票指数期货。通过交易股指期货，你可以避免交易股票的大部分交易成本，并获得市场指数所代表的分散化程度。

通货膨胀调整

图C（第50页）显示了自1921年以来道琼斯工业平均指数的月度走势。这与道琼斯指数在图A中的走势相似，只是它回溯到更早的时间。请注意，纵轴价格水平以百分比表示。因此，道琼斯指数从100上升到200是100%的增长，在图上的垂直距离与从500上升到1000的距离相同，也是一个100%的增长。使用名义价格（市场当时的报价）来构建市场平均指数的问题是，随着时间的推移，它们会因通货膨胀或极端通货紧缩的影响而扭曲。短期（比如说几天或几周）而言，这通常并不重要。或者，如果通货膨胀率处于"正常"区间，比如说在2%—4%的范围内，即使是在一到两年的时间里，其影响也没有那么显著。

道琼斯工业平均指数　　　　1921/3/31—1988/10/31月度数据（对数标尺）

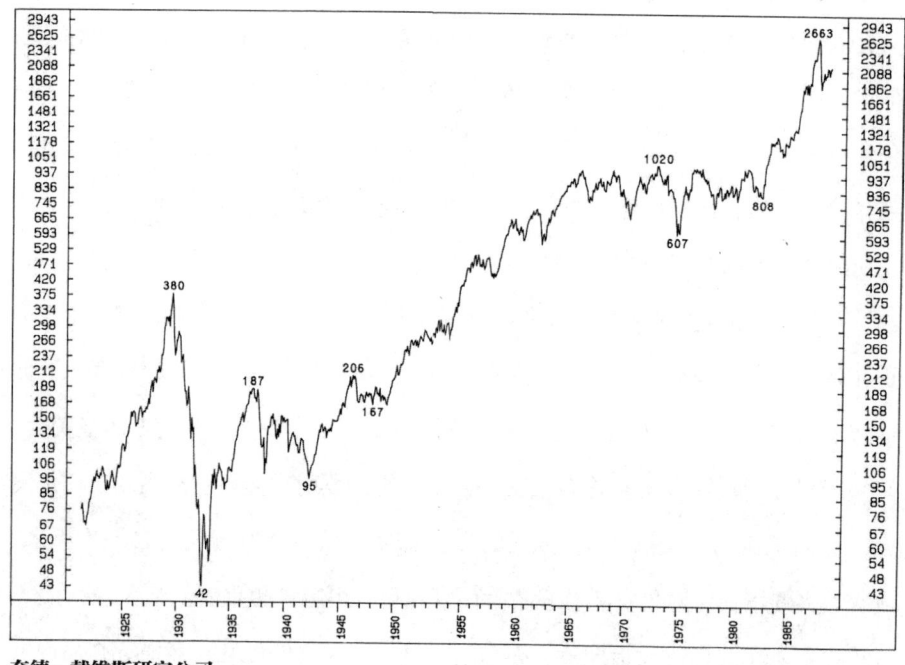

奈德·戴维斯研究公司　　　　　　　　　　　　　　　　　　　　　　　　　图C

但是，如果像之前不久发生的情况，通货膨胀率达到10%左右，或者像20世纪30年代初那样，出现极度通货紧缩，就会使得基于名义价格的平均指数产生巨大扭曲。

例如，假设当道琼斯平均指数达到1,000点时，你投资了道琼斯工业指数。如果在接下来的5年里，通货膨胀的累积效应使得消费物价指数翻了一番，复合通货膨胀率每年约为15%。因此，你需要2,000美元才能购买5年前1,000美元的产品。现在，物价翻了一番，但道琼斯指数仍然保持在1,000点。得出结论说你的投资在此期间实现保本便是大错特错。你的净资产实际上下降了50%。通货膨胀率越大，必须对股价平均指数做出的调整就越大。

图D（第51页）显示了从1921年起道琼斯工业指数的月度走势，并根据通货膨胀和通货紧缩的影响进行了调整。它被称为"通胀平减的道琼斯工业平均

通胀平减的道琼斯工业平均指数　　1921/3/31—1988/10/31月度数据（对数标尺）

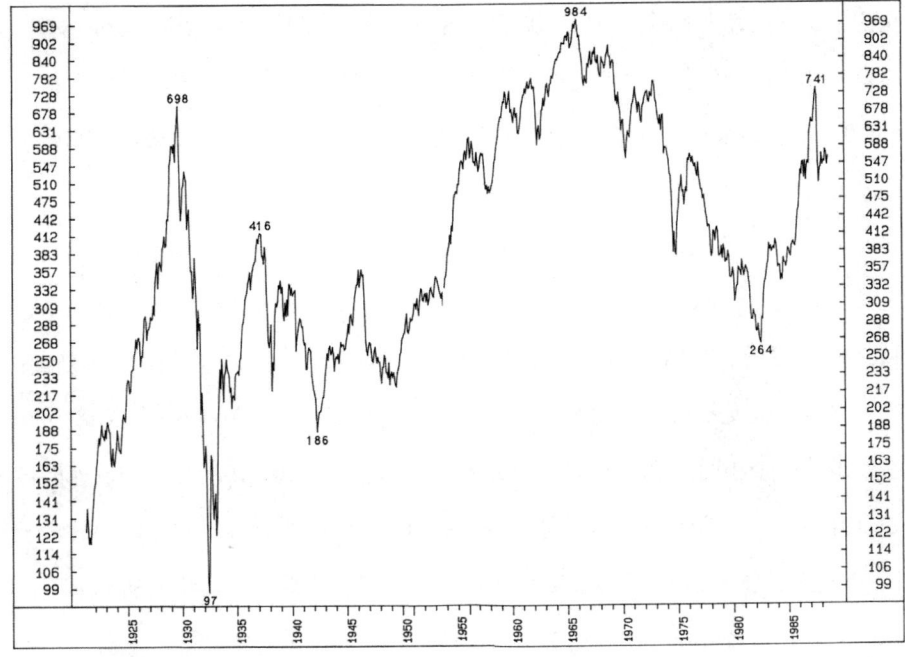

奈德·戴维斯研究公司　　　　　　　　　　　　　　　　　　　　　　　　　　图D

指数"。该图表明道琼斯指数的"真实"表现，即你在市场上投资资金的实际购买力。因此，以上面的例子来说，如果道琼斯指数在5年期间内保持名义值不变，而通货膨胀率翻了一番，那么在这一期间，通胀调整后的道琼斯指数将从1,000点逐渐下降到500点，相对于起点实际损失了一半。

要了解20世纪大部分时间市场指数的表现，可以观察图D中通胀调整后的道琼斯指数。从长期来看，1921年到1929年是一波壮阔的牛市。这可能是我们历史上最大的牛市。有趣的是，在20世纪20年代的10年里，物价却相当稳定，没有明显的通货膨胀。

1929年到底发生了什么

1929年劳动节前后市场达到顶峰，到9月份开始下跌。在10月份，跌势强劲，10月23日和10月28日价格暴跌。事实上，10月28日的跌幅是股票交易所历史上最大的单日跌幅。仅一天时间，道琼斯指数就从298.97点跌至260.64点，暴跌12.8%！（10月23日的跌幅也高达6.3%。）1996年年中，道琼斯指数位于5,600点左右的水平，如果发生1929年10月28日那样的跌幅，将使道琼斯指数下跌700点……这必将成为当晚的轰动新闻！

大多数人都知道1929年10月29日市场崩盘的事实，对前后发生的事情却知之甚少。当然，当天股市确实暴跌，道琼斯指数收盘时为230.07点，跌幅高达11.7%，但跌幅并没有前一天那么严重。成交量创下了1,640万股的历史新高，这一交易量在交易所之后的35年中从未出现过！事实上，10月29日，股市在交易的最后一个小时出现了有史以来最大的反弹。第二天，10月30日，道琼斯指数飙升12.3%，至258.47点。但反弹是短暂的，到11月中旬，道琼斯指数收于199点左右，较9月3日的高点381点下跌了近一半。所谓的1929年大崩盘远不止10月29日，而是指在一段相当短的时期内市场历史上的最大跌幅。主要的灾难其实发生在1930年到1932年之间。

从1929年11月中旬起到1930年4月，道琼斯指数大涨至294点。这是一轮牛市，市场上涨了48%。然而，在那之后，大萧条开始了，一切都在走下坡路。到1932年7月，道琼斯指数收于41点，相对于1930年的春季高点跌幅达到令人难以置信的86%，而相比于1929年的峰值其下跌幅度更为惊人，达到了89%。

在30年代初的灾难之后，股市逆转，强劲的牛市持续到1937年。此后，大萧条再次出现，股价又一次下跌，直到1942年4月，"珍珠港事件"几个月后市场才真正触底。接着牛市启动，1966年道琼斯指数达到了近1,000点的峰值。即使按实际价值计算，道琼斯工业指数在1942年至1966年间也上涨了5倍以上。

这是我要强调的一点。以名义价值计算，1966年道琼斯指数达到995点，当时大概是越南战争升级的时候。随着战争的爆发，开始出现严重的通货膨胀，使得大多数经济指标失真，包括股价平均指数。1982年8月，当熊市触底时，道琼斯指数为777点，在16年的时间里，它的名义跌幅为22%。然而，在这段时间里，通货膨胀率大约增加了3倍。事实上，在1966年1月至1982年8月期间，消费物价指数由95.4上升至308.6，增幅高达223.5%。相当于16年来每年7.3%的通货膨胀率。按照1966年的价格水平，当道琼斯工业指数在1982年8月达到777点时，它其实只相当于240点。换句话说，道琼斯指数在16年期间损失了大约四分之三的价值，在我看来，这是一个真正的熊市。

图D清楚地显示了1966年至1982年的长期熊市。当然，在这一个大的下行周期中，也有中期牛市。这些牛市发生在1967年至1968年、1970年至1973年、1974年至1976年，1980年的牛市规模更小。但在这些牛市中，每一轮牛市中指数高点的实际价格水平都低于先前的牛市高点，随后的熊市低点的实际价格水平则低于先前的熊市底部。一连串逐渐下降的高点和逐渐下降的低点是长期熊市的特征之一。

这种循环在1982年低点之后被打破。在1983年之后的牛市大涨中，"实际价格水平"的道琼斯指数超越了1980—1981年的峰值，这是近20年来第一次超过先前的高点。1984年之后的下跌同样以远高于1982年低点的实际价格见底。然后1985年的反弹将"实际"价格推到1983年的高点之上。

事实上，1966年至1982年之间7.3%的复合通货膨胀率是促成长期熊市的罪魁祸首。在极端通货膨胀时期，股市通常表现不佳——对于股市来说，这是第二糟糕的经济环境。当然，最糟糕的是极端的通货紧缩，比如20世纪30年代初，然后是1937—1938年。股票市场喜欢物价稳定的经济环境，比如20世纪20年代和60年代上半段。60年代末和70年代较高的通货膨胀率导致个人投资者放弃股票市场，将资金投入收藏品、黄金和房地产。

从20世纪60年代初开始，个人投资者不断地卖出股票，直到1983年，公众20年来首次出现净买入。然而，这种情况只维持了很短的时间，到1984年时，公众又开始抛售股票。在这一时期的大部分时间里，不动产价格，尤其是房价，在强烈的投机活动的推动下迅速上涨。黄金价格也出现了巨大的波动，从每盎司35美元涨到1980年初的875美元，然后暴跌。在这段时间里，各种收藏品，包括艺术品、古董、硬币和邮票的价格飙升，因为人们把它们看作是抵御通胀的对冲工具。

从股市的角度看，通货膨胀最糟糕的一点是，应对通胀的措施比通胀本身更具破坏性。当通货膨胀变得过于剧烈时，美联储开始采取行动减少货币供应量的增长，从而提高了利率。这抑制了经济活动，损害了企业利润。结果往往是导致股市走熊。

1979年，保罗·沃尔克成为美联储主席，他把通货膨胀称为头号敌人，并采取限制性货币措施应对通胀。到1981年，他赢得了这场战争的胜利，通货膨胀率也下降了。到1982年，股票已经停止了大趋势的下跌。随着反通胀时期的到来，股市在长期牛市中开始上升，在1987年股市崩盘之前，道琼斯指数上升到2,722点，比1982年的低点上涨了250%。

在接下来的章节中，我将向你展示如何做好投资的时机选择，以便能够在最佳时机进出市场。但请记住这几页的教训。如果通货膨胀加剧，它往往不利于股票价格，也会使得名义价格平均指数失真。因此，在通胀或通缩严重的时期，一定要对股价指数作出适当的调整，以免受到名义指标的影响。

第 4 章
CHAPTER FOUR

货币指标——"不要与美联储唱反调"

和赛马一样，在股票市场上的钱越多越好。货币因素会对股票价格产生巨大的影响。事实上，货币环境（主要是利率和美联储政策的走势和动向）是决定股市主要方向的主导因素。一旦方向确立，这个趋势通常会持续一到三年。

经济中的贷款需求、银行系统的流动性、通货膨胀或通货紧缩以及最重要的美联储的政策主张等因素结合起来形成货币"气候"。这些都是影响利率走势的主要因素。一般来说，利率上涨趋势对股市形成利空，而利率下降则利多股市。接下来让我们看看其中的原理。

首先，利率下降减少了来自其他投资的竞争，特别是诸如国库券、定期存款或货币市场基金等短期工具。举个例子，当投资者发现定期存单（CDs）的收益率从12%下降到8%时，他就不那么热衷于在大额存单上进行"滚动"投资。这些工具的收益率目前变得更低了，而股票看起来就会更有吸引力。而当利率上升时显然正好相反。

其次，当利率下降时，企业的融资成本就会降低。特别是对于航空公司、公用事业类公司、储蓄贷款公司这样需要大量借款的公司来说，利率下降大幅减少了它们的开支。随着费用下降、利润上升，华尔街可能得出企业未来利润会上涨的判断。所以，随着利率的下降，投资者倾向于支付更高的价格，其中部分原因是更高的预期收益。利率上升时则会出现相反的情况。

理论介绍完毕，现在让我们看看它在实践中的应用。我会带你了解三个非常简单、易于理解的货币指标。尽管为了预测市场，我密切关注的经济数据指标要多得多，但我发现这三个指标是如此的有效，同时比我的整个系统要简单得多，是属于"越少越好"的范例。

优惠利率指标

优惠利率是银行向最佳客户收取的利率，这些客户主要是最优质的大型公司。大多数银行贷款的利率都是以优惠利率为基础，随着贷款风险的增加，利率相对于优惠利率也会提高。换句话说，借款人的信誉越低，他支付的利率高出优惠利率就越多。图E（第57页）中绘制了道琼斯工业平均指数与优惠利率的波动情况。使用优惠利率作为股票市场预测指标的妙处在于，它不会像其他利率那样随时都在变动。在1996年之前的32年间，优惠利率每年平均变化10.7次，或者大概每个月一次。另外，投资者很容易关注到优惠利率的变化，因为这往往是财经板块的头条新闻，而且通常也会在晚间新闻中播报。所以，对于那些繁忙的投资者来说，紧盯优惠利率其实是一件很容易的事。

优惠利率还有一个优点：它滞后于其他利率。优惠利率通常只有在联邦基金利率下降或者存单/商业票据收益率下降之后才会下调。但这正是投资者需要关注的，因为利率的变化通常会领先于股市的变化。一种稍微滞后于其他利率指标的利率往往能够正好在股票最终开始对利率变化做出反应时发出信号。

规则：首先，我做了一个多少有些武断的分类：8%及以上属于高利率，8%以下属于低利率。因此，当利率在8%以下出现小幅下降，这就是一个充分的看涨信号；但如果利率处在高于8%的区间，那么需要较大幅度的下跌才能成为看涨信号。相反，在8%及以上的"高位"区域，利率小幅上涨，足以成为股票市场的看跌信号；但在8%以下的水平，稍微大幅的上涨才能视为看跌信号。8%

第4章 货币指标——"不要与美联储唱反调"

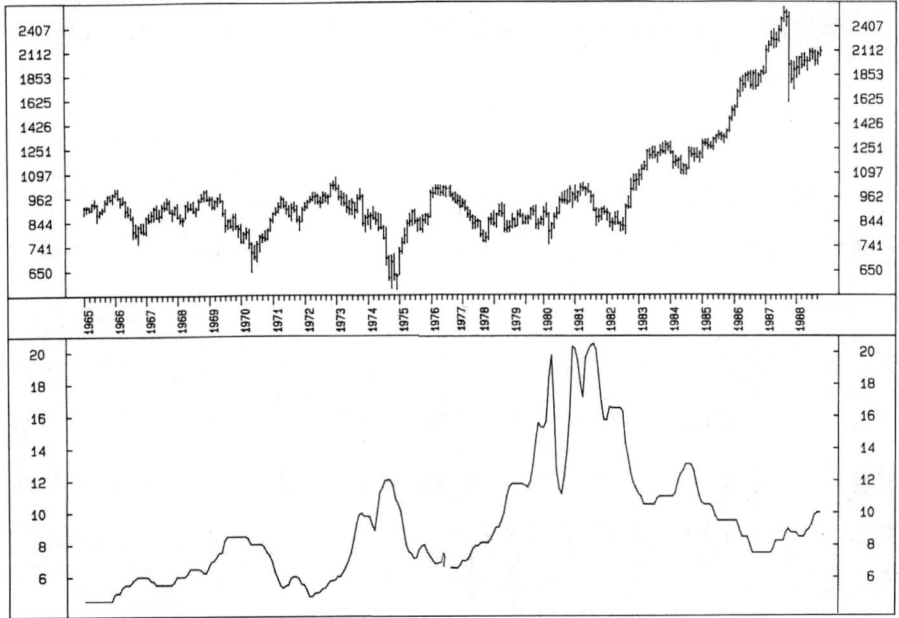

图E

的分界点还有待讨论，显然利率的水平和波动方向都很重要，但是我的所有研究都表明利率走势比水平本身更重要。无论如何，这些规则都符合逻辑，而且最重要的是它们简单易行。

买入信号：1. 如果优惠利率前期高点低于8%，优惠利率水平的下调为买入信号。例如：在过去几个月里，优惠利率经过数次上调从5%上涨到7%。最近某一天该利率下调至6.5%。这就发出了基于该指标的股票买入信号。

2. 如果优惠利率的峰值为8%或更高，则买入信号出现在连续两次下调的第二次或一次性降低1%。例如：优惠利率经过几次调整从6%上升到10%。然后它下降到了9.5%。这还不足以发出买入信号。之后利率又进一步跌至9%。这是第二次下跌，而这就是明确的买入信号。如果第一次就直接下跌到了9%，这也同样是明确的买入信号。优惠利率的变化通常以0.25%或0.5%的幅度进行。

一步到位的变化比较少见（约占所有事件的5%），当然也更值得关注。

卖出信号：1. 如果优惠利率的最低值为8%或更高水平，在此基础上的突然加息。例如：优惠利率经过几次下跌从12%跌到10%，然后又涨到10.5%。那一天优惠利率的变动就发出了卖出信号。

2. 如果优惠利率的低点低于8%，那么两次上涨的第二次或一次性上涨1%意味着卖出信号。例如：优惠利率经过几次下跌从10%跌到6%，然后上涨到6.5%。这还不足以发出卖出信号。之后它再次上升，达到7%。这是第二次增加，这就是明确的卖出信号。如果第一次直接一次性上涨到了7%，这也同样是明确的卖出信号。表1显示了利用茨威格未加权价格指数（该指数是对所有大盘股票给予同等权重的市场平均指数，简称为ZUPI）进行测试时的优惠利率指标的表现。ZUPI的走势与价值线指数非常相似，后者是股指期货的标的指数之一（关于ZUPI，第3章已经做了详细的解释）。

表1 优惠利率 VS. 茨威格未加权价格指数：1954—1988年

	买入信号			卖出信号	
日期	ZUPI	指数变动率（%）	日期	ZUPI	指数变动率（%）
1954/3/17	33.73	+43.2	1955/10/14	48.29	-1.3
1958/1/22	47.66	+57.2	1959/5/18	74.93	-1.6
1960/8/23	73.74	+70.1	1966/3/10	125.43	-3.3
1967/1/26	121.28	+20.8	1968/4/19	146.45	+12.2
1968/9/25	164.98	+7.7	1968/12/2	177.68	-42.7
1970/9/21	101.86	+21.9	1971/7/6	124.17	-6.1
1971/10/20	116.59	+3.8	1972/6/26	121.02	-34.6
1974/1/29	79.17	+2.2	1974/3/22	80.95	-33.5

[续表]

买入信号			卖出信号		
日期	ZUPI	指数变动率（%）	日期	ZUPI	指数变动率（%）
1974/10/21	53.83	+31.0	1975/7/28	70.53	-5.6
1975/11/5	66.59	+20.1	1976/6/7	79.95	+6.1
1976/8/2	84.79	+8.0	1977/5/31	91.57	+21.2
1979/12/7	110.96	+5.5	1980/2/19	117.09	-11.4
1980/5/1	103.73	+27.3	1980/8/26	132.08	+0.6
1980/12/22	132.87	+11.7	1981/4/24	148.46	+0.9
1981/6/16	149.84	-0.5	1981/6/22	149.02	-14.7
1981/9/21	127.04	+1.3	1982/2/1	128.68	-5.9
1982/3/8	121.07	-0.1	1982/3/16	120.96	+2.8
1982/7/26	124.39	+61.2	1983/8/10	200.53	-3.0
1984/10/15	194.61	+56.7	1987/5/1	304.87	-24.1
1987/11/5	231.53	+7.7	1988/5/11	249.35	

10,000美元变为：449,835美元　　　　　　　　　　　　　1,642美元

年化收益率 = +23.2%　　　　　　　　　　　　　　　　　-11.3%

"买入并持有"的收益率 = +6%/年

信号正确的比例：90%　　　　　　　　　　　　　　　　　68%

举例来说，1954年3月ZUPI为33.73时，第一个买入信号出现。大约19个月后，1955年10月，优惠利率指标发出卖出信号，如表1右侧所示。那时ZUPI已攀升至48.29。买入信号的涨幅为43.2%，并显示在"买入信号"下的"指数变动率（%）"一栏中。

在1955年的卖出信号之后，优惠利率指标一直保持看跌状态，直到1958年

1月该指标发出了第二个买入信号。此时ZUPI已经回落至47.66。这比1955年卖出信号发出时的指数低了1.3%，这期间的跌幅列示在"卖出信号"下最右边的一栏"指数变动率（%）"中。表1中的其余部分都简单易于理解。

总体而言，该指标一共发出了20个买入信号。其中，18次盈利，成功率达到90%。事实上，仅有两次损失，分别发生在1981年和1982年，损失额都非常小，当时优惠利率在买入信号发出后的一两周的时间内迅速回调。

某些时间段上的收益令人吃惊，例如1982年7月买入信号发出后的收益：在短短一年内产生了高达61.2%的收益。基于这一信号投资者基本上可以获取1982—1983年期间整个牛市行情的好处。1984年10月的买入信号可以让投资者获得56.7%的利润。总体而言，在该期间，优惠利率指标发出看涨信号的时间累计达19年。如果按照该指标的信号买卖，你在这段时间的期初投资10,000美元购入与ZUPI指数波动一致的一篮子普通股（或基金），它将增长至449,835美元。年化收益率为23.2%。相比之下，如果你购买了与ZUPI指数一致的股票或基金，并持续34年持有——这种方法称为"买入并持有"——10,000美元只能增长到73,925美元。上述计算以及本书中的其他内容（除非特别注明）都没有考虑红利和税收。

现在，假设你已经基于买入信号购买了"市场组合"（ZUPI），基于卖出信号卖出股票，然后以7%的平均利率投资于短期货币市场工具（如定期存单），直到下一个买入信号出现。该策略在34.2年内使本金从10,000美元增长至1,259,538美元。15.2%的年化利率非常优秀，远远超过"买入并持有"方法每年6.0%的收益率。

卖出信号也产生了可靠的结果，但历史记录表现并不像买入信号那么好。尽管如此，19个卖出信号中的13个依然"有效"，在卖出信号发出后市场价格下跌。（在写本书的时候，最近的一次卖出信号也是"有效"的。）这是平均68%的成功率（见表1，最后一行）。此外，你能避开1969—1970年和1973—1974年的两大熊市时期（自大萧条以来两次最严重的事件），以及1987年10月的崩盘。

可以肯定的是，1962年虽然货币环境还算稳定，但这并没有阻止1962年的崩盘（有很多其他原因，特别是当时市盈率水平不断提升，甚至到了十分离谱的程度）。但该指标预见到最近的1980年、1981年和1987年的下跌。

如果你不幸地忽视了利率上涨的警告，并坚持在"卖出模式"（从卖出信号到下一个买入信号期间）期间拥有股票，那么10,000美元的投资将缩水到仅剩1,642美元。年化收益率为-11.3%。

表2显示了利用标准普尔500指数对优惠利率指标所做的类似检验。标准普尔指数比ZUPI更稳定，基于预测指标在标准普尔指数上获得的收益率不会超过ZUPI指数。标准普尔500指数的检验显示，买入信号带来的年化收益率为18.6%，而"买入并持有"只有6.8%的年化收益率。买入信号使10,000美元增长到222,004美元。那么，如果在卖出模式下，以平均收益率7%买入货币市场工具，那么10,000美元的投资将升值至621,611美元，年化收益率为12.8%，几乎是"买入并持有"的两倍。

表2 优惠利率 VS. 标准普尔500指数：1954—1988年

	买入信号			卖出信号	
日期	标准普尔500指数	指数变动率（%）	日期	标准普尔500指数	指数变动率（%）
1954/3/17	26.62	+54.8	1955/10/14	41.22	0
1958/1/22	41.20	+41.1	1959/5/18	58.15	-0.7
1960/8/23	57.75	+54.0	1966/3/10	88.96	-3.5
1967/1/26	85.81	+11.7	1968/4/19	95.85	+6.8
1968/9/25	102.36	+5.6	1968/12/2	108.12	-24.2
1970/9/21	81.91	+21.8	1971/7/6	99.76	-4.1
1971/10/20	95.65	+12.4	1972/6/26	107.48	-10.7
1974/1/29	96.01	+1.3	1974/3/22	97.27	-24.4

[续表]

	买入信号			卖出信号	
日期	标准普尔500指数	指数变动率（%）	日期	标准普尔500指数	指数变动率（%）
1974/10/21	73.50	+20.7	1975/7/28	88.69	+0.5
1975/11/5	89.15	+10.6	1976/6/7	98.63	+4.6
1976/8/2	103.19	-6.9	1977/5/31	96.12	+11.9
1979/12/7	107.52	+6.6	1980/2/19	114.60	-8.0
1980/5/1	105.46	+18.4	1980/8/26	124.84	+8.8
1980/12/22	135.78	-0.5	1981/4/24	135.14	-2.2
1981/6/16	132.15	-0.2	1981/6/22	131.95	-11.1
1981/9/21	117.24	+0.5	1982/2/1	117.78	-8.9
1982/3/8	107.34	+1.8	1982/3/16	109.28	+1.0
1982/7/26	110.36	+46.4	1983/8/10	161.54	+2.6
1984/10/15	165.77	+73.8	1987/5/1	288.08	-11.7
1987/11/5	254.48	-0.5	1988/5/11	253.31	

10,000美元变为：222,004美元　　　　　　　　　　　　　　　　4,286美元

年化收益率 = +18.6%　　　　　　　　　　　　　　　　　　　　-5.5%

"买入并持有"的收益率 = +6.8%/年

信号正确的比例：80%　　　　　　　　　　　　　　　　　　　　61%

　　在买入信号方面，20次买入信号出现后标准普尔500指数上涨16次，成功率为80%。在卖出信号方面，标准普尔500指数下跌11次，有一次保持不变，上涨7次。61%的成功率还不错。一个始终"判断错误"的投资者如果总在卖出信号发出后买入，那么10,000美元本金将会缩水到4,286美元，平均每年损失5.5%。

美联储指标

有人说美联储为股市编写剧本，很多证据都支持这一说法。美联储有调整国家货币供应量增长率、监测信贷或借贷趋势以及对利率水平施加影响等职能。它并不一定在任何时候都同时实施上述所有政策，但美联储考虑的任何目标都可能对利率，并最终对股价产生重大影响。

美联储的"武器库"中有两种威力强大且公开的工具：贴现率和准备金。贴现率是美联储向银行提供的利率，如果银行在维持准备金方面遇到困难，往往会从美联储的"贴现窗口"借款。准备金水平既可以放宽，也可以限制银行放贷的能力。

美联储有权决定调整贴现率和准备金要求。这种情况发生时，各大报纸的财经版一定会重点报道这条新闻，并且电视上通常也会在全国新闻中播出。1974年，我依据这些指标制定了货币变化的模型（加上影响更小的股票保证金要求），并将其命名为美联储指标。我最近简化了规则，并提出了一个更好的预测指标。

计算并跟踪美联储指标所需的数据非常容易获得。你需要知道的是两种工具中任一种的变化方向。过去它们平均一年只调整3次，所以这确实是个"懒人的指标"。

规则：要计算美联储指标，你必须分别对贴现率和准备金要求进行评分，然后把它们的分数相加。在下面的例子中，我只关注贴现率，但这些规则对于准备金要求完全相同。（在撰写本书时，美联储自1981年秋季以来都没有调整过准备金要求。）

减分点：贴现率上升或上调存款准备金要求会导致股价下降（前文也提到过，利率上升通常对股价不利）。任何一个指标上涨时，美联储指标的这一部分减一分，同时需要将这一部分的正分清零。负分将持续6个月，之后，负分就"过时"并被去除。

例如：假设贴现率在1月1日上调。这会给该因素–1分的评级。如果美联储没有做出更多的调整，贴现率评级得分将在7月1日恢复为0。另一种情况，如果贴现率第二次上涨，例如3月1日，则评级将下降至–2。7月1日，随着第一次上调的过时，评级将调整为–1。然后在9月1日，第二次减分将过期，得分将再次为0。贴现率的变化不会影响准备金要求的评级，反之亦然。下表显示了上述评分的过程：

	1月1日	贴现率上调	–1
	7月1日	（没有进一步的调整）	0
另一种情况：			
	1月1日	贴现率上调	–1
	3月1日	贴现率再次上调	–2
	7月1日	（没有进一步的调整）	–1
	9月1日	（没有进一步的调整）	0

加分点：美联储的宽松政策对股价的积极影响要比紧缩措施带来的负面影响更为明显。因此，如果贴现率或准备金率这两种工具中的任何一种向下调整，不仅会消除之前累计的所有负分，而且还可以得到2分的正分。首次下调是指该指标上涨后的第一次下调。或者，如果此次下调是至少两年内该货币政策工具的第一次调整，也认为是首次下调。随着时间的推移，2分中的1分在6个月后过期，剩下的1分在一年后过期。

如果贴现率第二次降低，则会再增加1分，总共3分。第二次降低带来的这1分将在6个月后过期。第三、四、五次甚至更多次的连续降息将以同样的方式处理。

例如：假设美联储此前已经一次或多次提高贴现率，或者至少两年没有调整贴现率。现在1月1日贴现率向下调整，这将消除所有之前的负分（如果有的话），并增加2分的正分，因为这属于首次下调。贴现率的得分在6个月内维持在+2,7月1日随着影响的逐渐减弱,得分将下降到+1。下一年的1月1日,因为贴现率下调的影响已经消失,评分将下降到0。下表显示了上述评分的过程:

12月31日	(连续2年贴现率没有调整)	0
1月1日	贴现率下调	+2
7月1日	(1月之后没有调整)	+1
下一年1月1日	(没有进一步的调整)	0

现在假设在1月1日首次下调之后,美联储在4月1日再次下调贴现率。这会再增加1分,评分为+3。7月1日,随着贴现率首次下调的影响削弱,评分将下跌至+2。10月1日,由于4月1日第二次贴现率调整的影响消失,评分为+1。当然,在下一年1月1日,最后1分也会消失,评分将为0。下表显示了上述评分的过程:

12月31日	(连续2年贴现率没有调整)	0
1月1日	贴现率下调	+2
4月1日	贴现率再次下调	+3
7月1日	(1月贴现率下调的影响减弱)	+2
10月1日	(4月贴现率下调的影响减弱)	+1
下一年1月1日	(最后1分消失)	0

计算美联储指标:我们对美联储指标的每个组成部分,即贴现率和准备金要求进行评分。其中一个指标的变动对另一个指标没有影响,因此,要计算美联储指标本身,只需将这两个部分的得分加总。贴现率得分很少会超过3或4,储备金要求的得分也不会超过2或3。美联储指标的得分通常位于最差情况-4或-5到最高+6或+7之间。我们的深入检验发现,得分低于-3时对股票的负面影响不会超过得分为-3时的情况。同样,得分在+3以上对股票的积极影响不会超过得分为+3时的情况。基于上述检验,美联储指标的预测标准如下:

强烈看涨	=	+2或更高
中性	=	0或+1
中度看空	=	-1或-2
强烈看空	=	-3或更低

表中没有"中度看涨"的评级,因为+2意味着优异的股市表现,而+1的评分表明市场不会大起大落。总的来说,没有一个得分与中等水平的牛市一致。

图F(第66页)显示了1963年至1988年期间贴现率的变化。自1914年美联储首次调整贴现率以来,贴现率累计上调了71次,下调了74次(截至1988年)。1936年,准备金要求出现了首次调整,准备金要求的变化要少得多,总计上调了15次,下调了28次。

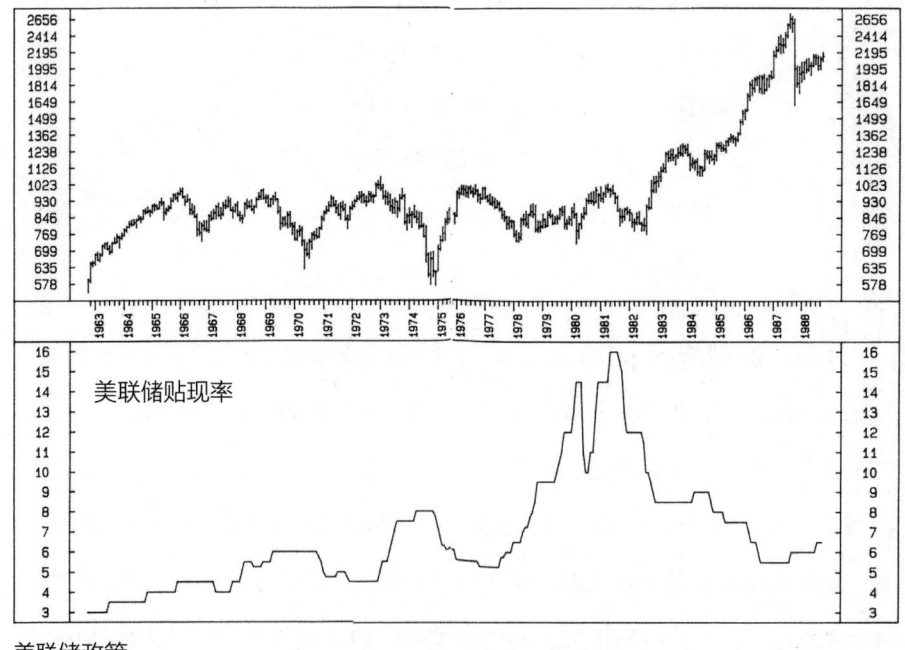

美联储政策

奈德·戴维斯研究公司

图F

1914年到1936年期间，贴现率是美联储唯一的武器。即便如此，这一阶段仅包括一个因素的美联储指标与之后的表现一致。美联储在1936年引入了准备金要求，所以我用从这一年到1957年这段时间来"测试"美联储指标，从而形成了上述评分规则。一旦制定了规则，我就将其应用于1958年至1988年这段机构交易主导股市的时代。1958—1988年的结果与之前的结果并没有明显差异。

我首先用未加权价格指数（ZUPI）测试美联储指标的表现。如表3所示，当美联实施货币宽松政策时，股价起飞般上涨。如果你在美联储指标评级为"强烈看涨"的时期，投资于整个市场组合（ZUPI），那么10,000美元将增长到125,664美元，而这一时期的累计时间长度只有9.4年。这意味着高达30.8%的年化收益率，大大超过了"买入并持有"策略每年5.7%的收益率。实际上，自1958年以来的剩余的21.5年，美联储指标从没有出现过"强烈看涨"的得分，市场总体实际上每年下降3.7%。1936年至1957年期间，"强烈看涨"区域的结果也非常相似，ZUPI的年化收益率为33.8%，而"买入并持有"的收益率仅为7.1%。

表3 美联储指标 VS. 茨威格未加权价格指数：1958/1/2—1988/11/21

美联储指标评级	年份数	市场上涨的占比（%）	10,000美元投资变为	年度回报率	与"买入并持有"回报率相比
强烈看涨	9.4	93	125,664	+30.8%	+25.1%
中性	10.9	52	12,591	+2.1%	-3.6%
中度看空	8.1	39	4,800	-8.7%	-14.4%
强烈看空	2.5	22	7,349	-11.5%	-17.2%
合计	30.9	52	55,926	+5.7%	—

在"中性"评级期间，ZUPI收益率为每年2.1%，而在"中度看空"区域，每年有8.7%的损失。"强烈看空"模式每年有11.5%的损失，比"买入并持有"的收益率差17%，在9段市场波动中，市场只涨了两次，成为了最不景气的市场。

表4显示了基于标准普尔500指数对美联储指标的检验,该指数比ZUPI波动率小。尽管如此,"强烈看涨"期间内的年化收益率为23.5%,这比"买入并持有"高17%,在12次"强烈看涨"信号发出后,标准普尔500指数有10次上涨。

表4 美联储指标 VS. 标准普尔500指数:1958/1/2—1988/11/21

美联储指标评级	年份数	市场上涨的占比(%)	10,000美元投资变为	年度回报率	与"买入并持有"回报率相比
强烈看涨	9.4	86	73,261	+23.5%	+17.2%
中性	10.9	61	17,898	+5.5%	-0.8%
中度看空	8.1	39	5,708	-6.7%	-13.0%
强烈看空	2.5	22	8,837	-4.8%	-11.1%
合计	30.9	54	66,010	+6.3%	—

"中性"评级期间每年收益率为5.5%。"中度看空"评级期间每年损失6.7%,而"强烈看空"期间实际上还略好一些,每年损失4.8%(但在考察ZUPI指数时,最低评级比"中度看空"情形下收益更差,理论上就应该如此)。

表5显示了自1958年以来美联储指标每次发出"强烈看涨"信号时,市场的表现。请记住,货币指标通常对股市上涨产生最大影响,对市场下跌产生的影响则相对较小。

表5的中间一列显示,ZUPI在14个"强烈看涨"的时期仅下降了一次,即1981—1982年间1.3%的微不足道的损失。经过6周的间隔之后,美联储指标又达到最高评分,发出"强烈看涨"信号,市场随即开始了近49年以来最大程度的反弹。到1983年5月,当"强烈看涨"的评级结束时,ZUPI获得了极高的64%的收益率,这是其12次"强烈看涨"信号中第10次涨幅超过两位数。事实上,在收益上涨的13次中有8次ZUPI的收益率要高于20%。因此我称之为"强烈看涨"!

表5 美联储指标显示强烈看涨状态下的市场表现：1958/1/2—1988/11/21

强烈看涨的时期	ZUPI指数回报率（%）	标准普尔500指数回报率（%）
1958/1/2—1958/10/17	+40.6	+27.6
1960/6/10—1961/6/10	+20.5	+14.1
1967/4/7—1967/10/7	+16.1	+9.1
1968/8/30—1968/12/18	+12.0	+8.2
1970/11/3—1971/7/16	+22.9	+17.7
1971/11/19—1972/6/17	+12.7	+18.0
1974/11/28—1975/12/6	+26.5	+24.4
1975/12/24—1976/6/24	+26.2	+16.0
1976/12/17—1977/5/19	+5.2	-4.2
1980/5/22—1980/11/14	+24.8	+25.8
1981/9/21—1982/6/4	-1.3	-6.1
1982/7/19—1983/5/19	+64.0	+46.3
1984/11/21—1985/11/17	+21.0	+20.4
1986/4/18—1987/1/10	+0.3	+6.7
看涨年份 = 9.4年		
10,000美元投资 =	125,664美元	73,261美元
年化收益率 =	+30.8%	+23.5%

表5右边的一列显示了标准普尔500指数在每个"强烈看涨"期间的回报。标准普尔500指数在14个时间段中有11次实现了8%或更高的收益，有两个阶段出现了一定的损失。

"强烈看涨"模式中的回报非常好，因此对于一个有足够耐心且厌恶风险的投资者来说，在那些美联储指标不在"强烈看涨"状态的阶段置身股市之外是不错的选择。自1958年以来,"强烈看涨"的区域累计起来实际上只有9.4年。假设仅在那些年份投资了整个市场(以ZUPI指数来代表),然后在剩余的21.5年内以6%的平均收益率买入现金等价物。假设不征税且不分红,10,000美元的投资将增长到439,824美元,年收益率为13.0%。这远远高于"买入并持有"5.7%的回报,该策略期末价值只有55,926美元。而且,这些幸运的投资者在70%的时间内没有风险。对于一个保守的投资者来说,这已经是最好的结果。即使在某些时期(例如1962—1965年和1978年)市场上涨时,投资者并没有参与股票投资。当然,在1969—1970年或1973—1974年的熊市期间,他会舒舒服服地睡觉,而不需要理会这期间股票如何大幅度缩水。

毫无疑问,投资策略决不应该仅仅考虑一个指标。但是上文得出的结果明确地表明,投资者不应该"与美联储作对"。

分期付款债务指标

贷款需求对利率有重要影响。当贷款需求大幅度上升时,会对利率造成上行压力。当贷款需求急剧下降时,则会导致利率降低。

贷款需求来自几个主要方面,其中包括联邦政府、州政府和地方政府的借款;公司短期货币市场借款(商业票据和银行贷款)和长期债券市场借款;抵押贷款和消费者分期付款债务。而我们的记录表明,消费者分期付款债务一直是影响股票市场的重要因素。另外,由于该指标每月只披露一次,所以它是一个非常简单的工具。所以,我们试试吧。

我个人使用一种相当复杂的方法来处理分期付款债务。但是这本书的想法是为了让"周末投资者"很容易做出决定。而且,即使是使用分期付款债务的极度简化的模型也能实现很好的效果。

首先,美联储在每月中旬公布该类债务在6周之前结束的那个月的月度总额。换句话说,9月份的数据会在11月15日左右公布。我们能够获得的数据有延迟,但这无关紧要,因为我们对该指标的关注只与主要趋势有关,而趋势的变化非常缓慢。大部分的主流报纸，包括《纽约时报》和《华尔街日报》都会报道这一数据。你也可以写信给华盛顿特区的联邦储备委员会，要求获取美联储发布的G.19统计信息，这样你就可以在他们的信息发送列表中，定期获得该数据。

统计数据有经过季节性调整和未经季节性调整两种披露方式，而我们一般使用后者，即未经季节性调整的数据。

将这个月的总数除以一年前同一月份的总数，然后减1.000。这就得到了该项债务每年的同比变动率。以这种方式计算变动率，你不需要进行季节性调整，因为你比较的正是1月和1月，2月和2月等。

我们来看一个例子。拿出你的计算器来与我一起计算。假设在1984年11月15日你获知，1984年9月底未经季节性调整的消费者分期债务余额为4501.31亿美元。G.19还将显示1983年9月的未经季节性调整的债务余额，假设为3752.46亿美元。现在，将前者除以后者，得到1.200，减去1.000，剩下0.200，增长了+20.0%。换句话说，在截至1984年9月的一年中，消费者分期债务增长了20.0%。

分期债务的同比变动率是你必须对此指标进行的唯一计算，每月只需要几秒钟。

图G（第72页）显示了分期债务水平的同比情况。在其上是标准普尔500指数。显然，分期债务的扩张往往预示着熊市，如1968年底、1972年和1976年末，而从1983年年中到1984年年中则是中度下跌。相反，当这种债务出现骤降的趋势时，股票看涨，正如1966年末、1970年、1974年末和1980年的表现。

一个重要的问题是，分期债务的同比变动率要达到多少才足以发出股票市场是牛市还是熊市的信号？9%似乎是一个关键水平。至少，9%的标准是得到良好信号的一种简单方法。

规则： 当分期债务的同比变动率逐年下降并一直降至9%以下时，发出一个买入信号。当分期债务的同比变动率一直上升并升至9%以上时，就发出卖出

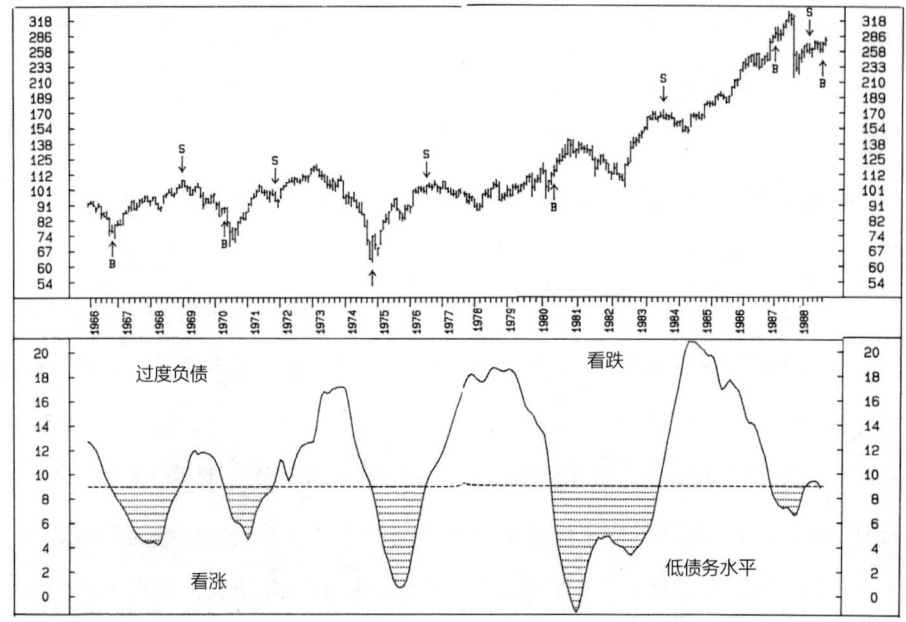

消费者分期债务（同比变动）

奈德·戴维斯研究公司　　　　　　　　　　　　　　　　　　　图G

信号。非常简单。举个例子：表6显示了1974年至1976年消费者分期债务的3年历史数据。第1列给出了数据的实际月份。第2列显示你从政府获得数据的大概日期，大约有6个星期的滞后。第3列为每月分期债务余额（单位为10亿美元）。第4列显示了同比变动率。

表6　分期债务指标的计算

数据月份	获得数据时间	消费者分期债务（单位：10亿美元）	同比变动率（%）
1974			
1月	1974/3/18	145.55	+14.9
2月	1974/4/18	145.29	+14.0
3月	1974/5/15	145.02	+12.6

[续表]

数据月份	获得数据时间	消费者分期债务（单位：10亿美元）	同比变动率（%）
4月	1974/6/14	146.27	+12.2
5月	1974/7/16	148.13	+11.5
6月	1974/8/15	149.91	+10.7
7月	1974/9/13	151.36	+10.1
8月	1974/10/15	153.71	+9.9
9月	1974/11/14	154.47	+9.4
10月	1974/12/13	154.51	+8.2（买入）
11月	1975/1/17	154.36	+6.9
12月	1975/2/14	155.38	+6.1
1975年			
1月	1975/3/18	153.36	+5.4
2月	1975/4/18	152.40	+4.9
3月	1975/5/15	151.10	+4.2
4月	1975/6/13	151.12	+3.3
5月	1975/7/16	151.41	+2.2
6月	1975/8/14	152.64	+1.8
7月	1975/9/15	154.52	+2.1
8月	1975/10/15	156.20	+1.6
9月	1975/11/13	157.45	+1.9
10月	1975/12/15	158.19	+2.5
11月	1976/1/19	159.22	+3.1
12月	1976/2/13	162.24	+4.4
1976年			
1月	1976/3/17	160.82	+4.9
2月	1976/4/15	160.40	+5.2
3月	1976/5/13	160.73	+6.4

[续表]

数据月份	获得数据时间	消费者分期债务（单位：10亿美元）	同比变动率（%）
4月	1976/6/16	162.33	+7.4
5月	1976/7/16	164.10	+8.4
6月	1976/8/13	166.66	+9.2（卖出）
7月	1976/9/15	168.67	+9.2
8月	1976/10/14	171.16	+9.6
9月	1976/11/16	172.92	+9.8
10月	1976/12/16	173.93	+10.0
11月	1977/1/17	175.33	+10.1
12月	1977/2/14	178.78	+10.2

1974年同比变动率逐月下降，10月份达到8.2%时，跌破了9%。大约6周后，即12月13日投资者将获得这些信息，当天该指标发出买入信号。之后，该指标一直持续下跌，直到1975年中期跌至1.6%，并从此刻再次上涨，直到1976年6月达到9%的关键水平，达到了9.2%。6周之后，8月13日数据公布当天发出了卖出信号。

表7显示了1951年到1988年分期债务指标与茨威格未加权价格指数的表现。它只给出了10个买入信号和9个卖出信号。仅考虑建议买入的时期，投资于ZUPI指数的10,000美元投资将增长至76,493美元，年化收益率为13.6%。这一时期的"买入并持有"策略年化收益率仅为5.4%。建议卖出的时期，10,000美元的投资基本没有变化，年化损失率约为-0.1%。

读者需要注意，并非所有的信号都是值得信赖的。最糟糕的是1983年10月的卖出信号，尽管接下来的10个月里股价确实走低，然而该指标的卖出状态一直持续到1987年3月，在此期间股市价格大幅上涨。之后，股市又经历了3年的上涨直到在1990年再次出现了熊市。不过，分期债务指标在大萧条之后几乎所有熊市中最严重的两次（1969—1970年和1973—1974年）中保持了正确的看跌

表7 分期债务指标 VS. 茨威格未加权价格指数：1951—1988

	买入信号			卖出信号		
日期	ZUPI	指数变动率（%）	日期	ZUPI	指数变动率（%）	
1951/9/14	33.60	-4.1	1952/7/10	32.21	+11.0	
1954/6/16	35.75	+41.5	1955/6/16	50.58	+8.0	
1957/4/17	54.64	+30.5	1959/9/15	71.31	+18.5	
1961/3/17	84.47	-16.3	1962/10/15	70.70	+53.8	
1966/11/16	108.75	+59.2	1968/12/31	173.15	-44.1	
1970/5/14	96.78	+34.2	1972/3/16	130.26	-63.5	
1974/12/13	47.49	+79.7	1976/8/13	85.36	+37.6	
1980/6/16	117.46	+78.0	1983/10/13	209.04	+54.2	
1987/3/20	322.33	-21.5	1988/4/15	252.98	+4.4	
1988/10/21	264.07	-3.8	1988/12/27[a]	253.99		
10,000美元变为76,493美元					9,875美元	
年化收益率 = +13.6%					-0.1%	
"买入并持有"的收益率 = +5.4%/年						

注a：表格编制时的截止日（并无卖出信号）

判断，也抓住了过去几十年来最重要的多个牛市。

表8显示了在对照标准普尔500指数进行检验时分期债务指标的表现。买入模式下有11.3%的年化收益，几乎是"买入并持有"策略6.6%回报的两倍。卖出模式中的年化收益率接近3.4%，但仍然大大弱于"买入并持有"的收益。如果在发出卖出信号期间离开股票市场，并将钱买入国库券等工具，结果会好得多，并且风险也要小得多。

表8　分期债务指标 VS. 标准普尔500指数：1951—1988年

	买入信号			卖出信号	
日期	标准普尔500指数	指数变动率（%）	日期	标准普尔500指数	指数变动率（%）
1951/9/14	23.69	+4.7	1952/7/10	24.81	+17.0
1954/6/16	29.04	+37.6	1955/6/16	39.96	+12.8
1957/4/17	45.08	+25.7	1959/9/15	56.68	+14.0
1961/3/17	64.60	−11.3	1962/10/15	57.27	+43.8
1966/11/16	82.37	+26.1	1968/12/31	103.86	−27.4
1970/5/14	75.44	+42.5	1972/3/16	107.50	−37.6
1974/12/13	67.07	+55.4	1976/8/13	104.25	+11.4
1980/6/16	116.09	+46.3	1983/10/13	169.88	+75.5
1987/3/20	298.17	−12.9	1988/4/15	259.77	+9.2
1988/10/21	283.66	−2.4	1988/12/27[a]	276.83	

10,000美元变为55,785美元　　　　　　　　　　　　　　　　20,925美元

年化收益率 = +11.3%　　　　　　　　　　　　　　　　　　　+3.4%

"买入并持有"的收益率 = +6.6%/年

注a：表格编制时的截止日（并无卖出信号）

货币模型

到目前为止，我已经向读者介绍了三个重要的货币指标（优惠利率、美联储指标和分期债务）的简单计算。下面我要将它们组合成一个模型。"模型"这个词可能听起来像某种特殊的数学术语，但不要因此而担心。在这里，模型意味着我们给每个指标一个分数，然后将它们组合起来得到货币状况的综合得

第4章 货币指标——"不要与美联储唱反调"

分。这样做之后，就可以制定买入和卖出规则。

我们开发的第一个指标是优惠利率指标。当优惠利率根据我们的规则给出买入信号时（请参阅第56—58页），在模型中给它赋值2分。当它发出卖出信号时，赋值为0分。表9显示了从1979年底到1988年底的优惠利率和其他指标的得分。每当三个指标中的任何一个发生变化时，就在表上增加一行。

表9 货币模型表

日期	ZUPI	标准普尔500指数	道琼斯指数	优惠利率	美联储指标	分期债务	货币模型
1979/12/31	112.33	107.94	839	2	0	0	2
1980/2/19	117.09	114.60	876	0*	0	0	0
1980/5/1	103.73	105.46	809	2*	0	0	2
1980/5/6	105.52	106.25	816	2	2*	0	4
1980/5/22	110.68	109.01	843	2	4*	0	6（买入）
1980/6/16	117.46	116.09	878	2	4	2*	8
1980/8/26	132.08	124.84	953	0*	4	2	6
1980/11/14	138.18	137.15	986	0	2*	2	4
1980/12/4	136.90	136.48	970	0	1*	2	3
1980/12/22	132.87	135.78	959	2*	1	2	5
1981/4/24	148.46	135.14	1020	0*	1	2	3
1981/6/16	149.84	132.15	1003	2*	1	2	5
1981/6/22	149.02	131.95	994	0*	1	2	3
1981/9/9	128.22	118.40	854	0	2*	2	4
1981/9/21	127.04	117.24	847	2*	4*	2	8

[续表]

日期	ZUPI	标准普尔500指数	道琼斯指数	优惠利率	美联储指标	分期债务	货币模型
1982/2/1	126.68	117.78	852	0*	4	2	6
1982/3/8	121.07	107.34	795	2*	4	2	8
1982/3/16	120.96	109.28	798	0*	4	2	6
1982/6/4	125.50	110.09	805	0	2*	2	4
1982/7/19	124.03	110.73	826	0	4*	2	6
1982/7/26	124.39	110.36	825	2*	4	2	8
1983/5/19	203.54	161.99	1191	2	2*	2	6
1983/8/10	200.53	161.54	1176	0*	2	2	4
1983/10/13	209.04	169.88	1261	0	2	0*	2(卖出)
1984/4/6	189.74	155.48	1132	0	1*	0	1
1984/10/6	192.21	162.13	1178	0	2*	0	2
1984/10/15	194.61	165.77	1203	2*	2	0	4
1984/11/21	193.94	164.52	1202	2	4*	0	6(买入)
1985/1/17	205.40	170.73	1229	2	2*	0	4
1986/4/18	288.02	242.38	1840	2	4*	0	6
1987/1/9	288.78	258.73	2006	2	2*	0	4
1987/3/20	322.33	298.17	2334	2	2	2*	6
1987/5/1	304.87	288.03	2280	0*	2	2	4
1987/9/4	325.23	316.70	2561	0	1*	2	3
1987/11/5	231.53	254.48	1985	2*	1	2	5
1988/3/4	255.80	267.30	2058	2	2*	2	6

[续表]

日期	ZUPI	标准普尔500指数	道琼斯指数	优惠利率	美联储指标	分期债务	货币模型
1988/4/15	252.98	259.77	2014	2	2	0*	4
1988/5/11	249.35	253.31	1966	0*	2	0	2（卖出）
1988/8/9	260.07	266.49	2079	0	1*	0	1
1988/10/21	264.07	283.66	2184	0	1	2*	3

注：*表示分数发生变化

我们先看看优惠利率这一列。截至1979年12月31日（表的起点），优惠利率发出的是买入信号（1979年12月7日发出）。因此，该指标在模型中的得分为2。1980年2月19日，优惠利率走势看空，得分降至0。然后在1980年5月1日，该指标又发出了买入信号，我们的评分回到2。如果你注意到表1中列出的优惠利率的买入和卖出信号，你会发现表1中的买入、卖出信号对应着表9中的2分或0分。

表中下一列对应着美联储指标在模型中的得分。回想一下（见第65—67页），我们根据过去的表现给出美联储指标四种不同的评级。这些评级对应着指标的一定"分数"，我将其称为"指标得分"。现在，我们将这些评级转换为"模型得分"，以构建我们的货币模型。下面的例子显示了这一过程。

美联储指标的评级与模型得分

指标得分	评级	模型得分
+2或更高	强烈看涨	4分
0或+1	中性	2分
-1或-2	中度看空	1分
-3或更低	强烈看空	0分

现在再回到表9。美联储指标于1979年以"强烈看空"模式结束，所以模型得分为0，该指标得分为–3（未在表格中显示）。1980年5月6日，美联储调低贴现率，导致指标得分升至+1，为"中性"评级。基于上述评分，如表所示，1980年5月6日美联储指标的模型得分跳升至2分。两周后，美联储降低了准备金要求。该指标得分为+4，这是一个"强烈看涨"的评级。这使得该指标在货币模型中得到4分。1980年11月14日，贴现率上调，指标得分降至+1，为"中性"评级。所以，表中模型得分为2。

由于货币模型计算过程中涉及得分转换，确定美联储指标的模型得分初看起来可能有点混乱，但试试看，你很快就会发现它其实很简单。请记住：储备金要求和贴现率的变化（如第63—65页所述）引起了指标得分的变化。指标得分的多少决定了评级从"强烈看涨"下跌到"中性"和"中度看空"到"强烈看空"。没有"中度看涨"区域，主要是因为没有发现有过中型上涨市场行为模式与美联储指标的分数一致。

最后，指标得分必须转换为模型得分，最后得到完整的货币模型。

对分期债务指标的评分要容易得多。当分期债务指标给出买入信号时（见第71页），模型得分为2。当它发出卖出信号时，则模型得分为0。这与优惠利率指标的处理过程相同。请注意，如果分期债务指标是"中性"评级，则模型得分为1分。在我自己使用的模型中，保留了中性评级。但在本书中，我尽可能地努力简化，所以我省略了"中性"评级。事实上，它不会增加太多价值。

你应该保存一个类似于表9的表。事实上，你只需要更新表中你能看到的部分，这很容易。优惠利率通常不会调整，而评级变化则更小。美联储也不会频繁调整准备金要求或贴现率。分期债务数据每月披露一次。如果你不是特别懒，更新数据本身并不困难。这件事情很值得做，每个月所花费的时间仅仅几分钟而已。

为了便于说明，在货币模型表（表9）中，我还列入了各种市场平均指数（ZUPI、标准普尔500指数和道琼斯指数）。如果模型发生变动时，你想要记录并跟踪这些指数中的一个或多个，这是可以的，但这不是确定买入和卖出信号所必须要做的。

买入和卖出信号

货币模型就是各模型得分的加总。最高分为8分，最低分为0分。模型得分没有7分的情况，因为美联储指标永远不会达到3分，它只有0分、1分、2分和4分这几种情况，其他两个指标得分是0分或2分。

你可以按照自己喜欢的方式使用货币模型来增强其他市场择时工具的效果。但我为长期投资者设计了简单但一致的规则来确定股市的买入和卖出时机。当货币模型总分上升到6分时，它发出买入信号。在模型得分跌至2分之前，该买入信号持续有效。得分跌至2分时，发出卖出信号。然后，卖出仍然持续有效，直到货币模型再次回到6分，从而又一次触发买入信号。再次强调，买入信号需要6分，卖出信号需要2分。就这么简单。

表10显示了自1954年以来的所有买入和卖出信号，并根据茨威格未加权价格指数进行了跟踪。自1954年以来，只有9个买入信号和9个卖出信号。9个买入信号中的每一个都产生了正收益，其中5个伴随着50%以上的收益率。如果你仅在货币模型看涨的259个月内（根据买入信号）投资10,000美元，那么它将增长到285,948美元，年收益率为16.8%。这不包括你在模型发出卖出信号时的利空期间可能通过货币市场工具（例如国库券或定期存款）赚取的利息。

假设在此期间的平均利率为6%（早期较低，自20世纪60年代中期以来更高），在离开股票市场的158个月内，你总共可以赚取115.4%。当这笔收益加到股市回报上时，原来的10,000美元投资在34.8年内变为615,932美元。这相当于12.6%的年化收益率。这仍然不包括在股市中赚取的红利。相比之下，用"买入并持有"策略在纽交所普通股票（根据我们的茨威格未加权价格指数）投资的年化收益率仅为6.4%（这个数字也没有考虑红利）。"买入并持有"策略将使10,000美元变为75,301美元，远不及货币模型285,948美元的收益。

表10　货币模型 VS. 茨威格未加权价格指数：1954—1988年

	买入信号				卖出信号		
日期	ZUPI	指数变动率（%）	月份数	日期	ZUPI	指数变动率（%）	月份数
1954/3/17	33.73	+53.4	18	1955/9/9	51.75	-12.7	26
1957/11/15	45.18	+60.7	22	1959/9/11	72.61	+1.6	11
1960/8/23	73.74	+70.1	66	1966/3/10	125.43	-3.3	11
1967/1/26	121.28	+20.8	15	1968/4/19	146.45	+8.1	4
1968/8/30	158.29	+9.4	4	1968/12/31	173.15	-41.2	21
1970/9/21	101.86	+18.8	21	1972/6/26	121.02	-57.7	29
1974/11/28	51.21	+78.8	30	1977/5/31	91.57	+20.9	36
1980/5/22	110.68	+88.9	41	1983/10/31	209.04	-7.2	13
1984/11/21	193.94	+28.6	42	1988/5/11	249.35	+1.9	7
1988/12/27	253.99[a]						

10,000美元变为285,948美元　259个月　　　　　　2,636美元　158个月

年化收益率 = +16.8%　　　　　　　　　　　　　　-9.6%

"买入并持有"的收益率 = +6.4%/年

注a：表格编制时的截止日（并无买入信号）

如果考虑红利，"买入并持有"的情况会更好一些。我对这一时期ZUPI指数的红利收益率（没有确切数字）做了估计，大约为一年3.5%，略低于主导道琼斯平均指数的大盘蓝筹股的红利收益。当红利加入到"买入并持有"策略投资者的资本收益上后，年化收益率增加到9.9%。在34.8年的测试期内，这将使10,000美元增长到267,315美元。

但是在我们的货币模型的买入期间，我们也必须加上3.5%的红利（实际上，红利收益率会比这个更高一些，因为我们的模型曾多次让我们在市场低点买入，从而红利收益率更高）。这样可以将货币模型的总收益增加到1,293,457美元，年化收益率为15.0%。换句话说，如果你基于模型的买入信号购买纽交所平均水平的股票，并且算上红利，然后在模型发出卖出信号的期间将股票投资转换为货币市场工具，那么在34年多的时间里，你每年的收益率约为15.0%，大约能使得你的投资增长到初始本金的120倍。

交易成本（佣金）并不是十分重要，因为投资组合平均每两年才换手一次。此外，你可以通过投资无费用的共同基金来完全规避佣金成本。虽然需要支付一定的管理费用，但至少可以用最低的成本完成利息和红利的再投资。

表10的右边部分显示了模型卖出信号在ZUPI指数上应用的结果。有4次出现卖出信号之后大盘出现上涨（其中两次只是微弱的上涨）；5次出现预期的下跌，其中包括1969—1970年和1972—1974年两次熊市巨大的损失。如果一个倒霉的投资者在卖出信号期间留在市场中，他将会损失大约四分之三的投资，年化损失9.6%。如果他使用了货币模型，就可以避免这种损失。

表11是货币模型在标准普尔500指数上应用的结果。买入期间将产生16.4%的年化收益率，而卖出期间的年度损失为4.2%。相比之下，"买入并持有"策略每年收益率为4.6%。而且，所有9个买入信号发出后市场均有上涨，其中7次回报率超过30%。9个卖出信号中有5次导致市场下跌，3次市场上涨，其中有两次市场上涨幅度极小。图H的货币模型（第84页，利用标准普尔500指数进行验证）中，最看涨的区域是上方虚线以上的区域，最看跌的区域是下方虚线以下的区域。

你不必使用我的买入和卖出信号（分别是6分和2分）。你完全可以将货币模型的评级与其他指标结合使用，做出重大的市场时机判断或用于进行部分调整。例如，你可能希望随着模型得分提高而逐渐增加股票投资，并且随着模型得分下降减少股票投资，而不是随着买入信号和卖出信号采用全进全出的操

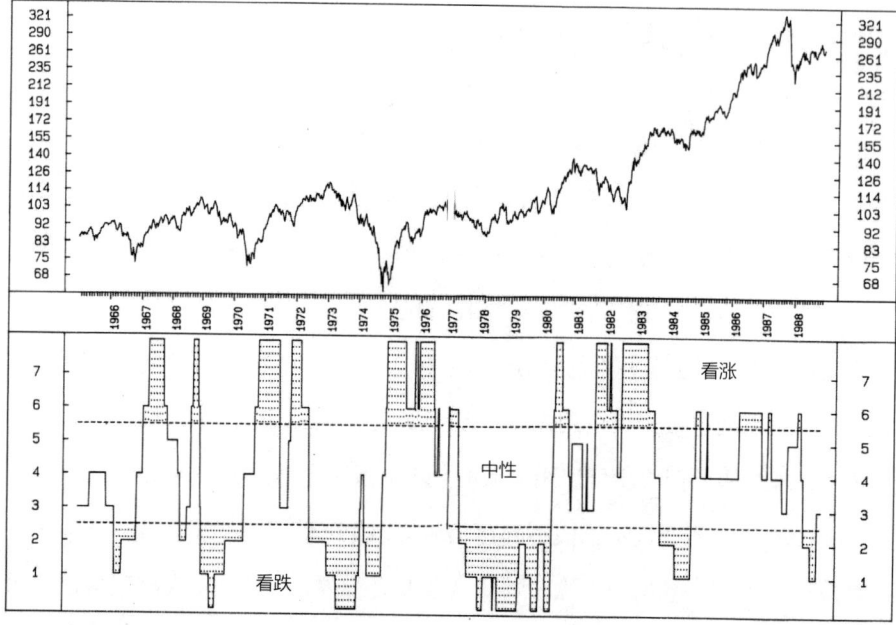

图H

表11 货币模型VS.标准普尔500指数:1954—1988年

	买入信号				卖出信号			
日期	标准普尔500指数	指数变动率(%)	月份数	日期	标准普尔500指数	指数变动率(%)	月份数
---	---	---	---	---	---	---	---
1954/3/17	26.62	+64.9	18	1955/9/9	43.89	-8.0	26
1957/11/15	40.37	+42.2	22	1959/9/11	57.41	+0.6	11
1960/8/23	57.75	+54.0	66	1966/3/10	88.96	-3.5	11
1967/1/26	85.81	+11.7	15	1968/4/19	95.85	+3.1	4
1968/8/30	98.86	+5.1	4	1968/12/31	103.86	-21.1	21
1970/9/21	81.91	+31.2	21	1972/6/26	107.48	-34.9	29

[续表]

买入信号				卖出信号			
日期	标准普尔500指数	指数变动率（%）	月份数	日期	标准普尔500指数	指数变动率（%）	月份数
1974/11/28	69.97	+37.4	30	1977/5/31	96.12	+13.4	36
1980/5/22	109.01	+55.8	41	1983/10/13	169.88	-3.2	13
1984/11/21	164.52	+54.0	13	1988/5/11	253.31	+9.3	7
1988/12/27	276.83[a]						

10,000美元变为183,360美元　　230个月　　　　　　　　　5,675美元　　158个月

年化收益率 = +16.4%　　　　　　　　　　　　　　　　　　　-4.2%

"买入并持有"的收益率 = +4.6%/年

注a：表格编制时的截止日（并无买入信号）

作。当模型在4分中立时，你可能会投资50%。如果分值上升到5分，你可能会投资65%。6分对应着80%的投入，而8分可能意味着100%的投入。

另一方面，3分可能建议40%的投资，2分则投资25%，1分投资10%，0分则意味着股票投资比例为0。这些仅仅是大致的建议，不是硬性规定。

然而，只有当货币模型达到0分或8分的极限值，你才能最清楚货币模型的表现。表12列出了当模型得分为8分（这是最好的分数）时的所有14个情形。根据ZUPI的走势，14次中有12次指数上涨，平均成功率为86%。事实上，这两次亏损都是微不足道的，其中包括1975年年底模型暂时跌破8分时的2.7%的损失。但3周后，它反弹回到8分，市场暴涨。另一次损失发生在1982年3月为期8天的时间里，指数跌幅仅为0.1%。相反，在14个案例中的8个案例中，市场上涨了16%或更多。

总而言之，如果你在这70.5个月的期初投资10,000美元，当货币模型达到最高的绝对分值8分，那么这笔钱能够增长到104,794美元，年增长率高达48.9%！

表12　货币模型得分为8时茨威格未加权价格指数的表现：1954—1988年

模型得分为8的期间		月份数	ZUPI指数变动率（%）
开始时间	结束时间		
1954/6/16	1955/1/19	7.0	+28.4
1958/1/22	1958/10/17	9.0	+32.0
1961/3/17	1961/6/10	3.0	+4.0
1967/4/7	1967/10/7	6.0	+16.1
1968/9/25	1968/12/2	2.5	+7.7
1970/11/3	1971/7/6	8.0	+22.9
1971/11/19	1972/3/16	4.0	+19.7
1974/12/13	1975/7/28	7.5	+48.5
1975/11/5	1975/12/6	1.0	-2.7
1975/12/24	1976/6/7	5.5	+20.2
1980/6/16	1980/8/26	2.5	+12.4
1981/9/21	1982/2/1	4.5	+1.3
1982/3/8	1982/3/16	0.5	-0.1
1982/7/26	1983/5/19	9.5	+63.6

10,000美元变为104,794美元，历时70.5个月（5.9年）

年化收益率 = +48.9%

一个真正保守的人可能会在其他时间只投资货币市场基金，在30.7年的时间内仅在这5.9年的时间内暴露在股市风险之中，但其收益表现远远超过市场。更典型的投资者可能会选择前面所述的买入和卖出信号，或者像前文（第83—85页）所述的进行"部分调整"的策略。

表13列举了货币模型的最低分0分时的8个情景。8个时间段中6次股票市场下跌，平均成功率高达75%。两次股票上涨，涨幅分别为0.6%和2.5%。货币模型总共有19.5个月处于最差模式。在那段时间内，你将损失约40%的原始投资，年损失率为27.5%，足以让你快速贫困。很显然，在货币环境不友好的情况下，对股票投资很不利。然而，当美联储放松管制并且利率下降时，股票非常有吸引力。总之，"不要与美联储唱反调"。

表13　货币模型得分为0时茨威格未加权价格指数的表现：1954—1988年

模型得分为0的期间		月份数	ZUPI指数变动率（%）
开始时间	结束时间		
1955/10/14	1955/10/15	0	+0.6
1955/11/18	1956/2/5	2.5	+2.5
1969/4/17	1969/6/18	2.0	-6.6
1973/5/4	1974/1/2	8.0	-22.0
1978/1/6	1978/2/29	2.0	-0.9
1978/6/30	1978/7/6	0	-0.9
1979/9/18	1979/12/7	2.5	-8.3
1980/2/19	1980/5/1	2.5	-11.4

10,000美元变为5,994美元，历时19.5个月（1.6年）

年化收益率 = -27.5%

| 第 5 章 |
CHAPTER FIVE

动量指标——"趋势是你的朋友"

在早期的市场上，所有的股票交易都打印在行情纸带上，这些行情纸带都通过一个装有玻璃圆顶的机器滚动输出。直到今天，市场上的活动本身被称为行情。当然，我们现在拥有电子设备，而行情纸带几乎消失了。但是，每笔交易仍会披露股票名称、成交价格和交易量。

任何利用交易价格和交易量计算而得的指标都属于技术分析指标。技术分析中偶尔会包含情绪类型指标，但它们并不真正属于技术分析。我们将在另一章中介绍所有的情绪指标。现在我们只是谈论价格和交易量。

在这两个变量中，价格比交易量更重要，因此下面我们将专注于价格。正如我们在前几章所看到的，在市场上你可以构建价格指数，如道琼斯工业平均指数或标准普尔500指数或我的非加权指数ZUPI。投资者可以观察价格指数的波动并从中做出对市场总体的判断。例如，你可以分析道琼斯平均指数的变化。如果该平均指数上涨了X%，这表明市场看涨；如果它下降了X%，那就表明市场看跌。这是一种非常简单的指标。

事情可能会很复杂，有些人可能会认为，如果市场已经上涨了X%，那么未来是看跌的，因为市场超买并可能下跌。相反，人们可能会认为，如果市场下跌了X%，未来则是看涨的，因为市场已经超卖并为上涨做好了准备。这使我们面临一个关键问题：强劲势头倾向于走势更强，还是上涨势头会逐渐减弱最后反转？这个问题需要科学地来看待。

经过多年对不同市场指数、上涨/下跌比率、成交量和其他指标的检验，我发现强劲势头未来走势会更加强势。我见过的每一轮牛市都是从大幅的反弹开始的。反弹并不一定会在熊市结束后的第一天出现。偶尔会有几个星期甚至几个月的时间，在这段时间内市场上下调整，技术分析人士将其称为市场"筑底"。如果条件具备，最后会出现反弹。

要形成一轮疯狂的牛市，需要的条件包括降息、可能还有经济衰退（这有助于促使美联储放松管制并调低利率）、大量等待入市的现金、合理的市场定价——即低市盈率和大量悲观情绪，因为我们稍后会看到，市场上的悲观情绪意味着现金充裕。如果所有这些条件都同时满足，那么市场会非常强劲地反弹，而牛市的第一波反弹应该是收益率最高的。

当这轮涨势爆发时，价格应该有所突破。还记得我有关发射火箭到月球的类比吗？火箭必须有足够的推力才能穿过大气并进入外层空间。市场运行也与此类似。第一次反弹必须配合规模足够大的上升浪，以引领市场上升的大趋势。如果这样，就会激发更多的购买热情，并吸引那些错过了第一波的人。回调的幅度不会太大，因为第一波反弹已经逆转了市场心理。错过它的人手持现金等待着机会，渴望能够搭上市场上涨的快车。因此，在经历极小的回调之后，新买家进入。对于那些错过牛市第一波的人来说，令人沮丧的事情之一就是他们等待着大幅度的回调，但这种回调永远不会发生。市场不断攀升，正以疯狂的方式推动价格持续上涨6个月左右，有时甚至更长。

涨跌比指标

这是我们的第一个动量指标，我们先看看纽约证券交易所上涨和下跌的数据，即在某一个交易日股价上涨的股票总数和股价下跌的股票总数。我们不考虑当天股票价格不变的样本。以下是涨跌比指标的计算过程：如果1,000只股票当天上涨而500只下跌，则该比率为2∶1。当然，当市场表现良好时，上涨的情况占主导地位，而当市场表现不佳时，价格下跌则是市场主流。在一段时间内，如果上涨家数大幅度超过下跌公司，这就是非常强劲的向上动量信号；反之亦然。

我喜欢跟踪10天内的涨跌比指标。在10天的时间跨度范围内，很少出现涨跌比为2∶1。当这种情况发生时，人们可以肯定地判断市场动能强劲。那么接下来就需要检验这种相对罕见的事件之后市场表现如何。

从1953年开始，这种情况只出现过10次，10日涨跌比达到2∶1或更高。其他几次我认为只是重复，因为它们在第一次信号发生几个月后就再次出现。例如，1982年8月，10日涨跌比超过2∶1，两个月后再次出现。我忽略了第二个信号，因为它是多余的。最近的信号出现在1991年2月。直到本书出版，这个信号的预测效果很好。

现在让我们来跟踪这一信号，如表14所示。第一列显示了出现此类信号的日期。第二列和第三列分别显示了标准普尔500指数和茨威格未加权价格指数的涨跌幅度。第一次涨跌比信号出现在1954年1月26日。3个月后，标准普尔500指数上涨7.1%，ZUPI指数上涨5.2%。接着往下看，你会看到后续的信号发出后市场在3个月后的表现。

如果你在市场上投资了10,000美元，并且仅仅在这个信号下投资于指数，持有3个月，然后卖出。那么投资于标准普尔500指数将收回20,471美元，投资于ZUPI指数将收回26,806美元。请记住，这一投资的累计时间仅有两年半，即每次3个月，一共10次。每季度的标准普尔回报率为7.4%，ZUPI为10.4%。当经过复利，年化回报率将超过季度数据的4倍。

表14中的最右边的两列显示了这些信号发生6个月后的市场表现。请注意，在每一个此类情形中，标准普尔500指数和ZUPI指数在信号发出6个月后几乎均上涨了10%。你投资于标准普尔指数中的资金将超过初始投资的4倍，而投

表14　1953—1988年期间10日涨跌比超过2∶1的信号及市场表现

市场变动百分比

日期	3个月		6个月	
	标准普尔500指数	ZUPI	标准普尔500指数	ZUPI
1954/1/26	+7.1	+5.2	+16.6	+15.2
1958/1/24	+3.4	+4.4	+11.8	+15.4
1962/7/11	-1.2	-1.3	+12.3	+11.3
1967/1/16	+7.3	+11.0	+10.0	+20.7
1970/12/4	+9.5	+19.8	+13.2	+21.8
1975/1/10	+15.4	+18.2	+30.6	+38.9
1976/1/6	+10.5	+19.4	+10.7	+19.0
1982/8/23	+14.5	+24.2	+26.4	+38.4
1985/1/23	+2.6	+2.9	+8.6	+11.0
1987/1/14	+6.3	+3.1	+18.3	+9.6
10,000美元变为	20,471美元	26,806美元	42,798美元	60,538美元
期间回报率=	+7.4%/季度	+10.4%/季度	+15.6%/半年	+19.7%/半年

资于ZUPI上的资金将增长至6倍。标准普尔每6个月的回报率为15.6%，ZUPI为19.7%。这样的收益率在股票市场上是极为罕见的。

换句话说，如果你花上两周时间耐心等待价格暴涨，然后以当时看来偏高的价格买入进场，那么在随后的几个月里你会获得巨额利润。强劲的趋势往往得以持续。在牛市开始时，动量也往往是最大的。实际上，表14中有7次发生在接近牛市启动的时间。其他则发生在牛市的第二回合。

正如表14所示，市场必须有足够的动量才能起飞。简言之，如果行情不够热烈，说明条件尚不充分。

上涨交易量指标

第二个动量指标使用上涨交易量与下跌交易量的比率。上涨交易量包括一天内所有上涨股票的总交易量，下跌交易量则是当日下跌股票的总交易量。同样，我们不考虑当天股价没有变化的股票交易量。《华尔街日报》、行情报价信息、《巴伦周刊》的统计数据，以及大多数主流报纸的财经板块每天都可以查看上涨交易量和下跌交易量。

我发现，当某一天90%或更多的交易量（忽略股价不变的股票交易量）都集中于价格上涨的股票上，这就是一个多头动量的重要标志。换句话说，一旦出现上涨交易量领先下跌交易量，比例达到9∶1或更高时，这往往是股票市场的重要信号。这个指标的重要性首次出现在洛瑞公司的报告中。不过，经过多年的努力，我形成了自己的解释上涨/下跌交易量的方法。

自1960年以来，只有124个交易日出现过下跌交易量与上涨交易量之比超过9∶1，也就是说，下跌交易量多出9倍以上。平均每年发生这种情况的可怜的交易日不到4个。只有68个非常看多的日子，其中上涨交易量与下跌交易量值比超过9∶1，每年只有大约两个这样的交易日。

下跌交易量与上涨交易量9∶1的交易日确实有一定的预测能力，但并不像上涨与下跌为9∶1的信号那么强烈，所以我们只关注后者。为什么上涨交易量比下跌交易量达到9∶1的这些交易日很重要？很简单，因为它们直观地显示了市场向上冲击的力量大小。历史上的每一次牛市以及许多不错的中等规模上涨都表明，牛市的启动伴随着投资者的买入冲动，表现为一日或者多日出现上涨/下跌交易量值比超过9∶1的情况。

这一比率曾在1982年8月17日达到惊人的42∶1。当然这也绝非巧合，这一信号预示了近50年来最强劲的牛市。就在3天之后，该比率达到32∶1，在我有记录的25年中位列第二。单单这一数字就能够证实即将引爆牛市的巨大动量。

但即使确实出现了上涨与下跌交易量之比超过9∶1的交易日，该信号偶尔也会失败。换句话说，虽然9∶1是一个令人印象深刻的积极信号，但它并不能确保市场价格会出现极大的飞跃。还需要更多的推力来提高牛市出现的概率。

然而，9∶1的交易量之比确实是一个最令人鼓舞的信号，如果在相当短的时间内出现了两次这样的情况，表明市场强烈看涨。如果在3个月内出现两个这样的交易日，我称之为"双重9∶1"。作为预测指标，这种情况可以归入下面两种类型之一。第一种情况是在这两个交易日之间没有出现过下跌交易量对比上涨交易量超过9∶1的情况，这是最强劲的看涨信号；第二种情况是在这两个交易日之间出现一个或多个下跌交易量对比上涨交易量超过9∶1的情况。虽然后一种情况下上涨动量并不像前者那么强劲，但历史记录表明这种情况下牛市的概率也很大。

正如你将在表15中看到的那样，自1960年以来，已经出现过16次"双重9∶1"信号。1962年和1975年，在前两次上涨与下跌交易量之比超过9∶1的交易日之后几周内又出现了第三个这样的交易日。在1982年8月出现"双重9∶1"，10月份又出现了两个上涨与下跌交易量之比超过9∶1的交易日（我认为这是一个重复的信号），在这次惊人的动量展示之后，紧接着又是一次"双重9∶1"，这次"双重9∶1"在1983年1月初结束。1984年8月初，市场连续3天上涨与下跌交易量之比达到或超过9∶1，这种情况史无前例，大约一周后，又出现了第四个这样的交易日。

表15中给出了道琼斯工业平均指数在"双重9∶1"之后的涨幅。第三列最下方的数字显示，平均而言，道琼斯工业平均指数的季度复合回报率为7.0%。第四列显示在这些信号出现后6个月，道琼斯工业平均指数平均上涨12.8%，最后一列显示信号出现后一年的涨幅平均为16.5%。从表中可以看出，几乎每次这一信号出现之后，道琼斯工业平均指数均有上涨，但出现了两次3个月收益率为负，一次12个月收益率为负。

与通常的情况一样，如果基于ZUPI指数来考察，结果更加显著，如表16

表15 3个月内"双重9：1"信号VS. 道琼斯指数：1960/1/1—1988/12/27

日期	道琼斯指数	3个月收益率（%）	6个月收益率（%）	12个月收益率（%）
1962/11/12	624	+8.5	+15.9	+20.2
1963/11/19	751	+6.9	+9.1	+16.5
1966/10/12	778	+6.9	+8.6	+17.4
1970/5/27	663	+14.6	+17.8	+16.5
1971/11/29	830	+11.8	+17.0	+22.8
1975/9/19	830	+1.7	+18.1	+19.9
1978/11/1	828	+1.6	+3.3	-1.0
1980/4/22	790	+17.3	+20.9	+27.5
1982/3/22	820	-2.4	+13.2	+37.0
1982/8/20	869	+15.1	+24.3[a]	+38.4[a]
1983/1/6	1071	+3.9	+14.0[a]	+20.2[a]
1984/8/2	1166	+4.4	+10.6	+16.0
1984/11/23	1220	+4.7	+6.3[a]	+20.0[a]
1987/1/2	1927	+20.4	+26.4	+4.6
1987/10/29	1938	+1.0	+4.9	+8.4[a]
1988/6/8	2103	-1.9	+1.8	+2.9[a,b]
10,000美元 =		29,304美元	62,390美元	78,964美元
复合回报率		+7.0%/季度	+12.8%/半年	+16.5%/年

注a：计算6个月和12个月的累计回报率时对交叠的日期做了调整。
b：持有期截至1988年12月27日，即研究截止日。

表16 3个月内"双重9:1"信号 VS. 茨威格未加权价格指数：
1960/1/1—1988/12/27

日期	ZUPI	3个月收益率（%）	6个月收益率（%）	12个月收益率（%）
1962/11/12	72.10	+12.8	+19.2	+22.3
1963/11/19	86.95	+5.2	+7.8	+16.2
1966/10/12	100.64	+16.0	+28.1	+47.5
1970/5/27	89.44	+8.1	+12.4	+40.9
1971/11/29	109.13	+18.3	+16.3	+9.6
1975/9/19	65.16	+1.0	+28.7	+32.6
1978/11/1	99.35	+5.6	+8.5	+3.9
1980/4/22	100.76	+25.2	+35.9	+46.2
1982/3/22	124.47	−2.0	+12.3	+48.3
1982/8/20	126.35	+27.5	+40.7[a]	+61.3[a]
1983/1/6	169.91	+8.9	+24.6[a]	+23.8[a]
1984/8/2	182.81	+7.8	+17.8	+27.1
1984/11/23	195.96	+11.0	+13.5[a]	+21.4[a]
1987/1/2	274.78	+16.0	+14.8	−15.4
1987/10/29	219.95	+8.6	+16.1	+14.7[a]
1988/6/8	260.10	−1.1	−2.3	−2.3[a,b]
10,000美元 =		47,684美元	110,073美元	132,605美元
复合回报率		+10.3%/季度	+17.1%/半年	+21.1%/年

注a：计算6个月和12个月的累计回报率时对交叠的日期做了调整。
b：持有期截至1988年12月27日，即研究截止日。

所示。在"双重9∶1"信号出现后3个月内，指数平均上涨10.3%，并且只有两次下跌。信号发出的6个月后ZUPI指数平均上涨了17.1%，一年之后，ZUPI指数平均上涨了21.1%。

现在请观察表17的上半部分，它比较了根据"双重9∶1"信号交易的业绩与买入道琼斯工业平均指数并一直持有至1988年的业绩。后一种情况中，投资者每年只能获得4.1%的资本增值（加上每年不高于4%的红利收益率，表中没有显示）。表格最上面两行其实是表15的总结，即在"双重9∶1"信号之后道琼斯指数在3个月、6个月和12个月内的回报。第三和第四行显示了1960年以来所有未出现"双重9∶1"信号期间道琼斯指数的表现，其收益率几乎都是负的。很显然，在"双重9∶1"的信号之后，道琼斯指数的表现更好。

表17的下半部分给出了对ZUPI的相关检验结果。前两行是对表16内容的总结，显示了信号发出后ZUPI指数在3个月、6个月和12个月内的回报。接下来的两行显示了其他时期的统计结果。如果投资者的交易避开了"双重9∶1"信号发出后1年内的时间范围，那么购买ZUPI指数的投资者平均年度损失率为8.5%，而如果他采信了这些信号，他将会获得每年21.1%的回报，两者之间差异巨大。最后一行显示了采取"买入并持有"策略的收益率，为每年4.3%。

表17 "双重9∶1"信号期间 VS. 其他时期：1960/1/1—1988/12/27

	3个月	6个月	12个月
道琼斯指数			
9∶1信号期间：			
10,000美元 =	29,304美元	62,390美元	78,964美元
收益率 =	+7.0%/季度	+12.8%/半年	+16.5%/年
其他时期：			
10,000美元 =	10,871美元	5,106美元	4,034美元
收益率 =	+0.1%/季度	−1.6%/半年	−5.7%/年

[续表]

	3个月	6个月	12个月
"买入并持有"			
10,000美元 =	31,856美元	31,856美元	31,856美元
收益率 =	+1.0%/季度	+2.0%/半年	+4.1%/年
VS. ZUPI指数			
9:1信号期间:			
10,000美元 =	47,684美元	110,073美元	132,605美元
收益率 =	+10.3%/季度	+17.1%/半年	+21.1%/年
其他时期:			
10,000美元 =	7,061美元	3,059美元	2,539美元
收益率 =	−0.3%/季度	−2.7%/半年	−8.5%/年
"买入并持有"			
10,000美元 =	33,672美元	33,672美元	33,672美元
收益率 =	+1.1%/季度	+2.1%/半年	+4.3%/年

如果读者更愿意看到美元收益而不是百分比的收益率，那么购买ZUPI指数并在双重9:1信号后持有一年的投资者将发现自己的10,000美元升值到132,605美元。这还不包括持有现金时获得的利息以及持有股票时获得的红利。相比之下，如果投资者坚持在未出现"双重9:1"信号的时期内投资股市，那么结果会非常不幸，10,000美元会缩水到2,539美元，与根据"双重9:1"信号交易的业绩相比，差距巨大。

百分之四模型指标

前面已经介绍了两个基于动量的指标，第一个指标监控上涨家数和下跌家数，另一个指标监测上涨交易量与下跌交易量之比。这两个指标在应用中主要是为了挖掘那些只会偶尔发生的强劲动量，它们为投资者在牛市中带来了丰厚回报。然而，这些模型有其局限性。首先，其发出的买入信号很少；其次，按照其设计原理，这些指标不会发出卖出信号。换句话说，大多数时候它们不会告诉你很多信息，因为市场并不会经常出现爆发性的行情。我们需要的是一个能够随时发出买入或卖出信号的模型。当然，这样的模型不会像前两个指标那样在较短时间内让投资者获得惊人回报，但它们会持续告诉投资者最安全的做法。不管如何，请记住，没有任何指标或模型是永远正确的。事实上，接下来你就会看到下面这个模型只有大约一半的时间是正确的，但基于这个模型所获得的利润还不错。

百分之四模型是由我的密友和同事奈德·戴维斯开发的。戴维斯是我发布的两本市场通讯的编辑：《期货热线》(*Futures Hotline*)（内容涵盖股票指数期货、利率期货、外汇和贵金属等品种）和《债券基金择时》(*Bond Fund Timer*)（对各种债券市场指标的方向做出评价）。他在这两个领域开发了很多计算机模型，所有模型的设计都是为了跟踪趋势。请记住，趋势是你的朋友。

股票市场的百分之四模型操作如下。首先，模型使用价值线综合指数，该指数在金融信息服务商Quotron的系统上随时更新，也可以在日报或《巴伦周刊》中找到。读者可能还记得，由阿诺德·伯恩哈德公司设计的价值线指数是一个由大约1,700只股票构成的未加权价格指数，与我的茨威格未加权价格指数非常相似。事实上，长期以来，两个指数的表现几乎相同。人们可以很容易地将这个百分之四模型应用到我的ZUPI指数上。然而，价值线指数数据更容易获得，从而更容易跟踪。

构建此模型所需要的只是价值线综合指数的周收盘价。如果愿意，你可以不用关注该指数每日的报价。只要阅读星期六或星期天的报纸就可以找到每周收盘价，同样的信息也刊登在每周六上市的《巴伦周刊》中。当价值线指数的周收益价相对于任何一周收盘价格上涨4%或更多时，这一趋势跟踪模型发出买入信号。当价值线综合指数的周收盘价相对于任何一周的高点下跌4%或更多时，它发出了卖出信号。注意：我指的是4%的变化，而不是4个点。

例如，如果在第一周价值线指数收于200点，则指数至少上涨到208点才能产生买入信号。假设这种情况确实发生了，某一周价值线指数收于209点。只要后续价值线指数的周收盘价格没有下跌4%或更多，买入信号就会继续有效。假设价值线持续上涨，这一过程中可能伴随着一些小幅的下跌——其中没有一次跌幅达到或超过4%——最后，指数周收盘价达到了240点的最高点。在达到这一点后，假设指数开始下跌。如果指数下降4%，也就是下降到230.40点或更低的水平，就会产生卖出信号。假设某一周这种情况确实出现了，价值线指数收盘价格为229点。229点就是投资者的卖出点，此后该模型将保持卖出状态，直至出现4%或更大幅度的上涨。

这就是模型的全部。每周只需一分钟左右，在计算器的帮助下，你可以很容易地计算出百分之四模型。

该模型旨在帮助投资者与市场趋势保持同步。在你根据买入信号建仓之前，市场不能已经上涨太久；在根据卖出信号出售股票之前，市场也不应该已经下跌太多。当然，由于模型仅使用周数据，因此在你获得一个买入/卖出信号之前，市场的涨跌幅可能会超过4%。有时候，市场可能会在一周内发生较大幅度的调整，你可能会以高出周收盘价高点6%、7%或8%的价格买入，或者可能以比周收盘价格低点低6%、7%或8%的价格卖出，但是尽管如此，你仍然与市场趋势保持一致。

这种百分之四模型或任何趋势跟踪模型的优点是，如果市场往一个方向大幅波动，模型会让你站在正确的一边。但股市没有免费午餐。虽然你能确保在重大趋势上自己判断正确，但你可能会因为短期的波动而出现损失。如果市场总是以略大于4%的涨跌幅起伏波动，那么你就有可能在需要买入时卖出，或者在应该卖出时还在买入。这会导致一些损失，但是百分之四模型的长期表现清楚地显示这样做是值得的。

表18列出了戴维斯以1966年5月作为起点对百分之四模型进行测试得到的所有买入卖出信号。在这张表中，我们假设投资者在看到卖出信号时进行卖空

操作（后文第14章会对卖空做全面讨论），看到买入信号后买入股票。我并不是建议你一定要这样做，只是想说明，如果你发现卖出信号后做空，潜在的收益是多少。人们很容易想到，一个不幸的投资者如果总是在卖出信号发出后买入，结果一定是巨大的损失。而明智的投资者则正好相反，他们跟随趋势。

表18 百分之四模型 VS. 价值线指数：1966/5/6—1988/12/27

信号	时间	价值线指数	利润（%）	天数	10,000美元的增值
卖出	1966/5/06	133.09	15.9	168	11,591
买入	1966/10/21	111.92	33.6	371	15,488
卖出	1967/10/27	149.55	-2.2	63	15,142
买入	1967/12/29	152.89	-4.5	42	14,463
卖出	1968/2/09	146.04	0.3	56	14,510
买入	1968/4/05	145.57	12.3	112	16,300
卖出	1968/7/26	163.53	-2.9	42	15,831
买入	1968/9/06	168.24	5.2	126	16,653
卖出	1969/1/10	176.98	3.1	119	17,172
买入	1969/5/09	171.46	-8.0	35	15,798
卖出	1969/6/13	157.74	8.3	126	17,114
买入	1969/10/17	144.60	-3.2	35	16,564
卖出	1969/11/21	139.95	8.8	105	18,022
买入	1970/3/06	127.63	-4.6	14	17,192
卖出	1970/3/20	121.75	21.7	70	20,918
买入	1970/5/29	95.36	-6.9	28	19,475
卖出	1970/6/26	88.78	-1.9	21	19,100
买入	1970/7/17	90.49	-3.7	28	18,458
卖出	1970/8/14	87.45	-9.3	14	16,742
买入	1970/8/28	95.58	2.0	56	17,082
卖出	1970/10/23	97.52	-1.4	42	16,837

[续表]

信号	时间	价值线指数	利润（%）	天数	10,000美元的增值
买入	1970/12/04	98.92	19.6	175	20,130
卖出	1971/5/28	118.27	3.5	84	20,843
买入	1971/8/20	114.08	-2.2	56	20,381
卖出	1971/10/15	111.55	5.1	49	21,410
买入	1971/12/03	105.92	13.2	154	24,236
卖出	1972/5/05	119.90	6.2	189	25,741
买入	1972/11/10	112.45	0.6	42	25,899
卖出	1972/12/22	113.14	25.3	203	32,460
买入	1973/7/13	84.48	1.6	28	32,986
卖出	1973/8/10	85.85	-1.2	28	32,595
买入	1973/9/07	86.87	3.6	56	33,754
卖出	1973/11/02	89.96	12.1	63	37,821
买入	1974/1/04	79.12	-0.9	84	37,501
卖出	1974/3/29	78.45	9.1	70	40,914
买入	1974/6/07	71.31	-6.5	14	38,263
卖出	1974/6/21	66.69	20.2	91	46,003
买入	1974/9/20	53.20	-6.3	14	43,115
卖出	1974/10/04	49.86	-11.8	7	38,039
买入	1974/10/11	55.73	-5.5	42	35,957
卖出	1974/11/22	52.68	1.1	42	36,340
买入	1975/1/03	52.12	45.2	203	52,766
卖出	1975/7/25	75.68	5.8	112	55,813
买入	1975/11/14	71.31	-5.0	21	53,019
卖出	1975/12/05	67.74	-5.7	28	49,982
买入	1976/1/02	71.62	19.7	98	59,808
卖出	1976/4/09	85.70	-1.4	77	58,922
买入	1976/6/25	86.87	-1.3	56	58,245

[续表]

信号	时间	价值线指数	利润（%）	天数	10,000美元的增值
卖出	1976/8/20	85.77	-2.8	35	56,629
买入	1976/9/24	88.15	-4.1	14	54,309
卖出	1976/10/08	84.54	-2.3	49	53,044
买入	1976/11/26	86.51	4.0	133	55,159
卖出	1977/4/08	89.96	-5.5	77	52,130
买入	1977/6/24	94.90	-3.1	56	50,493
卖出	1977/8/19	91.92	-0.5	84	50,263
买入	1977/11/11	92.34	-1.5	56	49,517
卖出	1978/1/06	90.97	-3.4	70	47,813
买入	1978/3/17	94.10	10.6	105	52,899
卖出	1978/6/30	104.11	-4.5	28	50,496
买入	1978/7/28	108.84	4.4	56	52,718
卖出	1978/9/22	113.63	11.8	77	58,944
买入	1978/12/08	100.21	14.9	308	67,738
卖出	1979/10/12	115.16	1.3	42	68,626
买入	1979/11/23	113.65	9.6	98	75,178
卖出	1980/2/29	124.50	11.5	42	83,801
买入	1980/4/11	110.22	29.3	210	108,321
卖出	1980/11/07	142.47	-4.1	7	103,926
买入	1980/11/14	148.25	-7.3	28	96,313
卖出	1980/12/12	137.39	-5.0	14	91,483
买入	1980/12/26	144.28	4.9	196	96,004
卖出	1981/7/10	151.41	12.3	84	107,810
买入	1981/10/02	132.79	-0.8	105	107,007
卖出	1982/1/15	131.80	3.1	77	110,278
买入	1982/4/02	127.77	-2.3	56	107,784
卖出	1982/5/28	124.88	2.9	84	110,857

[续表]

信号	时间	价值线指数	利润（%）	天数	10,000美元的增值
买入	1982/8/20	121.32	64.3	343	182,184
卖出	1983/7/29	199.38	-1.6	56	179,279
买入	1983/9/23	202.56	-4.2	28	171,791
卖出	1983/10/21	194.10	-1.7	35	168,959
买入	1983/11/25	197.30	-4.4	70	161,568
卖出	1984/2/03	188.67	6.0	182	171,305
买入	1984/8/03	177.30	-0.9	119	169,837
卖出	1984/11/30	175.78	-3.0	42	164,716
买入	1985/1/11	181.08	5.6	112	173,867
卖出	1985/5/03	191.14	-4.1	35	166,708
买入	1985/6/7	199.01	-0.6	70	165,628
卖出	1985/8/16	197.72	-1.0	84	163,894
买入	1985/11/08	199.79	18.5	245	194,238
卖出	1986/7/11	236.78	0.7	42	195,657
买入	1986/8/22	235.05	-6.5	21	183,029
卖出	1986/9/12	219.88	-4.5	49	174,747
买入	1986/10/31	229.83	13.5	167	198,264
卖出	1987/4/16	260.76	-2.7	57	192,850
买入	1987/6/12	267.88	2.9	98	198,386
卖出	1987/9/18	275.57	26.7	91	251,386
买入	1987/12/18	201.95	10.1	154	276,830
卖出	1988/5/20	222.39	-5.9	21	260,424
买入	1988/6/10	235.57	-2.4	63	254,111
卖出	1988/8/12	229.86	-3.0	56	246,406
买入	1988/10/07	236.83	-4.1	35	236,345
卖出[a]	1988/11/11	227.16	-1.0	46	233,981

注a：到1988年12月27日，价值线指数=229.47。

第5章 动量指标——"趋势是你的朋友"

表中的第四列显示了全部信号（包括卖出和买入）的收益率。此外，偏右的一列中还显示了每个信号持续的天数，最右侧一列中显示了初始10,000美元投资组合的累计终值。表中的结果是理论上的，因为在这段时间内没有人可以真的对价值线指数进行买卖。标的指数为价值线指数的股指期货在1982年才开始正式交易。从那时起，人们才可以估算出实际投资价值线指数的投资回报。在开始于1966年的这段时间内，投资者可以通过购买那些持有广泛投资组合的多元化共同基金或者自己构建一个中小规模公司权重较大的多元化股票组合来近似模拟价值线指数。

图I（第105页）显示了1978年至1988年百分之四模型的买入和卖出信号与价值线指数的关系图。图中B表示买入信号，S表示卖出信号。

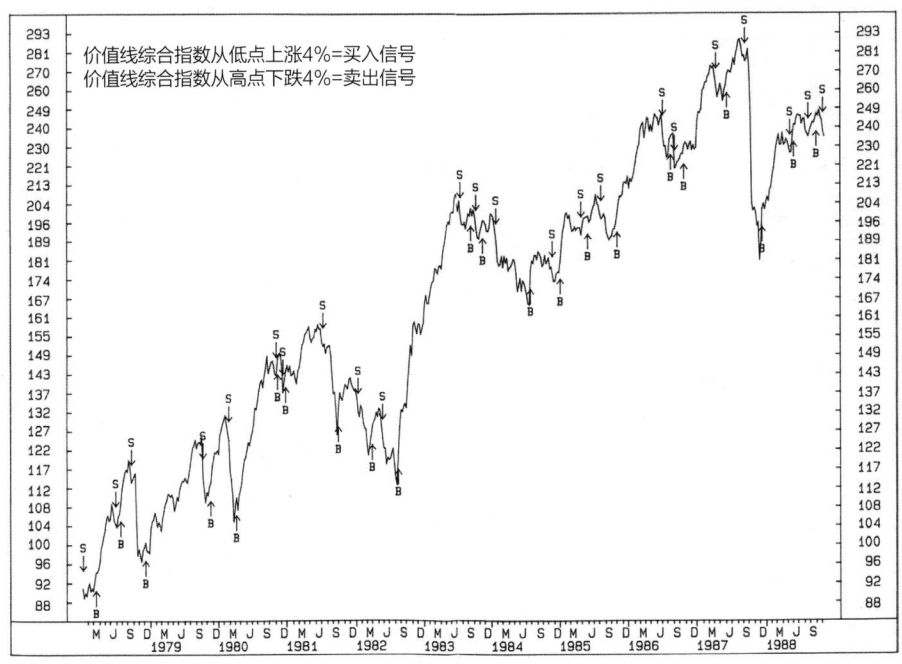

奈德·戴维斯研究公司　　　　　　　　　　　　　　　　　　　　　图I

表19总结了百分之四模型的结果。其中有50次买入信号。在这50次买入信号中，只有24次带来正收益，占比48%。然而，这24次赚钱的买入信号带来的平均收益率为14.6%。与之相比，26次亏钱的买入信号的平均损失为3.9%。这是一个非常完美的损失很小但收益很高的策略的例子，对投机者而言，这是一种理想策略，对传统投资者来说也不错。

将50个买入信号合在一起，平均每次买入信号带来5.0%的收益。根据买入信号买入的交易日平均为97天，或者超过13周。这样交易并不频繁。考虑佣金和投资组合调整，这样的交易是很合理的。每笔交易收益率为5.0%，则年化收益率就是16.6%。从1966年到1988年12月，如果你采取的是简单地买入并持有

表19 百分之四模型 VS. 价值线综合指数（小结）：1966/5/6—1988/12/27

交易类型	每次交易收益率	数量占比	每次交易平均天数	年化收益率
买入（多头）				
损失 26	-3.9%	52%		
盈利 24	+14.6%	48%		
合计 50	+5.0%	100%	97	+16.6%
卖出（空头）				
损失 27	-3.5%	53%		
盈利 24	+9.3%	47%		
合计 51	+2.5%	100%	67	+12.5%
总体				
损失 53	-3.7%	52%		
盈利 48	+11.9%	48%		
合计 101	+3.7%	100%	82	+14.9%

交易结果：10,000美元在22.7年内增至233,981美元（年化收益率为+14.9%）

"买入并持有"的年化收益率 = +2.4%（10,000美元增至17,242美元）

价值线指数的做法，那么平均的年化收益率只有2.4%。上述计算过程均忽略了红利。显然，将红利纳入考虑范围将同时增加两种情况下的回报率。

卖出信号的结果基本类似。假设你在卖出信号发出时进行卖空，那么51次交易中有24次交易盈利，成功率为47%。这个比率似乎不高，但在24次成功的卖空交易中，平均收益达到9.3%。（反过来说，如果你坚持要在这24个情形中买入，每次交易的平均损失也是9.3%。）相反，在卖空投机者犯错的27个案例中，平均损失只有3.5%。全部卖空交易的平均收益率为2.5%，交易平均天数为67天，即10周。年化收益率为12.5%。这意味着在卖出信号发出期间继续买入的投资者在这此期间的损失是每年12.5%。

表19的第三部分汇总了所有的交易，而不管是买入还是卖出。在52%的交易中投资者遭受了损失，但平均损失仅为3.7%。赚钱的48%的交易中平均收益率为11.9%。总共101笔交易的平均收益率为3.7%。这相当于百分之四模型获得了14.9%的年化收益率，远超过简单的"买入并持有"近23年所获得的2.4%的收益率。显然，这个非常简单的模型效果并不差。

偶尔，损失比我预期的要高一些，主要是因为模型仅使用每周收盘价。然而，这个模型还有一个好处，主要就是它很简单，还有投资者不需要每天关注行情，时时担心模型是否会翻转。有时候，过于关注单个的树木，反而容易忽视整个森林——这不是一个好主意。如果你从1966年开始按照上述模型买入和卖出，那么最初的10,000美元将增长到233,981美元，这还不包括红利。对于这样一个如此简单的模型来说已经很不错了。

你可以像前文展示的那样使用这个模型。你也可以根据自己的喜好对其适当调整。没有法律说你一定要等到价格发生4%的变化时才进行交易。例如，如果你想减少交易和减少信号数量，你可以把4%增加到5%或6%，这样做收益率可能会降低，但你可以节省交易成本并避开某些信号。相反，如果你更加注重短期，你可能会将规则中的4%降低到3%甚至2.5%，这样做交易量更大，总回报率可能更高，但交易成本也更高。我觉得4%是在过度交易的交易成本和稳定的回报率之间不错的平衡。

你也可以对标准普尔500指数等其他主要股价指数应用类似的规则，但它不会像在ZUPI指数上那样得到较好的结果。这是因为主要的股价指数不像价值线指数或ZUPI那样波动较大，它们在牛市中的涨幅、在熊市中的跌幅都不如前者那样大。

让我们总结一下百分之四模型。你只需要关注价值线指数的周收盘价。如果指数上涨4%或更多，发出买入信号。如果下跌4%或更多，发出卖出信号。近一半的信号无法带来收益，但是好的信号所产生的利润远大于糟糕的信号所带来的损失，因此，长远来看，你将获得坚实的利润，并且跟随趋势。

第6章
CHAPTER SIX

货币指标和动量指标相结合——你唯一需要的投资模式

在第4章,我们基于利率和美联储指标开发了货币模型用来预测市场。该模型良好的预测结果验证了"不要与美联储唱反调"的原则。在第5章我们设计了三个动量指标,其中百分之四模型给出了看涨或看跌信号。这个模型的检验结果也很不错,支持了"不要和市场作对"的原则。因为这两个模型的检验结果都不错,将货币指标和动量指标结合在一起,就可以获得一个更好的模型,该模型可以同时反映美联储和市场的趋势。在本章中,我们将构建这一模型。

同样,我也会尽量让模型简单。我们在此将直接使用第4章建立的货币模型。回想一下,模型会得到0到8分之间的结果。当模型达到6分及以上时,货币模型给出买入信号,并维持买入状态,直到模型得分降至2分或更低时,它会发出卖出信号。在货币模型的基础上,再加上第5章中所构建的百分之四模型。

当百分之四模型发出买入信号时,得2分;当百分之四模型处于卖出信号时得0分。然后,将百分之四模型的得分与货币模型的得分相加。理论上,我们称之为"超级模型"的这个组合模型,得分范围从0分到10分。也就是说,如果货币模型中的三个指标都是看涨的,同时百分之四模型发出买入信号,那么超级模型得分为+10分。相反，如果所有三个货币指标都是看跌的，同时百分之四模型给出卖出信号，那么超级模型得分为0分。表20中给出了超级模型的结构。

表20 超级模型

日期	ZUPI	标准普尔500指数	道琼斯指数	优惠利率	美联储指标	分期付款债务	百分之四模型	超级模型
1979/12/31	112.33	107.94	839	2	0	0	2	4
1980/2/19	117.09	114.60	876	0*	0	0	0*	0
1980/4/11	100.52	103.79	792	0	0	0	2*	2
1980/5/1	103.73	105.46	809	2*	0	0	2	4
1980/5/6	105.52	106.25	816	2	2*	0	2	6（买入）
1980/5/22	110.68	109.01	843	2	4*	0	2	8
1980/6/16	117.46	116.09	878	2	4	2*	2	10
1980/8/26	132.08	124.84	953	0*	4	2	2	8
1980/11/7	133.15	129.18	932	0	4	2	0*	6
1980/11/14	138.18	137.15	986	0	2*	2	2*	6
1980/12/4	136.90	136.48	970	0	1*	2	2	5
1980/12/12	128.32	129.23	917	0	1	2	0*	3（卖出）
1980/12/22	132.87	135.78	959	2*	1	2	0	5
1980/12/26	134.98	136.57	966	2	1	2	2*	7（买入）
1981/4/24	148.46	135.14	1020	0*	1	2	2	5
1981/6/16	149.84	132.15	1003	2*	1	2	2	7
1981/6/22	149.02	131.95	994	0*	1	2	2	5
1981/7/10	144.14	129.37	956	0	1	2	0*	3（卖出）
1981/9/9	128.22	118.40	854	0	2*	2	0	4

第6章 货币指标和动量指标相结合——你唯一需要的投资模式

[续表]

日期	ZUPI	标准普尔500指数	道琼斯指数	优惠利率	美联储指标	分期付款债务	百分之四模型	超级模型
1981/9/21	127.04	117.24	847	2*	4*	2	0	8(买入)
1981/10/2	126.78	119.36	861	2	4	2	2*	10
1982/1/15	128.45	116.33	848	2	4	2	0*	8
1982/2/1	128.68	117.78	852	0*	4	2	0	6
1982/3/8	121.07	107.34	795	2*	4	2	0	8
1982/3/16	120.96	109.28	798	0*	4	2	0	6
1982/4/2	127.71	115.12	839	0	4	2	2*	8
1982/5/28	127.76	111.88	820	0	4	2	0*	6
1982/6/4	125.50	110.09	805	0	2*	2	0	4
1982/7/19	124.03	110.73	826	0	4*	2	0	6
1982/7/26	124.39	110.36	825	2*	4	2	0	8
1982/8/20	126.35	113.02	869	2	4	2	2*	10
1983/5/19	203.54	161.99	1191	2	2*	2	2	8
1983/7/29	205.39	162.56	1199	2	2	2	0*	6
1983/8/10	200.53	161.54	1176	0*	2	2	0	4
1983/9/23	209.93	169.51	1256	0	2	2	2*	6
1983/10/13	209.04	169.88	1261	0	2	0*	2	4
1983/10/21	204.43	165.95	1249	0	2	0	0*	2(卖出)
1983/11/25	207.01	167.18	1277	0	2	0	2*	4
1984/2/3	201.64	160.91	1197	0	2	0	0*	2
1984/4/6	189.74	155.48	1132	0	1*	0	0	1
1984/8/3	187.22	162.35	1202	0	1	0	2*	3

[续表]

日期	ZUPI	标准普尔500指数	道琼斯指数	优惠利率	美联储指标	分期付款债务	百分之四模型	超级模型
1984/10/6	192.21	162.13	1178	0	2*	0	2	4
1984/10/15	194.61	165.77	1203	2*	2	0	2	6（买入）
1984/11/21	193.94	164.52	1202	2	4*	0	2	8
1984/11/30	193.25	163.58	1189	2	4	0	0*	6
1985/1/11	200.36	167.91	1218	2	4	0	2*	8
1985/1/17	205.40	170.73	1229	2	2*	0	2	6
1985/5/3	214.71	180.08	1247	2	2	0	0*	4
1985/6/7	226.40	189.68	1316	2	2	0	2*	6
1985/8/16	227.71	186.10	1313	2	2	0	0*	4
1985/11/8	230.66	193.72	1404	2	2	0	2*	6
1986/4/18	288.02	242.38	1840	2	4*	0	2	8
1986/7/11	278.66	242.22	1821	2	4	0	0*	6
1986/8/22	279.39	250.19	1888	2	4	0	2*	8
1986/9/12	264.84	230.67	1759	2	4	0	0*	6
1986/10/31	276.57	243.98	1878	2	4	0	2*	8
1987/1/9	288.78	258.73	2006	2	2*	0	2	6
1987/3/20	322.33	298.17	2334	2	2	2*	2	8
1987/4/16	309.07	286.91	2276	2	2	2	0*	6
1987/5/1	304.87	288.03	2280	0*	2	2	0	4
1987/6/12	313.54	301.62	2378	0	2	2	2*	6
1987/9/4	325.23	316.70	2561	0	1*	2	2	5
1987/9/18	321.70	314.86	2525	0	1	2	0*	3（卖出）
1987/11/5	231.53	254.48	1985	2*	1	2	0	5

[续表]

日期	ZUPI	标准普尔500指数	道琼斯指数	优惠利率	美联储指标	分期付款债务	百分之四模型	超级模型
1987/12/18	224.35	249.16	1975	2	1	2	2*	7（买入）
1988/3/4	255.80	267.30	2058	2	2*	2	2	8
1988/4/15	252.98	259.77	2014	2	2	0*	2	6
1988/5/11	249.35	253.31	1966	0*	2	0	2	4
1988/5/20	248.76	253.02	1953	0	2	0	0*	2（卖出）
1988/6/10	261.64	271.26	2102	0	2	0	2*	4
1988/8/9	260.07	266.49	2079	0	1*	0	2	3
1988/8/12	256.38	262.55	2038	0	1	0	0*	1
1988/10/7	262.93	278.07	2150	0	1	0	2*	3
1988/10/21	264.07	283.66	2184	0	1	2*	2	5
1988/11/11	254.70	267.92	2067	0	1	2	0*	3

注：*代表分数发生变化

当然，在实际投资中你有无数种使用这一模型的复杂方法，比如当模型得分达到一定标准时全仓投入，在另一种得分水平时投入四分之三的资金，在第三种得分时只投入一半资金。为了简化起见，我们只假设两种投资组合方式，要么将现金100%用于投资，要么持有100%现金不投资。

规则如下：当超级模型得到6分或更多时，它发出买入信号。我们假设在那个时候投资者会将全部资金投资于股票。买入信号一直有效，直到超级模型得分下降到3分或更少，此时，它发出卖出信号。根据卖出信号，假设投资者卖出全部股票并将资金转投货币市场工具，如国库券、定期存款单或货币市场基金。我们用国库券收益率作为投资者获得利息的指标。

显然，如果两个模型中的所有指标都是看涨的，那么超级模型也将是看涨的，反之亦然。但是，结合货币指标和市场指标的特点，如果货币指标相对中性，但市场走势积极，那么超级模型得分可能刚好发出买入信号。在这个时候，投资股票而非现金收益会更高。或者，如果货币模型相对中性，然而市场变糟了，那么超级模型可能会发出卖出信号，这正是在这种情形中我们需要的。很显然，最好是货币指标和动量指标同时给出一致的信号，但这并不总是可能的。超级模型可以让我们在货币指标和市场指标之间进行合理的权衡。

表21显示了自1966年至1988年12月期间，在以茨威格未加权价格指数（ZUPI）作为投资对象时超级模型的表现。表21的左半部分显示的是超级模型给出买入信号的日期、ZUPI在上述日期的点位、ZUPI在买入信号有效期内的变动和买入信号持续有效的时间长度。例如，第一次买入信号发生在1966年11月16日，当时ZUPI是108.75。这一信号实际上持续了20.5个月，最终于1968年7月26日结束，ZUPI为156.34。在此期间，ZUPI上升了43.8%。

表21的右边列出了所有的卖出信号，最早的一次卖出信号发生在1966年3月10日。碰巧的是，第一个信号刚好是一个卖出信号，在此之前没有买入信号，直到1965年底的某个时候。因此，1966年3月投资者应该卖空。卖出一侧的信息还包括卖出期间的价格变动和信号持续的月份数。例如，1966年3月10日，卖出信号在1966年11月16日之前的8个月内都有效，在此期间，ZUPI下降了13.3%。

到目前为止，该模型共发出12个卖出信号和11个买入信号。在表格最底部你可以看到如果只在模型发出买入信号期间投资，那么在157个月或13年中10,000美元将变成159,658美元。回报率很不错，每年23.6%，其中没有考虑利息、红利或交易佣金。相反，如果你总是与美联储和市场趋势作对，在卖出信号期间不明智地买进股票，那么在117个月（大约10年）时间内，你最初的10,000美元将会缩水至1,267美元。年化损失率为19.1%。

在这22年期间，如果你购买了ZUPI指数，并且在此期间没有交易，那么你的年化收益率将是3.8%。因此，根据买入信号操作获得的回报率比"买入并持有"的回报率高出约20个百分点，而卖出信号期间的市场表现与"买入并持有"

表21 超级模型 VS. 茨威格未加权价格指数：1966—1988年

买入信号				卖出信号			
日期	ZUPI	变动百分比（%）	持续月份数	日期	ZUPI	变动百分比（%）	持续月份数
				1966/3/10	125.43	-13.3	8.0
1966/11/16	108.75	+43.8	20.5	1968/7/26	156.34	+1.2	2.0
1968/8/30	158.29	+9.4	4.0	1968/12/31	173.15	-45.7	17.0
1970/5/29	93.96	+32.2	13.5	1971/7/16	124.17	-12.4	3.0
1971/11/19	108.82	+11.2	7.5	1972/6/26	121.02	-37.1	19.5
1974/2/14	76.18	+2.4	1.5	1974/3/29	78.02	-33.3	7.0
1974/10/25	52.03	+76.0	31.0	1977/5/31	91.57	+15.2	35.0
1980/5/6	105.52	+21.6	7.0	1980/12/12	128.32	+5.2	0.5
1980/12/26	134.98	+6.8	6.5	1981/7/10	144.14	-11.9	2.5
1981/9/21	127.04	+60.9	25.0	1983/10/21	204.43	-4.8	12.0
1984/10/15	194.61	+65.3	35.5	1987/9/18	321.70	-30.3	3.0
1987/12/18	224.35	+10.9	5.0	1988/5/20	248.76	+2.1	7.5
1988/12/27	253.99[a]						
10,000美元变成：159,658美元			157个月			1,267美元	117个月
年化收益率 = +23.6%						-19.1%	
"买入并持有"的收益率 = +3.8%/年							

注a：表格编制的截止日（不是信号）

的差异超过22个百分点。这样的收益率差异非常不错，特别是对于一个平均每年只需要交易一次的简单模型来说，更是如此。

表中显示，11个买入信号都带来了利润。在12个卖出信号的情形中，有8次市场下跌，在4次上涨中，3次涨幅很小。最糟糕的一次是在1977年5月31日，模型发出卖出信号，但后续市场上涨了15.2%。但是需要注意，这一次卖出信号持续了35个月，几乎整整3年。在此期间，利率也维持在高位，如果你把资金投资于国库券（还不是收益率最高的短期投资工具），你的总回报率将达到27.1%，几乎是当时市场增值水平的两倍（尽管在计算市场回报时没有将红利考虑在内）。

大多数买入信号的收益都非常可观，比如1966年11月之后43.8%的收益；1970年5月之后32.2%的收益；1974年10月之后的76%的收益；1981年9月的60.9%的增长；1984年10月之后的65.3%的增长。当大牛市到来时，超级模型可以让你迅速买入并在随后上涨行情持续的大部分时间里持续保持看涨的状态。

另一方面，该模型在给出卖出信号方面也表现得很好，它让投资者在最糟糕的熊市中远离市场。需要说明的是，超级模型在1968年的最后一天发出了非常准确的卖出信号，在那之后的17个月里，价格暴跌了45.7%。超级模型在1972年6月适时发出了卖出信号，在接下来的一年半时间里，价格下跌了37.1%。在短暂的牛市过后，超级模型再一次改变方向，在1974年3月29日发出了准确的卖出信号。接下来的7个月是自20世纪30年代以来最黑暗的熊市中最黑暗的阶段，股价在此期间猛跌了33.3%。超级模型在1987年9月18日发出卖出信号，预测到"黑色星期一"，随后价格暴跌30.3%。

图J（第117页）显示了1966—1988年基于ZUPI指数的超级模型表现。当超级模型得分从下方往上穿过上面一条虚线时，对应着买入信号；当从上方向下穿过下面这条虚线时，对应卖出信号。

表22显示了基于标准普尔500指数的超级模型的表现。在这11个买入信号中，有10个是盈利的，在1980年到1981年间错误的买入信号发出后，指数只是

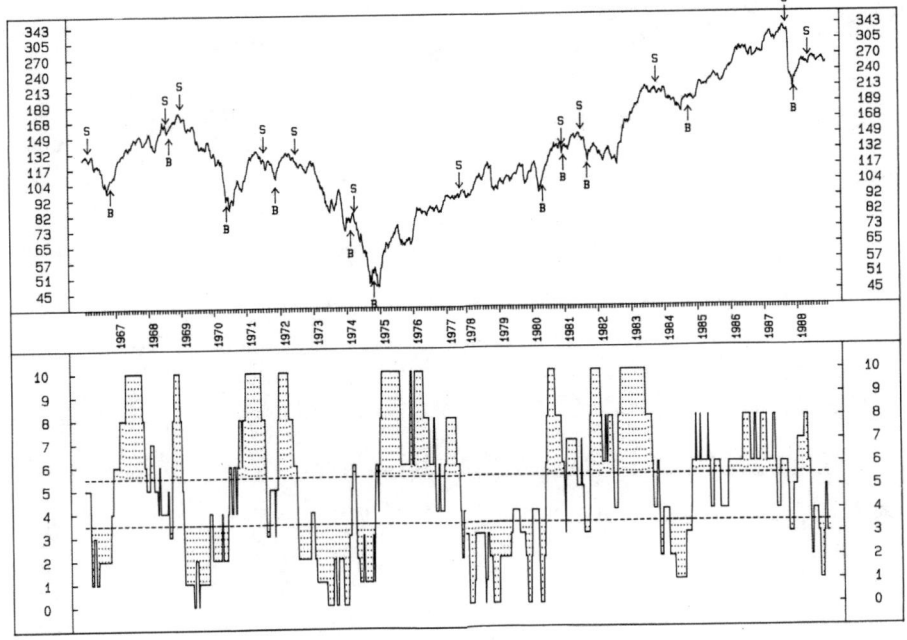

茨威格未加权价格指数　　　　　1966/1/07—1988/12/02周数据（对数标尺）

超级模型

奈德·戴维斯研究公司　　　　　　　　　　　　　　　　　　　　　　　　　　　图J

略微下降了5.3%。12个卖出信号中有8次市场下跌，其中4个失败信号中有2次市场只有很小的上涨。在一次卖出信号发出后，最大的市场反弹发生在1977—1980年，指数上涨10.6%，考虑到接近3年的时间跨度，这样的收益率微不足道；同时，同期国库券的收益率达到27.1%。在表22的最下方，你可以看到，在买入信号发出后买入标准普尔500指数，年化收益率可以达到17.7%，而"买入并持有"的收益率仅为5.5%。相反，标准普尔500指数在卖出信号发出期间每年下跌9.8%，低于"买入并持有"策略超过15个百分点。

如果你从1966年以来一直使用超级模型交易，结果将如何呢？这个问题的答案可以在表23中找到，它显示了在超级模型的指示下通过购买茨威格未加权价格指数（或者一篮子等价的股票组合）的回报。该方法假设在超级模型发出买入信号时购买ZUPI指数或其等价组合，并在卖出信号发出后将其卖出，所

表22 超级模型 VS. 标准普尔500指数：1966—1988年

买入信号				卖出信号			
日期	标准普尔500指数	变动百分比（%）	持续月份数	日期	标准普尔500指数	变动百分比（%）	持续月份数
				1966/3/10	88.96	-7.4	8.0
1966/11/16	82.37	+19.4	20.5	1968/7/26	98.34	+0.5	2.0
1968/8/30	98.86	+5.1	4.0	1968/12/31	103.86	-26.3	17.0
1970/5/29	76.55	+29.5	13.5	1971/7/16	99.11	-7.6	3.0
1971/11/19	91.61	+17.3	7.5	1972/6/26	107.48	-15.4	19.5
1974/2/14	90.95	+3.3	1.5	1974/3/29	93.98	-25.4	7.0
1974/10/25	70.12	+37.1	31.0	1977/5/31	96.12	+10.6	35.0
1980/5/6	106.25	+21.6	7.0	1980/12/12	129.23	+5.7	0.5
1980/12/26	136.57	-5.3	6.5	1981/7/10	129.37	-9.4	2.5
1981/9/21	117.24	+41.5	25.0	1983/10/21	165.95	-0.1	12.0
1984/10/15	165.77	+89.9	35.5	1987/9/18	314.86	-20.9	3.0
1987/12/18	249.16	+1.5	5.0	1988/5/20	253.02	+9.4	7.5
1988/12/27	276.83ª						

10,000美元变为84,788美元　　　　159个月　　　　　　3,662美元　　　117个月

年化收益率 = +17.7%　　　　　　　　　　　　　　　-9.8%

"买入并持有"的收益率 = +5.5%/年

注a：表格编制的截止日（不是信号）

表23 超级模型总回报 VS. 茨威格未加权价格指数：1966—1988年

日期	信号	买入信号后涨幅（%）	买入信号期间的红利收益率（估计）	买入信号的总收益率	卖出信号期间的利息收益率	10,000美元投资的增值
1966/3/10	卖出				+3.2	10,320
1966/11/16	买入	+43.8	+4.3	+48.1		15,289
1968/7/26	卖出				+0.9	15,421
1968/8/30	买入	+9.4	+0.7	+10.1		16,979
1968/12/31	卖出				+9.8	18,643
1970/5/29	买入	+32.2	+3.7	+35.9		25,336
1971/7/16	卖出				+1.4	25,690
1971/11/19	买入	+11.2	+1.5	+12.7		28,953
1972/6/26	卖出				+10.0	31,849
1974/2/14	买入	+2.4	+0.3	+2.7		32,708
1974/3/29	卖出				+4.2	34,082
1974/10/15	买入	+76.0	+11.2	+87.2		63,802
1977/5/31	卖出				+27.1	81,092
1980/5/6	买入	+21.6	+2.6	+24.2		100,717
1980/12/12	卖出				+0.7	101,422
1980/12/26	买入	+6.8	+1.9	+8.7		110,245
1981/7/10	卖出				+3.1	113,663
1981/9/21	买入	+60.9	+9.8	+70.7		194,022
1983/10/21	卖出				+9.2	211,872
1984/10/15	买入	+65.3	+7.1	+72.4		365,267

[续表]

日期	信号	买入信号后涨幅（%）	买入信号期间的红利收益率（估计）	买入信号的总收益率	卖出信号期间的利息收益率	10,000美元投资的增值
1987/9/18	卖出				+1.6	371,112
1987/12/18	买入	+10.9	+1.0	+11.9		415,274
1988/5/20	卖出				+3.6	430,224
1988/12/27	截止日期					

超级模型总回报： 430,224美元

超级模型年化收益率： +18.0%

"买入并持有"总回报（含红利）： 39,609美元

"买入并持有"年化收益率： +6.2%

得资金全部买入国库券。在计算过程中，考虑红利。表中前两列列示了信号发出的日期和类型。前面表21和表22已经显示了股票市场在卖出信号中的实际表现。右边的倒数第二列显示了在卖出信号期间，投资者退出股市后在国库券上获得的利息的收益率。最右一列显示了在跟随超级模型后10,000美元的增值情况。例如，在1966年3月10日的卖出信号中，你将会买入国库券，在接下来的8个月里获得3.2%的收益，直到1966年11月16日模型发出买入信号。这意味着，在这段时间内，最初的10,000美元的投资将增长到10,320美元，就像最右边一列最上一行所显示的那样。

接下来，表23的第二行显示了1966年11月16日买入信号出现之后发生的事情。第3列显示，在1968年7月26日卖出信号之前的20个月里，ZUPI升值了43.8%。在这段时间内，红利收益率约为4.3%，如第4列所示。第5列显示了买入信号的总回报，这是第3列中指数增长幅度加上第4列的红利收益率之和，为48.1%。以10,320美元为起点，按这一收益率，该投资组合的价值将升至15,289美元。后续信号都列示在表格中。

在第5列中我们可以发现，每一次买入信号发出之后，总体回报率都是正的。在第6列中显示，卖出信号发出期间投资国库券所得利息也为正。因此，在测试期间的22年里，投资者一直在盈利。当然，在一个买入信号周期内，市场可能会下跌一段时间，但在买入信号结束时，市场总是会比期初更高，同时投资者还能获得红利收益。

在表格的底部，你会看到投资组合的总价值在22年内从10,000美元增加到430,224美元。这相当于年化收益率为18.0%。而如果你购买了ZUPI指数并持有了22年，并且将在这期间收到的所有红利再投资，那么10,000美元将只会增长到39,609美元，年化回报率仅为6.2%。因此，利用该模型的交易获得的年收益率是"买入并持有"交易策略的近乎3倍。而且，有接近一半的时间内，投资者没有投资股市时其收益率也高于"买入并持有"策略，并且没有风险。因此，在考虑风险之后，这样的回报率会显得更好，因为你的年化回报率几乎是"买入并持有"策略的3倍，风险却只有该策略的一半。

你可能想要比较表23中超级模型的430,224美元的总回报和表21中买入信号期间159,658美元的总回报。其实后者包含在表23中，表现为第3列中所示的买入信号期间的市场增值。而总回报中其余部分则是第4列所得的红利和第6列利息的累计影响。

表24显示了在对标准普尔500指数交易时超级模型的表现。在11次买入信号期间，有10次投资者可以获利，在1980年12月26日的买入信号出现后仅仅损失了2.9%。当然，在卖出信号期间，投资者也总是获得利息收益。表24底部的信息显示，在22年后，10,000美元将增长到261,802美元，年化收益率为15.4%。如果采用"买入并持有"策略，那么投资于标准普尔500指数的10,000美元将增至76,150美元（包括红利），每年只有9.3%的收益率。因此，即使是基于波动性较小的标准普尔500指数，在22年的时间里，投资者利用超级模型获得的年化收益率也会超过"买入并持有"策略6.1个百分点，而期末的投资组合市值将是"买入并持有"策略的3倍还多。

表24　超级模型总回报 VS. 标准普尔500指数：1966—1988年

日期	信号	买入信号后涨幅（%）	买入信号期间的红利收益率（估计）	买入信号的总收益率	卖出信号期间的利息收益率	10,000美元投资的增值
1966/3/10	卖出				+3.2	10,320
1968/11/16	买入	+19.4	+6.1	+25.5		12,952
1968/7/26	卖出				+0.9	13,068
1968/8/30	买入	+5.1	+1.0	+6.1		13,865
1968/12/31	卖出				+9.8	15,224
1970/5/29	买入	+29.5	+4.9	+34.4		20,461
1971/7/16	卖出				+1.4	20,748
1971/11/19	买入	+17.3	+2.1	+19.4		24,733
1972/6/26	卖出				+10.0	27,250
1974/2/14	买入	+3.3	+0.5	+3.8		28,286
1974/3/29	卖出				+4.2	29,473
1974/10/15	买入	+37.1	+14.0	+51.1		44,534
1977/5/31	卖出				+27.1	56,603
1980/5/6	买入	+21.6	+3.2	+24.8		70,641
1980/12/12	卖出				+0.7	71,135
1980/12/26	买入	-5.3	+2.4	-2.9		69,072
1981/7/10	卖出				+3.1	71,214
1981/9/21	买入	+41.5	+12.0	+53.5		109,313
1983/10/21	卖出				+9.2	119,370
1984/10/15	买入	+89.9	+12.2	+102.1		241,247

[续表]

日期	信号	买入信号后涨幅（%）	买入信号期间的红利收益率（估计）	买入信号的总收益率	卖出信号期间的利息收益率	10,000美元投资的增值
1987/9/18	卖出				+1.6	245,107
1987/12/18	买入	+1.5	+1.6	+3.1		252,705
1988/5/20	卖出				+3.6	261,802
1988/12/27	截止日[a]					
超级模型总回报：						261,802美元
超级模型年化收益率：						+15.4%
"买入并持有"总回报（含红利）：					76,150美元	
"买入并持有"年化收益率：					+9.3%	

注a：本书表格编制的截止日（当日没有信号）

以上对超级模型的检验采用的是在0到10分范围内，达到或超过6分买入、3分及以下卖出的交易规则。如果你愿意，也可以修改上述交易规则，没有必要在每一次信号发出时对整个投资组合进行调整。例如，如果模型得分为7分或更高，你可能完全投资于股票；如果模型得分为5分或6分，你可以卖掉投资组合的三分之一，剩下的三分之二继续投资于股票；如果超级模型得分落入3到4分的区间内，那就出售三分之二的股票，这样投资组合中只有三分之一投资于股票，三分之二投资于国库券；最后，如果超级模型得分跌至2分或更低，那么就完全离开股市，将100%的资金投资于现金等价物。

你可以设计类似的方案，比如将投资组合的比例设为0%、50%或100%三档，还可以设计得更为复杂一点，包含0%、25%、50%、75%、100%五档。我要说的是，你不必突然由0%变为100%。你应该以自己感觉最舒服的方式使用这一模型。请记住，当模型得分最高时，市场走强的概率最大；当模型得分最低时，市场往往表现最差。

如果超级模型给出买入信号，即得分在6分或更高，但后来得分下降到4分或5分，此时买入信号仍然有效。但模型其实已经进入中性区间并且得分在下降，此时对那些风险厌恶的投资者来说，将100%的资金投资于股市可能会有点不安。如果是这样，投资者应该卖出一部分股票。有一句老话说，投资者应该"卖出股票直到能睡得安稳"。在此类情形中，这是一个不错的选择。

另一方面，假设超级模型得分降至3分，发出卖出信号，但是在一段时间之后，市场环境得以改善，模型得分升至4分或5分。此时一些投资者可能会对100%的资金投资于国库券感到不满，并自然地希望持有一定比例的股票投资。当然，我不建议将100%的资金投入，但在这一点上投入三分之一或二分之一的资金可能是明智的。再重复一遍：投资者应选择让自己感觉舒适的投资方式，只要它符合超级模型的理念。

第7章
CHAPTER SEVEN

与行情作对——离灾难就不远了

在市场上与趋势保持一致,与行情同步,不要与主流趋势作对——这句话怎么强调都不过分。如果与行情作对,那就离灾难不远了。我给大家举个例子。作为投资顾问,我同样容易受到攻击,所以我不会故意贬低竞争对手。因此,我不会提及这位顾问的真实名字,姑且就叫他山姆吧。山姆也在发布市场评论,在20世纪60年代和70年代初的几次重大的牛市和熊市中,他因为观点与主流趋势相反而陷入困境。但就像我们中的许多人一样,他也有过成功的经历,从1975年开始,他的事业蒸蒸日上。在若干年中,山姆多次正确地预测了市场反转,其中大部分都是中级的波动。因此他收获了一大批追随者,生意逐渐兴隆起来。

80年代初期,山姆转向看跌行情。在1981年的夏天,道琼斯指数下跌了大约200点,此时的山姆看起来就是个天才。随着指数不断下跌,山姆变得更加悲观。在1982年初的一篇主流财经刊物的采访中,他预测道琼斯工业平均指数和市场总体将会大幅度下跌。一位记者问山姆他如何判断自己的预测出错。山姆回答说:"如果道琼斯指数上涨100点,就证明我错了,我会改变我的预测。"

山姆当时的想法其实很不错。道琼斯工业平均指数上涨100点,就意味着大约12%的涨幅,这比我们4%的准则门槛要高得多,但是山姆是在寻找一个大的趋势,而在可能到来的大牛市中放弃这一点收益并不算糟糕。即使他无法确切地知道低点的位置,他也可以在指数从底部上涨100个点之后看多,并再次与趋势一致。山姆是著名的趋势追随者,他曾多次说过:"市场就像一列火车,而我就是车尾:我只是跟着火车走。"同样,这也是非常好的建议。

1982年8月,利率突然下跌,市场暴涨,8月17日一天就上涨38个点。在6个交易日内,道琼斯指数就从1982年8月12日777点的低点上涨至891点,涨幅高达114个点。这正好是山姆按照自己的建议转向看多的信号。如果这样做了,那么在熊市触底的6天后,他就可以向全世界宣布自己开始看多了。事实上,他可能会错过前100个点的涨幅,但相比于市场之后的上涨来说,100个点是微不足道的。

截至1983年10月,不到14个月后,道琼斯指数达到了1285点的历史高位。按照山姆之前的计划,如果正确地跟随趋势,他将获得道琼斯指数大约400个点的收益。此外,那段时期的股票平均上涨幅度远远超过道琼斯指数。事实上,在1982年8月之后的一年左右,是自1932年和1933年最糟糕的熊市以来,股价在相对较短的时间内涨幅最大的一段时间。但山姆并没有遵循自己的建议。在市场价格飙升的同时,山姆保持看跌。他与趋势对抗,忘记了市场是火车,他只是车尾。于是山姆脱离了轨道。

在这个例子中,山姆犯下的致命错误是,他对市场的走向有了一个先入之见,而在一段时间里,他确实是正确的。当市场环境发生变化——事实上是迅速改变——山姆拒绝接受新的证据,并相应地调整自己的市场观点。相反,山姆开始寻找证据来支持他的熊市观点。这是在股票市场投资者中非常普遍的特征。心理学家称之为"选择性认知",即一个人只看到他想看到的东西。

不幸的是,在股市中,总是同时存在一些支持看跌的证据和一些支持看涨的证据。要想找到一些证据来支持你的观点并不困难。如果有100只股票市场指标,在同一时点有80个指标同时看涨是极其少见的。事实上,如果80%的指标同时看涨,那可能意味着一轮非常强劲的牛市。但是,剩下的20个指标中总会有一些甚至全部发出看跌的信号。山姆选择了后者,犯了一个几乎每只股票市场参与者在其投资生涯中都会一次或多次犯下的错误。

这是一种你不该犯两次的错误。在1974年的熊市中,我也曾犯过与市场趋势相反的错误。我在1972年的春天就开始看跌了,实际上那时是大多数股票牛市的顶部。在接下来的两年里,我大部分时间都在看空,只是偶尔会短期看涨,并抓住了一些反弹的机会。但在1974年6月,不知出于什么原因,我变得非常乐观,在接下来的3个月里,我遭受了重大损失。

我可以为自己辩护说在我转向牛市观点的一年后,股市确实走高了。我可以认为自己没有错,只是"过早了"。我也可以固执地认为我是对的,而市场是错的。这些都是犯错误的人常见的思维方式。事实是,我完全错了。在接下来的几个星期里,我意识到这一错误,我发自内心地知道自己错了,但自尊在我的心中占据了上风,我让自己相信:无论如何,市场即将触底。我没有与市场趋势保持一致并调整到看跌的观点,而是寻找支持我看涨信号的指标。当时有很多指标确实发出看涨的信号,我沉迷于这些指标之中。但是更多的证据依然看跌,这次我自己搞砸了。

这次我的主要错误是忽视了当时市场上通用的货币指标发出的看跌信号。我决定不再重蹈覆辙,于是设计了几个新的货币指标,这些指标对我很有帮助。即便如此,我在一年半之后,也就是1976年1月又犯了一次重大错误。这次我在市场上行过程中卖出,保持中立,并持有100%的现金,而市场在几个月内大幅上升。我的错误在于忽视了市场的强大动量,很快我就针对动量设计了一些指标。经过深入研究,我开发出了改进的动量和趋势跟随指标。最早是单独使用这类指标,后来在1978年将它们组合成一个模型。

从那以后,我坚决避免在市场上对抗主要趋势。我只是简单地跟着市场走,即使这意味着时不时地会被洗出市场。因此,我从那时起就没有错判过所有的大趋势。提醒大家,我不是吹牛,因为我知道我有时会犯错,但我知道只要跟随市场，就不会在大趋势中犯错。所以，由于我以前经历过，我从这些经历中学到了和趋势保持同步的价值。

相比之下，山姆和其他数以百万计的投资者不止一次犯了这类错误，但仍然还会陷入同趋势对抗的陷阱中。在市场上，你犯这类错误的机会不会特别多，因为市场会无情地把你洗劫一空。无知（是的，我承认我之前的错误是因为无知）会使你第一次或许是第二次与趋势作对，但第三次、第四次或第五次的时候，你已经承受了后果，不应该再对此无知了。

由此而导致失败的原因是自尊心。如果在某些时候，你认为自己正确而市场是错的，或者不管市场行情怎样你都只相信自己的先入之见，那你一定会有大麻烦了。在任何时候，市场都凌驾于我们所有人之上。保护自己最好的做法就是与趋势保持一致。换句话说，不要和市场作对。

第8章
CHAPTER EIGHT

情绪指标——何时与众人分道扬镳

有一个关于促销天才菲尼尔斯·泰勒·巴纳姆（P. T. Barnum）的故事。他正在举办一场备受关注的舞台表演，观众人数不断增加，最终远远超出了相对较小的帐篷能承载的范围。他不能简单地直接要求人们离开——这与服务员要求某人在餐厅腾空餐桌一样失礼。最后，他机智地想出了一个解决方案。他立起一个带有箭头的标语，上面标有："通往出口。"许多人急于查看出口，却突然发现自己直接走出了帐篷而不是欣赏更多的节目，而离开的人们只能在外面往里面看。

这大概就是股市在人群太大时会发生的情景。人群容易在市场顶部和底部附近跟随错误的标记（正如上面故事中的标语）。因此，当市场出人意料地改变方向时，许多投资者发现自己只能在场外往里观望了。

下面我们大致介绍一下这其中的原因。先从熊市的底部讲起。这一阶段经济通常处于衰退或更糟的情况之中，企业利润暴跌，投资者已经在持续了一到两年的股价下跌中遭受巨大损失，逐渐丧失理性。坏消息成为头条新闻；在这样的时候，好消息甚至连梦想都算不上。糟糕的情况持续的时间太久，以至于大多数人只能看到下降的趋势。而在这种绝望当中，恰恰隐藏着熊市触底和牛市的开始,这意味着在市场底部时,绝大多数人都是错误的。

为什么会这样呢?伴随着经济的崩溃,美联储通常会放松信贷,利率将开始显著下降。随着现金等价物收益率的下降,这就使得股票更具有相对的价值。不过,通常情况下,经济仍将持续6个月或更长时间的下跌趋势,企业盈利的最糟糕结果通常会在未来才显现出来。

即使华尔街能够准确预测到未来利润更低,但却很难把它们与股价上涨联系起来。华尔街似乎流行着一些与生俱来的逻辑,比如利润越大股价越高,但总的说来却并非如此。正如第5章所见,牛市中的最大收益往往出现在行情的头6个月,而在此期间企业的利润通常还在下降。因此,当投资者盯着公司盈利的糟糕前景时,他们很难乐观起来。

在这样的时候,投资者和投机者在场外积累了大量现金储备,部分原因是在一个熊市周期中利率更高,另外一部分原因是前景黯淡,他们宁愿持有现金而不愿持有股票。个人和机构的现金持有水平高,很少或根本没有购买股票的意愿。市场上悲观主义盛行。但是,当利率开始下降时,这将成为推动买入股票的催化剂,因为较低的收益率肯定不如较高的收益率吸引人。此外,利率的大幅下降通常会对经济产生6到12个月的推动作用。股票市场的机制是未来收益的贴现,总是向前看,所以当前的盈利不如预期来得重要。

在常规的下调利率政策刺激下,股票价格开始反弹,新的牛市诞生了。不仅在第一轮反弹启动之前,市场上笼罩着浓厚的悲观情绪,而且投资者往往都不相信第一次反弹。在之前的熊市中,也出现过几次反弹,但最终股票价格仍然继续下跌。那么,为什么要相信新一轮牛市中出现的第一波反弹,尤其是它往往是本轮周期中最强劲的反弹?人们的普遍想法是,如果价格在短时间内比平常反弹得更多,也就意味着未来可能有更大的下跌空间。

因此,精明的投资者会与普通投资者背道而驰,他们在熊市底部寻找两条线索:第一,在市场底部人们极度悲观。第二,在牛市的第一波反弹中,市场依然持怀疑和悲观的态度。在熊市的反弹中,悲观情绪通常会迅速消退,因为投资者非常希望相信股市反弹，希望之前的牛市继续。但在熊市的底部，人们已经遭受了太多的打击，并将新一轮牛市中的第一波真正的反弹视为卖出的机会。在不好的市场环境中，大多数人做出了错误的判断。

随着牛市的继续推进，股价不会出现大幅度下跌，许多投资者发现自己已经被市场挡在门外。慢慢地，他们开始相信这一次可能是真的牛市，他们这时的想法是："在下一次下跌中我一定要买入。"问题是，后续的向下调整幅度几乎不可能大到足以让人们对购买感到放心。那是因为在市场之外有太多的投资者渴望进入。

当价格回落几个百分点时，一些熊市论者开始买入，使得价格止跌，大部分之前看空的投资者没有机会以更低的价格买进。这一趋势随着市场日益走高而持续，在这一过程中卖出始终很少。最终，持牛市观点的投资者数量超过了持熊市观点的投资者，而这对于一些研究群体行为的人来说，正好成为了卖出的信号。

这里的逻辑是，如果你想要逆市操作，就应该采取与多数人相反的策略。但这是一个过度简化的假设，在牛市行情的中段肯定不正确。仅仅因为51%的投资者看涨，49%的投资者看跌，就认为市场未来不能继续走高是没有道理的。事实上，在这之后市场还可能继续上涨。当市场上投资者情绪出现异常的一边倒时，就需要警惕了。

随着牛市继续走高，越来越多的人开始看涨。当人群变得相当乐观并因此将大部分现金都投入股市时，就是一个极强的信号。现金代表股票市场的火力。当现金耗尽时，继续推高股票市场的弹药就没有了。这时市场发展最好的结果就是稳住不下跌。如果利率在此时上升或出现了其他一些不利的基本面因素，在投资者现金不足时，市场将陷入严重困境。

在接近市场顶部的时候，投资者变得极度乐观，因为股价已经达到了近一两年内的高位。在此期间发生的抛售持续时间很短。即使出现了比较严重的抛售，市场也会迅速反弹，并再次上升到更高的水平。大多数人预计市场会达到更高的价位，而且"相信"即使出现价格回调，也只会是另一次买入的机会，最终价格还会进一步上涨。

在牛市顶部，乐观主义为王，投机行为狂热，股票市盈率处于高位，流动性逐渐枯竭。利率的小幅上升很容易成为触发熊市的催化剂。在股市出现第一次下跌时，看空市场的情绪并没有增加。经历了牛市中的教训，人们冲动地在下跌时买入，并认为价格将回升至新的高点。但是紧接着的一轮反弹力度不强，也没有创出新高。又一轮下跌出现，股价跌至更低的水平。

现在人们开始有点紧张，悲观情绪慢慢上升。在悲观情绪真正加速积累之前，还要经过数月的持续抛售。在熊市持续过程中的某个时点，经济环境恶化，悲观情绪不断积累。当经济环境极度糟糕时，市场上的悲观情绪终于累积到了很严重的程度。然后，我们又回到了熊市底部开始新一轮的周期，此时，悲观情绪达到了顶峰。

有些人把监控大多数投资者行为，并且与其操作相反称为逆向思维的艺术。用这个词当然可以，但要记住，你不应该总想着与大多数人相反——你应在人们表现出极端一致的单边判断时与他们背道而驰。要明确定义"极端"并不容易。度量大众情绪的方法有很多，但在不同的周期中，每个指标发出买入或卖出信号的多头百分比或者空头百分比都有着很大的差异。没有一种神奇的乐观或悲观情绪水平能给出精确的信号。这可能令人沮丧，但这就是现实。

然而，通过分析一些反映市场情绪的重要指标，包括个人和机构的现金头寸、卖空交易中的投机交易规模、期权交易或新发股票的投资等，你可以粗略地估计出市场乐观或悲观的程度。当大部分人变得极端时，你至少应该保持谨慎。然后，你可以将情绪数据（也许这些数据还比较粗糙）尽可能与货币和行情条件相结合，以便对市场主要方向做出更好的预测。

共同基金的现金/资产比率

下面我们开始考察度量群体行为的第一个指标。金融机构是现在最重要的投资者，因为它们主导市场，并完成了大部分交易。交易股票的共同基金控制着价值超过1,000亿美元的资产。虽然这只是机构所持有金融资产总数中的一小部分，但基金的规模已经很大了。更重要的是，自1954年起，共同基金持有现金规模和资产总量都有准确的数据。

共同基金的乐观情绪或悲观情绪可以通过构建一个简单的现金除以资产比率来衡量。如果基金非常乐观，他们将用现金购买股票，现金与资产的比例会下降。如果基金对未来悲观，他们将出售股票，持有更多现金，这将导致现金/资产比率上升。

可以肯定的是，在确定多低才算"低"，以及多高才算"高"时会存在问题。但是，从事后看，我们可以观察到过去30年里现金/资产比率何时触及高点和低点。这里，现金/资产比率达到峰值表明基金过度悲观，而低谷则表明基金极度乐观。

表25给出了自1956年以来共同基金的"预测"记录。第二列列示了现金/资产比率的各个低点，对应着基金极度乐观的时点。例如，1956年7月，现金/资产比率降至4.7%的低点。第三列显示了现金/资产比率的各个高点，表明基金极端悲观的时刻。在1956年7月达到极度乐观之后，随着股票价格下跌，共同基金开始变得悲观。最后，1958年6月，现金/资产比率达到7.2%的最高点，为该轮周期的峰值。

表25 基于共同基金现金/资产比率的"预测"记录：1956—1988年

时间	现金/资产比率		道琼斯工业平均指数[a]	到下一次现金/资产比率极值之前的指数变动	基金"预测"的准确性	
	极度乐观	极度悲观			正确	错误
1956年7月	4.7%		516	−29		×
1958年6月		7.2%	487	+148		×
1959年4月	4.4%		635	−57		×

[续表]

时间	现金/资产比率		道琼斯工业平均指数[a]	到下一次现金/资产比率极值之前的指数变动	基金"预测"的准确性	
	极度乐观	极度悲观			正确	错误
1960年9月		6.6%	578	+123		×
1961年12月	4.3%		701	−128		×
1962年9月		7.0%	573	+296		×
1964年11月	4.5%		869	−60		×
1966年10月		9.7%	809	+70		×
1967年9月	5.2%		897	+1	×	
1968年3月		9.2%	898	+38		×
1968年12月	6.1%		936	−191		×
1970年7月		11.8%	745	+217		×
1972年4月	4.6%		962	−307		×
1974年9月		13.5%	655	+282		×
1976年9月	4.9%		937	−124		×
1978年3月		11.3%	813	+25		×
1978年9月	6.9%		838	+32	×	
1980年5月		10.4%	870	+136		×
1981年3月	8.0%		1006	−177		×
1982年6月		11.7%	829	+430		×
1983年12月	7.5%		1259	−158		×
1984年6月		10.3%	1101	+166		×
1985年3月	8.1%		1267	+168	×	
1985年10月		10.4%	1435	+334		×
1986年2月	8.4%		1769	+68	×	
1986年9月		10.2%	1837	+439		×
1987年3月	8.6%		2276	−323		×

[续表]

时间	现金/资产比率		道琼斯工业平均指数[a]	到下一次现金/资产比率极值之前的指数变动	基金"预测"的准确性	
	极度乐观	极度悲观			正确	错误
1988年4月		10.9%	1953	+198		×
1988年11月（表格截止日）			2151			
基金指标预测正确道琼斯指数的盈利点数：				+269		
基金指标预测错误道琼斯指数的亏损点数：				-4456		
道琼斯指数的净损益点数：				-4187		

注a：道琼斯指数为次月第三个星期五的数据，即现金/资产比率数据的发布时间

在第四列，道琼斯工业平均指数在基金十分乐观的时候达到了516点。大约两年后，当基金表现出极度悲观时，道琼斯指数为487点，从高位下跌了29点。换句话说，1956年7月基金的过度乐观是没有道理的。市场没有像基金所预料的那样上涨，反而下跌了。

1958年中期，当这些基金处于几年来最悲观的状态时，市场从底部开始回升。在不到一年的时间里，道琼斯指数上涨148点，在1959年春天达到635点。此时，根据1959年4月的数据，基金的现金/资产比率已跌至4.4%，表明基金又重新回到了极度乐观的状态。因此，基金在1958年表现出的极度悲观其实从事后看是错误的。

这个表下面的内容，也是按照这种方式，显示了在现金/资产比率所体现的极度乐观和悲观之间道琼斯指数的表现。到目前为止，在过去的34年里有28次这样的极端情形。在其中的24次中，道琼斯工业平均指数的走势与基金预期的相反。

在1967年9月基金表现出极度乐观之后至1968年3月表现出极度悲观之前，道琼斯指数上涨了一个点，这是基金预测取得的少数微弱胜利之一。

在1978年9月出现极度乐观情况之后，市场在1980年5月达到极度悲观之前，

道琼斯指数也上涨了32个点。即便如此，这也不能非常有力地证明基金预测是准确的，因为市场在1978年10月经历了大跌。尽管如此，道琼斯指数后来还是实现增长，并且在1980年5月基金表现出极度悲观的情况下，涨至略高于1978年高点的水平。

来自基金的4次"正确"预测获得了道琼斯指数269个点的利润。而与之对应，这些基金犯了24次"错误"，遭受了道琼斯指数4,456点的损失。基金预测的净亏损为4,187点！

共同基金的数据来自一家位于华盛顿特区名为"投资公司研究所"的交易机构，一般在一个月结束后3个星期内，研究所就会发布一份各类基金现金和资产情况的报告。所以请注意，表25中的道琼斯指数反映了获取基金数据的延迟，它们是这一数据之后的第三个星期五的指数价格。而如果使用与这一数据相符的月底价格，基金看起来更糟，但由于公众获悉现金/资产比率的时间大概就是3个多星期，所以我采用了滞后的指数。

图K（第137页）显示了共同基金自1966年以来的现金/资产比率。没有一个统一的标准告诉投资者这个比率处于高位，后续股价可能会上升，也没有一个标准告诉投资者该比例目前处于低位，股票价格可能会下跌。然而，通过观察图形，你可以清楚地看到较高的现金/资产比率往往伴随着市场底部，而低现金/资产比率通常意味着后续市场会存在问题。例如，在1966年、1970年、1974年、1978年、1980年春季、1982年和1990年的熊市底部，这一比率比过去几年的正常水平高出很多，此时价格实际上已经触底。相反，当现金/资产比率在1967年、1971—1972年和1976年跌至低点时，股价已进入了下行通道。

现金/资产比率指标存在一个问题，随着利率上升，该指标往往会上升，因为现金在更高的利率下更有价值。当利率较低时，这个比率也会降低。20世纪70年代末，利率逐渐上升到更高的水平，正如大家所知，在那个时期，现金/资产比率在7%到12%之间徘徊。而在此之前，利率处于较低水平，现金/资产比率经常会下降到4%。

第 8 章 情绪指标——何时与众人分道扬镳

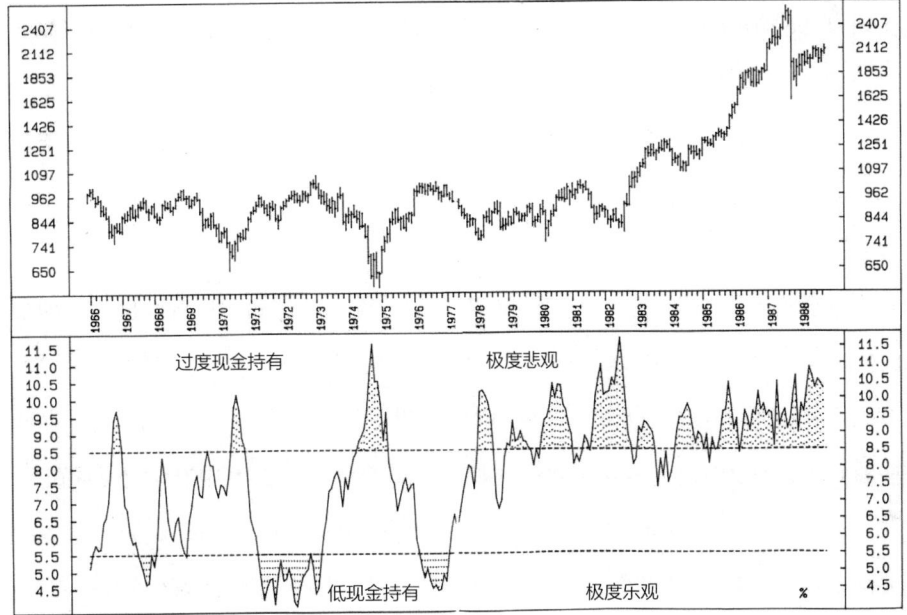

交易股票的共同基金现金/资产比率　　　　　资料来源：投资公司研究所

奈德·戴维斯研究公司　　　　　　　　　　　　　　　　　　　　图K

如果你愿意，你可以根据利率水平进行复杂的调整。事实上，我自己也这样做过。但即使经过调整也无法确定结果如何。与其他情绪指标一样，这里的重点是，当你看到市场过度悲观——当任何人都能观察到的时候——就应该开始认识到牛市即将到来。或者，当乐观情绪高涨——而且很容易在市场上看到的时候——你应该做好迎接熊市的准备。我们的理念是：当市场上大家都观点一致时，更应保持谨慎。

投资顾问的看多和看空

　　除了机构投资者外，股市中最大的参与者是普通个人。许多个人投资者依赖投资顾问的意见，所以顾问的意见往往具有影响力。此外，即使很多人并不遵循投资顾问的意见，它们也很重要，因为投资顾问本身也是普通大众的一部分。

位于纽约州拉奇蒙特的"投资者情报（Investors' Intelligence）"咨询服务公司自1963年以来一直在跟踪其他投资咨询服务机构。目前，他们每周至少要对140家投资顾问进行评估，并确定这些顾问公司是看多的，看空的，还是中立——有时这样做非常困难，因为投资顾问的意见可能并不清楚。中立可能包括长期看涨而短期看跌，或其他一些模糊的意见。我发现最好的办法就是忽略中立这一类。

我喜欢计算"看多"相对于"看多"和"看空"之和的比例。例如，如果60%的顾问"看多"，20%的"看空"，20%的中立，那么计算过程就是60%（"看多"）除以80%（60%的"看多"加20%的"看空"），等于75%。换句话说，在这些顾问中，有80%的人表达了自己的观点（80%的意见），其中75%的人看涨。

表26显示了1965年至1988年这20多年间投资顾问的"预测"记录。该表的编制方式与表25中的共同基金相同。第二列是投资顾问极端乐观的状态，而第三列显示的是投资顾问极端悲观的状态。

表26 投资顾问的"预测"表现：1965—1988年

时间	投资顾问看多的比例（%）		道琼斯指数	到下一次极端情绪期间指数的变化	投资顾问"预测"的准确性	
	极度乐观	极度悲观			正确	错误
1965/4/23	89.7		911	-48		×
1965/7/30		41.4	863	+125		×
1966/1/26	90.9		988	-217		×
1966/10/19		28.0	771	+158		×
1967/9/20	70.6		933	-93		×
1967/4/3		13.7	840	+74		×
1968/6/12	69.8		914	-18		×
1968/9/4		31.6	896	+70		×

[续表]

时间	投资顾问看多的比例（%）		道琼斯指数	到下一次极端情绪期间指数的变化	投资顾问"预测"的准确性	
	极度乐观	极度悲观			正确	错误
1968/12/25	68.8		966	−62		×
1969/3/21		25.7	904	+57		×
1969/5/16	61.0		961	−143		×
1969/8/1		19.6	818	+42		×
1969/11/14	63.1		860	−142		×
1970/5/15		31.2	718	+195		×
1971/3/26	85.0		913	−55		×
1971/8/6		50.0	858	+55		×
1971/9/10	82.1		913	−96		×
1971/11/26		50.0	817	+167		×
1972/12/15	85.0		1027	−127		×
1973/6/8		38.8	920	+59		×
1973/10/12	69.4		979	−157		×
1973/11/30		35.9	822	+56		×
1974/3/22	64.4		878	−191		×
1974/8/23		29.1	687	+63		×
1975/2/21	79.1		750	+76	×	
1975/8/15		46.4	826	+146		×
1977/1/14	94.6		972	−196		×
1978/2/10		27.6	776	+121		×
1978/8/13	79.7		897	−74		×
1978/11/3		29.2	823	+57		×
1979/8/24	60.3		880	−74		×
1979/11/9		22.1	806	+75		×

[续表]

时间	投资顾问看多的比例（%）		道琼斯指数	到下一次极端情绪期间指数的变化	投资顾问"预测"的准确性	
	极度乐观	极度悲观			正确	错误
1980/2/1	62.1		881	-69		×
1980/3/14		27.1	812	+128		×
1980/9/26	67.6		940	-4		×
1980/2/20		35.9	936	+71		×
1981/4/3	61.0		1007	-171		×
1981/9/18		28.7	836	+20		×
1981/11/13	59.7		856	-51		×
1982/6/4		27.0	805	+437		×
1983/6/24	82.9		1242	-118		×
1984/6/1		36.6	1124	+175		×
1985/3/1	82.0		1299	+30	×	
1985/10/4		47.7	1329	+410		×
1986/4/4	86.6		1739	+31	×	
1986/9/26		46.8	1770	+454		×
1987/2/27	83.1		2224	-230		×
1987/10/30		37.2	1994	+93		×
1988/3/18	55.9		2087	-131		×
1988/5/27		35.2	1956	+228		×
1988/10/21	51.5		2184	-92		×
1988/12/2		27.6	2092			

投资顾问预测正确道琼斯指数的盈利点数：	+137
投资顾问预测错误道琼斯指数的亏损点数：	-6095
道琼斯指数的净损益点数：	-5958

资料来源：投资顾问数据由投资者情报公司提供。

例如，1965年4月23日，89.7%的投资顾问看涨，表明存在极端的乐观情绪。第4列显示当时的道琼斯工业平均指数为911点。市场随后在1965年7月30日跌至863点，这是表格中的第二行。在那一天，悲观情绪上升，只有41.4%的投资顾问看涨，表明市场极度悲观。在1965年4月之后的3个月里，当将近90%的投资顾问都看涨时，道琼斯工业平均指数下降了48个点。这一次投资顾问错了，所以在最右边一栏中做了"×"标记。1965年7月投资顾问表现出极度悲观的情绪，而市场开始反弹，在1966年1月达到988点。在这一点位，90.9%的投资顾问又转为乐观，这是有史以来最高的记录之一。1月26日，道琼斯指数距离牛市顶点只有7个点，比6个月前投资顾问们极度悲观时上升了125个点。在1965年中期，顾问们对市场的悲观判断是错误的，而他们在1966年早期所表现出的极端乐观也同样错误。在那之后，随着熊市的推进，道琼斯指数下跌超过200点。

如表所示，在过去的20年里，投资顾问极度乐观和极度悲观的情况达到了52次。其中仅有3次——1975年2月、1985年3月、1986年4月——市场走势与投资顾问的看法相同。从事后来看，投资顾问们的总体"预测"能力，在52次中，有49次是错误的，成功率只有6%——失败率为94%。如果你在那些时候获知顾问们的极端观点，并且听从了他们的建议，你就会在20年内遭受道琼斯指数5958点的损失。

图L（第142页）描述了1966—1988年市场上多头与多空之和的比率。在这个图中，我使用了3个月（13周）作为时间框架。这样可以使数字更为平滑，这样你就观察到更长时间框架下的趋势。为了计算13周的平均值，你只需把最近13周的比率加总起来，除以13，就能得到这个平均值。

图中所示在一定程度上反映了表26的内容，当看多的百分比过高时，市场往往会陷入低迷，而如果该指标过低，市场悲观情绪上升时，通常是买入股票的时机。当该指标的3个月平均值跌至40%以下时，通常是一个不错的长期买入点。这发生在1966年、1970年、1974年、1978年、1980年春季和1982年的熊市最低点附近。在1968年早期、1978年年底、1979年年底、1981年9月、1984年年

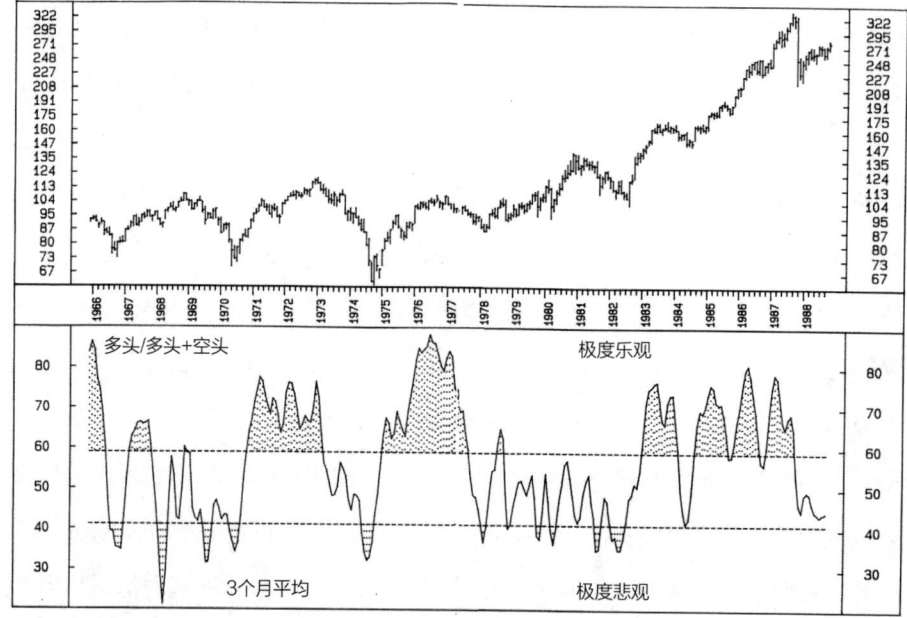

图L

中，这一比例也达到了40%左右，而市场位于中型底部附近。另一方面，当看涨的百分比达到75%左右时，通常是一个警告信号。这发生在1966年初、1971年到1973年早期、1976年和1983年。随之而来的就是短期下跌或熊市。1985年和1986年的高比率似乎并没有多大影响。然而，当1987年的乐观情绪过度高涨时，几个月后股市崩盘。

《巴伦周刊》的看多和看空广告

20世纪70年代初，我开发了一个新指标，它很类似于前面的投资顾问情绪。这是基于《巴伦周刊》每周出现的看多和看空广告的数量，《巴伦周刊》是最受投资者欢迎的顾问公司广告媒体。在牛市行情中，你会发现相比于正常情况有更多的看涨广告。原因有二：第一，投资顾问，正如我们在前一节所看到的，倾向于成为趋势关注者。因此，当价格持续上涨一段时间后，顾问们的乐观情绪就会增长，最终会出现在他们投放的广告中。换句话说，大量看涨的广告反映了顾问们自己的乐观情绪。正如上一节所提到的，这可能是股票市场的"死亡之吻"。第二，投资顾问也是商人，他们希望广告能产生最好的效果。在强劲的牛市中，投资顾问公司发现看涨的广告能带来业务的增长，而看跌的广告则不会。

这反映了订阅这些顾问服务的投资大众的乐观态度。顾问们不喜欢经营赔钱的广告，所以当他们发现公众想要听到市场看涨的消息时，顾问们就会发布看多的广告。因此，看多广告的数量反映了公众的情绪以及顾问自身的偏好。

在熊市中，情况恰恰相反。在那些惨淡的年代，很少有看涨广告出现。首先，这表明投资顾问们已经变得更悲观了。其次，它表明，公众也越来越失去信心。一般来说，一旦公众接受熊市到来的事实，就不会看涨，因为大多数人都相信市场毫无出路，只有下跌。当然，当悲观情绪变得过于强烈时，这种悲观看法往往是错误的。

我同时计算了看涨广告的数量和看跌广告的数量。不过，我发现看涨广告的数量是一个更有效的指标，因为看跌广告的数量往往较少，并不是一个很好的分析样本。图M（第144页）显示自1974年以来，《巴伦周刊》刊登的看涨广告的4周平均数。最让人吃惊的是在1974年竟然没有牛市的广告。这也标志着此时是自萧条以来最糟糕的熊市的底部。相比之下，在1976年、1978年、1980年初和1981年的市场峰值附近，看涨广告的数量增加到平均每周20个左右。1976年剩下的时间股票市场横盘整理，而在其他3个时间出现市场暴跌。在1980年中期，该指标也达到了20左右，但市场在几个月后继续走高，主要是因为积极的货币政策仍在持续。

1983年，在市场进入中期衰退之前，《巴伦周刊》的看涨广告的高峰值是每周16个（4周平均值）。这是相当高的，但不是之前情形中那样的超高水平。当然，这一峰值早在1982年末就已经达到了，但市场仍在继续上涨，因为货币

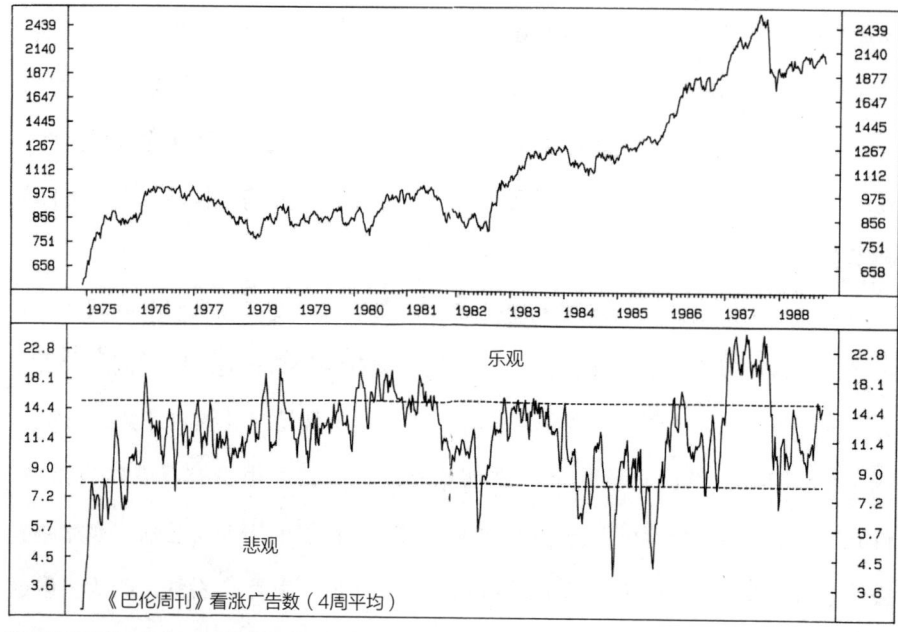

《巴伦周刊》广告（4周平均）

奈德·戴维斯研究公司 图M

市场条件非常利好，而且大多数其他因素也表现良好。但是，到了1983年中期，随着其他指标逐渐发出负面信号，股市就不再持续上涨趋势，开始下跌了。1987年，看涨广告的占比达到了创纪录的水平，为10月份的崩盘敲响了警钟。到1987年底，当股市稳定下来时，看涨广告的数量已降至较低水平。

请注意，与所有指标一样，《巴伦周刊》的广告只是工具箱的一部分。将希望完全寄托于一个指标是不明智的，你要寻找的是趋势信号。如果有足够多的指标显示出同一方向的趋势时，我们就应该相信这些指标的结论是正确的。

回到图M，看看当《巴伦周刊》上看涨广告的4周平均值降至7或更低时的情况。这种情况发生在1975年秋季、1982年年中、1984年年中和1984年年末。1982年，股票开始了近50年来最大的牛市行情。在其他3个此类情形中，中期下跌结束，牛市行情启动。

有一个大致的经验，当《巴伦周刊》每周的看涨广告数量达到13个时，保持谨慎态度，如果该数字下降到7左右，我倾向于看涨。如果货币条件利多——根据我们在第4章的货币模型——我会在看涨广告数量提高到大约16时才会给出看跌的建议，在广告数量达到10个时给出看涨的建议。当货币条件利空时，我会把上述标准适当下调。在这种情况下，当看涨广告数量为10到11个时我认为是消极的信号，而4个或更少则是积极的信号。然而，这些只是粗略的指导意见，并非绝对。

至于数据，据我所知我自己是唯一会花时间和麻烦来统计这些数据的人——我从1972年开始就一直这么做。如果发现比较极端的数字，我都会在我的建议报告《茨威格预测》中提到。如果你没有订阅我的咨询报告，那么获取这些数据的唯一方法是亲自数一数《巴伦周刊》的广告。当然，如果你真的这样做了，可能会得出与我的结果略有不同的数字。有些广告含糊不清，需要进一步解释来确定它们是看涨、中性还是看跌。顺便说一句，我没有考虑中性的广告，在13年左右的时间里，即使有任何计数方面的偏差，我都尽量保持一致。

保持偏差的一致性对于这样的指标很重要。如果你要重新计算《巴伦周刊》上的看涨广告数量，那么你得出的平均看涨广告次数可能会比我的多3个。这一数据有可能会让你认为市场过于乐观，而我则需要花更多时间才能作出判断。这就是现实，无论谁统计这些广告的数量都会有一些偏差。

投资者情报公司对投资顾问服务的调查也面临同样的问题。但只有两个人——前任编辑安倍·科恩（Abe Cohen）和现任编辑迈克尔·伯克（Michael Burke）——负责统计。而且，他们的偏差是一致的。如果我自己统计140名左右投资顾问的情绪，我肯定会得出一个与他们不同的数字。重要的不是绝对数字，而是与正常情况的偏离程度，这里的正常应该包括统计偏差在内。

二次发行

我试着让大家初步了解各种情绪指标，和这本书里的大部分章节一样，我尽量将其简化。比如，我刻意回避了涉及卖空统计和看涨—看跌期权交易的指标，因为这些指标过于复杂，同时近年来由于种种原因，这些指标存在较大的扭曲，一个主要原因是20世纪70年代出现的期权交易和1982年的股指期货交易。此外，这些情绪指标涉及很多计算。我更愿意介绍一些只需要很少计算的指标。基于这样的原则，尤其是对识别市场顶部而言，一个有价值的指标就是二次发行或二次发行的数量。

二次发行股票是一家已经上市的公司出售股票的行为。这不是首次公开发行，或通常所谓的新股发行。由于该公司已经有股票上市，因此之后再发行的其他股票被归为"二次发行"。另一种类型的二次发行是指由持有大量公司股票的内部人士或机构投资者以二次分配的形式通过证券公司出售股票，这比直接在交易所出售更容易。在这样的二次发行中，各家证券公司经纪人的关系网有助于促进二次发行的推进，就像在首次公开发行中一样。二次发行的股票是由公司本身还是由个人或其他公司持有人出售，这没有什么区别。每周《巴伦周刊》的最后面都会有一张这类表格。

熊市行情开始后，很少有公司会进行二次发行。在这些时候，人们对买入更多的股票不感兴趣；此外，如果价格下跌，公司或个人出售股票的意愿也会越低。然而，当牛市行情升温和投机泡沫逐渐积累的时候，二次发行的数量就会明显增加。

主要有两方面原因：首先，当市场上涨时，卖出大量股票会容易得多，因为此时公众的投机欲望强烈，愿者上钩。在火爆的牛市中，很容易就能卖出二次发行的股票，就像牛市中的首次公开发行（IPO）一样容易。其次，在价格高企的时候，公司或股东出售股票能获得更多利益。毕竟，每个人都希望在价格高的时候卖出股票，而不是在价格低的时候卖出。

我跟踪了二次发行的数量和发行规模。发行规模中涉及很多复杂因素，但发行次数指标更简单，效果更好。图N（第147页）显示了从1958年起，二次发行次数的3个月移动平均数率。当二次发行数量每月减少到大约3个或更少的时

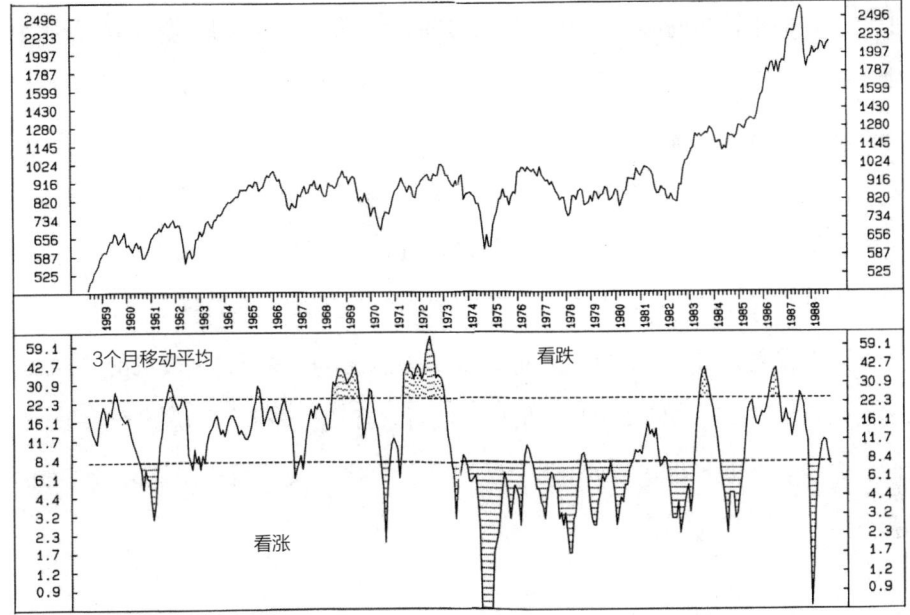

二次发行的数量

奈德·戴维斯研究公司　　　　　　　　　　　　　　　　　　　图N

候，代表市场上的投机活动较少，也没有太多潜在的股票供应——这时市场的前景相对乐观。1960年、1970年、1974年、1980年年初和1982年中期的熊市底部或接近底部时都有这样的现象。其他情况下，在1984年和1987年末也出现了很好的买入点。有趣的是，在1973年到1974年毁灭性的熊市之后，二次发行数量下降到零。之后，过了许多年二次发行的数量才达到60年代的水平。

一般来说，如果根据3个月移动平均计算每月二次发行数量少于10家，并且货币状况有利，则看涨。但是，如果货币状况不乐观，那么二次发行数量降至3家或以下时，才是看涨信号。

二次发行的数量对于预测投机是否过度以及市场头部的形成更加有价值。如图所示，1959年、1961年、1965年、1968—1969年、1971—1972年、1983年、1986年和1987年二次发行的数量上升至每月25家以上。这其中有5次是熊市。

1965年出现了中期下跌，这是3年中最严重的下跌。经历了几个月的反弹后，股票在1966年转向进入了温和的熊市。1983年，股市在年中见顶，随后开始中期下跌，在不到一年的时间内，道琼斯工业指数下跌了200点。1986年股市出现温和回调，随后大幅反弹。

一般来说，当货币条件非常有利时，我不会太关注二次发行的数量，除非3个月移动平均数上升到每月约30次发行。但是，当货币状况看跌时，即使每月二次发行只有15次左右也是一个不好的信号。

总而言之，市场上二次发行的数量是一个很好的关于过度投机的晴雨表。当发行数量极高时，则发出见顶信号。然而，当二次发行次数跌至极低的水平时，是市场缺乏投机热情的表现，意味着投资者悲观，而往往是市场底部的预兆。

茨威格情绪指数

投资者自己无法计算我的情绪指数。我会在这里介绍下，以便大家理解如何将多个度量大众心理的指标结合起来形成一个可以在实践中采用的指标。如果你愿意付出大量时间，可以使用本章前面讨论的4个简单指标来构造自己的模型。当然，你还可以在模型中添加更多的指标。

我始终保存着一个包括约30个情绪指标的列表，其中有一些指标存在交叉，因此我把三四个成分整合为一个指标。这些指标包括我在本章中介绍过的共同基金现金/资产比率、投资顾问情绪、《巴伦周刊》看涨广告数量和二次发行数量。我监测的指标还包括在1970—1971年发明并首次在《巴伦周刊》中提及的看跌/看涨比率、六种不同的卖空行为度量指标、零股交易量、内部人交易、保证金债务变动趋势、首次公开发行以及美国证券交易所和场外交易市场的投机交易量。

我对其中大多数指标进行评分，其中+2表示非常乐观，+1表示适度看涨，0表示中性，-1表示适度看跌，-2表示极度悲观。在一些不太重要的指标上，得分范围从+1到-1。对另一些指标，如投资顾问情绪，得分范围可以从+3到-3，因为这些指标比其他指标更能说明问题。然后，我将各个指标的评分转换为一个总得分，在我的情绪指数中，100代表完全中性。

从理论上讲，市场情绪指数可以从强烈看涨的+200点——这意味着几乎每一个因素都极度看涨——到强烈看跌的0点——每一个因素都强烈看跌。1970年中市场处于熊市底部时情绪指数创下了183点的记录。在1976年春季，该情绪指数创下了26点的最低记录。在此之后，股市连续几个月下跌，最终进入熊市，道琼斯指数下跌约250点，最后于1978年2月触底。

图O（第149页）中显示茨威格情绪指数起始点为1965年。指数超过140表明市场极度悲观，因此是强烈看涨的信号。指数在120至139之间发出看涨信号。指数在100到119之间，被认为是中性的，略微看涨。当情绪指数在76到99之间时，

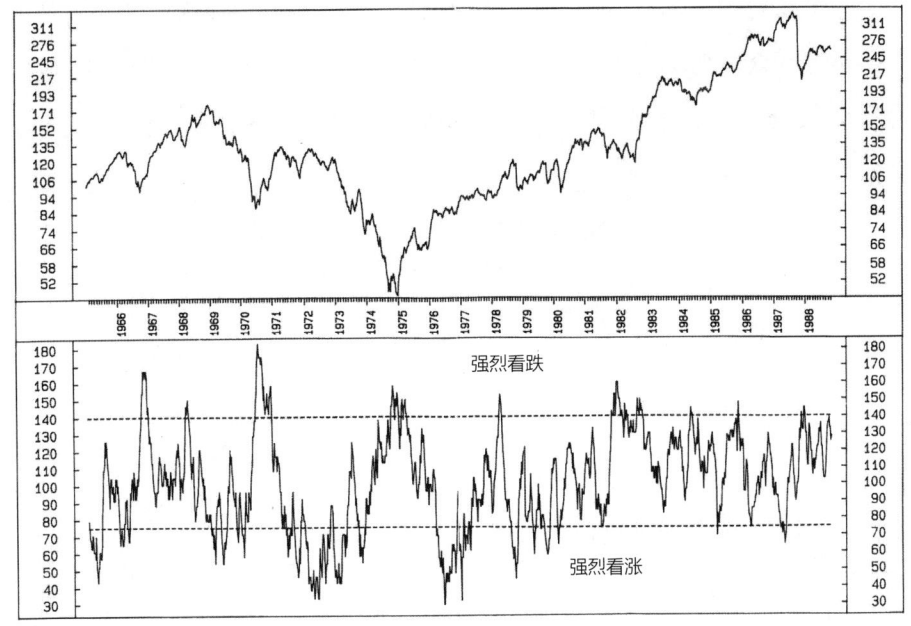

茨威格未加权价格指数　　　1965/1/08—1988/11/04周数据（对数标尺）

茨威格情绪指数

奈德·戴维斯研究公司　　　　　　　　　　　　　　　　　　　　图O

暗示是适度的看跌。最后，当我的情绪指数达到75或更低的时候，它意味着市场过于乐观，此时强烈看跌。

当然，正如我之前指出的，人们应该基于货币状况使用情绪指数。在货币状况良好的情况下，投资者情绪指数需要低于正常水平，可以确认市场处于高位。但在货币状况不佳的情况下，一个适度低的投资者情绪指数，就能确认市场处于高位。相反，像1966年、1970年和1974年，在货币条件不佳的环境中，需要指数达到相当高的水平才能确认市场触底。如果情绪指数位于120至139之间的适度看涨区间，那么当货币条件有利时也足以提示良好的买入机会，如1975年底的中期底部和1984年底的买盘窗口（正好在1985年1月市场快速反弹之前）。

衡量市场情绪时需要同时关注多个指标，而且指标相对中性时意义并不大。但当你的多个情绪指标同时显示市场过度悲观时，你的指数上升到极端，这可能是一个很好的信号，表明悲观情绪过度，价格接近底部。同样，当太多人都非常乐观，而你的大多数指标也表明这一点时，就应该开始考虑卖出股票了。知道大众的观点在何时高度一致是非常有价值的，但知道市场中55%是多头，45%是空头并没有很大帮助。极端的情况才是我们真正需要重视的。

| 第9章 |
CHAPTER NINE

周期性指标——关于全年重要时点的预测指南

我想我命中注定会对股票市场有趣的周期性趋势感兴趣。我的小儿子出生于复活节的周末，大儿子出生于阵亡将士纪念日周末，而我的生日通常是在独立日的那个周末，我妻子的生日则临近劳动节。而且，我母亲发现她已经怀上我的日子正好是1941年12月7日——日军偷袭珍珠港的那一天。当然，12月7日并不是一个真正的节日，但这只是更增加了我对日历的兴趣，更确切地说，是对日历时间如何影响股票价格感兴趣。

在本章中，我将介绍6种与日历相关的价格趋势。首先介绍最有趣的假日前后的市场表现，之后，我们将介绍一周中的周一、周五效应，月份效应，月末效应，选举周期效应，以及年底核税抛售效应的影响。

如果市场的运行机制完全不受情绪影响，那么在假期前后的交易日就不应该存在异常行为。当然，年末除外，因为在圣诞节和新年前后，人们出于避税目的会卖出部分股票——这确实会对市场产生一定影响。然而，并没有任何经济上的缘由可以解释其他节假日前后的异常价格表现。我回顾了1952年到1985年每一年中假日前后的市场行情，这样每个节日就有33或34个样本，如果这些日子的交易与正常无异，那么在我所观察的这些样本中，市场上涨的天数应该只会略多于一半，因为市场的长期趋势便是如此。然而，我观察到的结果却十分异常。与前面的判断相反，假日前后市场价格表现出异常的上涨趋势，这不同于许多学者所支持的股价走势随机的观点。此外，几乎可以肯定的是这些模式都可以归因于投资者的情绪化。

在一年中7个主要的节假日期间股市将会关闭，而另外两个节日没有在我的考虑范围之内。首先剔除的是选举日，全国大选日每两年一次，而只有当国会选举利益攸关时股市才会休市，其他时候股市继续交易。过去，交易所只有在总统选举日才会休市，但该传统也已在1984年结束。所以就股票而言，不再有选举假期。另一个被剔除的是所谓的总统日，很多年前，交易所有时会为了两位总统的纪念日而休市，而其他年份只为其中一位总统的纪念日休市。从1969年开始，采用了新的假期方案，这一节日现在定为华盛顿和林肯两位总统的生日之间，即二月份的第三个星期一。

实际上，在总统日的前一天市场表现很好。在"新"总统日假期实施之前的17个总统日样本中，茨威格未加权价格指数（Zweig Unweighted Price Index）共上涨了12次，下降了3次，2次保持不变。如果不考虑价格维持不变的交易日，上涨的成功率达到80%。茨威格未加权价格指数在每个总统日假期前的交易日平均上涨了0.17%，年化收益率为28.3%。尽管正如我们看到的那样，这不仅仅是随机所致，对于其他节日来说，也同样如此。这个假期的历史比较短暂，因此我决定在接下来的讨论中不考虑它。

我们将重点关注剩下的7个节日：复活节、阵亡将士纪念日、独立日、劳动节、感恩节、圣诞节和新年。针对上述所有节日，我使用茨威格未加权价格指数度量了假日前后的市场表现。最令人吃惊的是，无论是哪个假期前的最后一个交易日，市场都表现出异常的上涨趋势。

表27显示了在上述7个节日到来的前一天市场的价格表现。例如，对于复活节前的交易日，34个观察样本中，市场上涨了26次，仅下跌了5次，有3次未发生变化。茨威格未加权价格指数平均上涨0.26%，换算成年化收益率为68%。

表27　茨威格未加权价格指数在节日前后的表现：1952年1月—1985年6月

节日	市场变动方向			10,000美元投资	日收益率	年化收益率
	上涨	下跌	不变			
节日前交易日：						
复活节	26	5	3	10,906	+0.26%	+68.0%
阵亡将士纪念日	25	4	5	11,402	+0.39%	+111.7%
独立日	28	5	0	11,644	+0.46%	+127.0%
劳动节	31	2	0	12,335	+0.64%	+180.4%
感恩节	27	4	2	11,325	+0.38%	+102.4%
圣诞节	25	7	1	11,302	+0.37%	+100.6%
新年	31	1	1	11,893	+0.53%	+146.3%
节日后交易日：						
感恩节	30	2	1	12,286	+0.63%	+176.6%
圣诞节	22	10	1	10,967	+0.28%	+74.7%
节日前交易日合计	193（83%）	28（12%）	12（5%）	27,188	+0.43%	+189.7%
全部交易日合计	245（82%）	40（13%）	14（5%）	36,633	+0.44%	+179.6%

如中间栏所示，如果你仅在过去34年间的每个复活节前一天投资10,000美元，那么这笔钱将会增加到10,906美元。其他每个节假日也都有类似的计算结果。

上涨趋势最明显的节日是劳动节和新年。劳动节对应着最高的百分比涨幅，茨威格未加权价格指数平均上涨0.64%，年化收益率高达180.4%。在劳动节之前，市场上涨了31次，仅下跌了两次。新年之前的交易日样本中上涨天数占比最高，市场上涨了31次，仅下跌了一次，持平一次。茨威格未加权价格指数当天平均上涨0.53%，换算成年化收益率为146.3%。

表27统计了我所列出的33年间共233个节假日前的交易日。其中，市场上涨193次，占比83%，市场下跌只有28次，占比12%，市场持平12次，占比为5%。如果你剔除市场持平的情况，那么在221个交易日中，市场上涨了193次，成功率高达87%。换言之，在忽略市场持平的情况下，在节日前一天市场上涨的概率大约是八分之七。虽然这些计算结果是在1985年6月得出的，但类似的市场格局基本上一直存在。

如果1952年你应用假期前交易策略投资了10,000美元，那么在1985年6月，你将拥有27,188美元，虽然说在市场上总共只有233个交易日，实际上少于一整年（正常的一个日历年约有255个交易日）。结果显示，在所有这些节假日的前一天，市场平均涨幅达到了0.43%，年化收益率为189.7%，高得惊人。事实上，假期前交易策略的主要缺点是没有足够的节假日！如果通过某种方式你能在一年中的每一个交易日创造一个节日，那么在一年内你就可以使你的资金增加到3倍左右，这样几年之后就可以退休了。当然，如果每天都是节日，那么市场将永远不会交易！

我发现了关于其中两个节日的另一个事实，即在感恩节和圣诞节之后的那一天市场也表现出非常明显的上涨趋势。如表27所示，市场在感恩节后的第一个交易日上涨了30次，下跌了两次，持平一次，其年化收益率为176.6%，在所有交易日样本中位居第二。在圣诞节后的第二天，市场上涨了22次，下跌了10次，持平一次，这是所有样本交易日中最差的，但它仍然创造出了年化率为74.7%的可观收益。

在299次节假日交易中，市场上涨了245次，下跌了40次，持平14次。在忽略市场持平的情况下，这意味着市场在285天中上涨了245次，成功率为86%。10,000美元的投资将增长到36,633美元，相当于每天增长0.44%，换算成年化收益率为179.6%。如果你多年来仅在这些节假日前后进行交易，那么你每年将有9天在市场上交易，而在这9天内，收益率将达到3.99%。换句话说，在占全年大概4%的交易日中，你的资本就能有大约4%的收益，而在另外96%的时间内你可以获得正常的利息收益。因此，只需承担4%的市场风险，你的年度回报率就可以相对于正常的国库券或货币市场投资组合提高近4个百分点。当然，计算过程中没有考虑交易成本，否则结果会略有不同。

那么接下来的问题就是如何在节假日前后进行交易，同时避免大部分利润被交易成本侵蚀。第一种方式是投资无费用的共同基金，优点是该方式便于提前告知该基金买入或卖出的确切时间，而缺点是只有很少的基金可以进行这种买入卖出的活动。

第二种方式是交易股指期货。由于价值线指数与我的茨威格未加权价格指数几乎相同，你可以选择在堪萨斯城交易所交易价值线指数期货，其交易成本非常低。然而，其缺点是股指期货可能会相对于实际市场指数有不同程度的溢价……或偶尔会存在折价。如果期货相对于现货的溢价在交易那天保持稳定，这将不会对你有太大影响。然而令人担心的是，可能会出现溢价收缩的情况，这样就极大地减少你的利润。

例如，假设在节日前一天价值线指数是200点，期货的交易价格为204点，这样期货相对于现货有4个点的溢价。而如果当天走势强劲，价值线指数上升了一个点，达到201点，相当于上涨了0.5%。然而期货价格在那天可能会保持在204点，这样的话就不会给你带来任何利润，期货溢价从4个点降为3个点。当然，如果期货价格与实际指数一致，上升至205点，那么你就可以从中获利。

长期来看，期货交易价格可能会和实际价格有着大致相同的变化趋势，当然也不完全如此。此外，在某些情况下，期货—现货溢价变化会给你带来不利影响，但在其他时候，溢价的变化可能对你有利。你也可以交易纽交所综合指数期货、标准普尔500指数期货或主要市场指数期货（Major Market Index，该指数由美国证券交易所上市的20只蓝筹股组成）。

除此之外，还有一些其他方法可以从节假日的趋势中获利。如果你打算购买股票，并且希望有一个良好的开端，那么在节日前一天买入是个不错的主意。如果你正在考虑出售股票，请不要在节日前出售，至少要等到节前交易日收盘之前才卖出，或者持仓过节，在节日后的第一个交易日开盘后卖出。当然，如果是感恩节和圣诞节的话，你还要至少多持有一天。

另外，如果你愿意承担交易成本和分散化不足的风险，你还可以在节假日前后买入一些表现类似于市场的大盘股，IBM、美国数字设备公司、美林证券或德州仪器这类活跃的市场领导者可能是不错的交易工具。然而，这些股票的价格可能不会与我使用的茨威格未加权价格指数表现出相同的趋势。

关于这些周期性趋势，一个直观的问题是，它们为什么会出现？如前所述，除了在圣诞节或新年可能由核税抛售造成一些影响之外，所有节日效应背后都没有经济原理。我所听到的最有力的解释是人们在节假日来临时情绪会受到影响，我们大多数人在节假日之前心情会更好，这是肯定的。在即将到来的三四天假期内，你可以期待休闲放松的美好时光，和家人在一起观光度假等。在这种情况下，人们比较乐观，因而更愿意买入而不是卖出股票，从而导致价格出现上涨的倾向。如果这个倾向在假期之前确实存在，那么在星期五也理应如此。也就是说，人们应该比其他时候以更乐观的心情迎接周末，下面我们会看到情况确实如此。

223胜8负

我们已经看到，在节假日前一天股价上涨的趋势非常强劲，而在感恩节后的第二天也存在一个明显的上升趋势，这可能是因为对大多数人而言这也是4天假期的一部分，那天通常是星期五，人们仍然保持着对周末的期待。圣诞节后的那一天更难分类，部分原因是那天不确定是周几。然而，圣诞节通常是所有节日中情绪最乐观的，人们在假期之后仍然沉浸于欢乐之中。即便如此，如前所述，圣诞节后的上涨趋势并不像节前或感恩节后那么强烈。

基于上述节假日期间的市场趋势，我融入一些新的想法，从而设计一个更有效的交易策略。这是基于一个假设，市场在上述的节假日前后应该上涨，事实上有八分之七的时间确实上涨了。但如果市场在节假日之前（或感恩节和圣诞节之后）没有像预期的那样上涨，那么这本身就是一个负面信号，意味着股票在短期内下跌的可能性将增加。因此，一般的交易策略是在节前期间观察价格，如果在当天收盘时市场持平或下降——与常见趋势不一致，那么节假日后一天就应该做空市场。这条规则适用于复活节、阵亡将士纪念日、独立日、劳动节和新年。

显然，感恩节和圣诞节的策略会有所不同，因为在这两个假期后的第一天我们仍应该做多。不过，对于圣诞节，我们会采用类似于其他节日的规则，也就是说如果圣诞节之后那个交易日收市时市场持平或下跌，那么我们会在接下来的一天，也就是圣诞节后的第二天做空市场。

而感恩节的规则略有不同。总的来说，感恩节的前后两天，即周三和周五，都有非常强劲的节日趋势。在过去的33年中，有6年里市场在这两个交易日的累计涨幅低于0.5%。因此，如果这两日的累计涨幅低于0.5%，我就认为这是"弱势"的表现。如果茨威格未加权价格指数在感恩节前后的周三、周五期间涨幅不足0.5%，那么我们将在周五收盘时做空市场，并且继续持有该空头头寸一天时间。

表28显示了这种拓展之后的节日交易策略的结果，如果市场的表现低于正常节假日期间的强劲走势，在接下来的一天则需要做空或反向操作。例如，表格第一行显示了自1952年以来34个复活节的情况。如表27所述，在复活节前一天市场下跌的情况有5次，持平3次。在这8年里，你如果在耶稣受难日（复活节前的那个星期五）前一天收盘时进行卖空操作，持有空头直到复活节假期之后星期一收盘时，这样的话在这8个复活节，你都可以获利。

这样的话，在34年中的33年里，复活节期间的交易都可以让你获利，没有一次亏损。在总共42个交易日里（其中做空8次），一笔10,000美元的投资将升值至11,634美元，日均收益率为0.45%，年化收益率为99.2%。

其他节假日的结果与之类似。以阵亡将士纪念日为例，阵亡将士纪念日前后的9次卖空使34年中，只有2个年度发生亏损。独立日、劳动节和感恩节期间

表28　基于茨威格未加权价格指数的最优节日策略收益：
1952年1月—1985年6月

节日	进行投资的天数[a]	市场变动方向			10,000美元投资	日收益率	年化收益率
		上涨	下跌	不变			
复活节	42	33	0	1	11,634	+0.45%	+99.2%
阵亡将士纪念日	43	32	2	0	11,767	+0.48%	+104.8%
独立日	43	33	0	0	12,481	+0.67%	+147.1%
劳动节	35	33	0	0	12,657	+0.72%	+193.6%
感恩节	72	33	0	0	14,564	+1.15%	+161.6%
圣诞节	77	27	5	1	12,680	+0.72%	+88.8%
新年	35	32	1	0	11,857	+0.52%	+135.3%
合计	347	223（96%）	8（3%）	2（1%）	47,353	+0.45% +0.67%（每次交易）	+184.5%

注a：进行投资的总天数包括感恩节和圣诞节之后的交易日，以及按照之前介绍的方法进行卖空的交易日。市场变动方向是指节日期间的市场趋势，对应着1—3个不等的交易日。

的回报则更加令人惊叹，每个节假日都保持着33比0的全胜记录。换句话说，在这3个节日对应的99个节日期间，每一次你都会获利，永远不会受损！在圣诞节的时候，有27次胜利，5次失败，1次平局，但即便如此圣诞节前后的年化收益率也仍然达到了88.8%。除此之外，对新年的统计结果为32胜1负。

年化收益率最高的节日是劳动节，年化收益率为193.6%。然而，单个节日期间收益表现最佳的是感恩节，市场上涨了1.15%，其中部分原因是感恩节期间的上涨出现在节日前后两天。然而，感恩节期间的年化收益率"仅"为161.6%。

从1952年1月到1985年6月，节假日期间可以进行市场交易的共有347天，其中有48天由于市场表现不佳而进行做空。在这期间，10,000美元的投资将升值到47,353美元，日均收益率为0.45%，单个节日期间的平均收益率为0.67%（一共有233次节日），年化收益率为184.5%。每年仅仅在节日期间交易的收益率达到4.75%。换句话说，如果在过去的33年里采用这个节假日交易策略，尽管每年只在4%左右的时间内交易，每年的平均投资收益率也有4.75%。而且每一年都不会亏损！

在233个节日期间，223次盈利，只有8次损失，持平2次。如果排除持平的情况，那么这个策略的成功率将达到97%。也许有人会认为这些回报只是理论上的，在现实操作中难以实现。如果你想要通过在适当时机进行卖空来提升节假日策略的整体收益，你不能通过买卖无费用共同基金实现这个目标，但是你可以交易股指期货。不过，你可能会遇到期货相对于股票指数的溢价波动的风险。但即使你在节假日前后没有积极地交易股票，也必须承认此时的价格行为确实是非常异常的，而根本不是随机的。

周一效应与周五效应

亚瑟·美林对一周中各交易日的价格效应进行了早期研究，在1952年至1974年间，他观测了道琼斯工业平均指数上涨或下跌的天数比例。这段时间内，道琼斯指数在52.5%的交易日是上涨的。在一周中间的3个交易日，上涨情况并没有显著的差异，周二上涨的天数比例为51.8%，周三上涨的天数比例为55.5%，周四上涨的天数比例为53.5%。然而，周一上涨的天数仅为41.6%，这一比例相对较低，而周五上涨的天数为59.8%。周五的强劲走势与节假日之前的市场表现具有一致性。

换言之，投资者在周末前一天应该比平常情绪更好，尽管这种趋势可能不如长假之前那样强烈，事实上情况的确如此。相对而言，如果情绪对一周中的某一天有负面影响，那应该是工作周的第一天，这要归因于"忧郁的星期一"

综合征。可以肯定地说，如果我们大多数人可能患上这一病症的话，也更有可能发生在星期一。

弗兰克·克罗斯（《金融分析师》杂志，1973年11月—12月）的另一篇早期研究也证实了美林的研究结论，即在周五市场繁荣，在周一市场低迷。克罗斯用标准普尔500指数作为市场指数，发现在1953年至1970年间，62.0%的周五市场上涨，而仅有39.5%的周一市场上涨。周五的平均收益率为0.12%，而周一为-0.18%。

迈克尔·吉本斯和帕特里克·赫斯（《商业杂志》，1981年，第54卷，第4期）在近期的一次研究中，观测了从1962年到1978年期间一周中各天的收益率，发现标准普尔500指数在周一下降了0.13%，在周五上涨了0.08%。此外，他们还发现，未加权价格指数（与我自己的茨威格未加权价格指数有些相似）在周一平均下跌了0.11%，而在周五上涨了大约0.22%。

所以，周五和周一对股票价格的影响是值得关注的，但由于存在交易成本，它们有可能不会为投资者提供巨大的获利机会。然而，如果其他情况相同，而你打算在本周晚些时候将股票卖出，你应该等到周五收盘甚至周一开盘。如果你打算买入，那么你不应该在周五收盘前买入或在周一买入，最好能等到周二。当然，这些价格趋势可能会被之前章节讨论过的更重要指标的影响所掩盖。

月份效应

表29显示了另一项由亚瑟·美林研究所得的结果，他研究了从1897年到1974年之间月份的周期性趋势。如今我们已经将时间更新至1988年。该表显示了各月份道琼斯工业平均指数上涨的比例。可以看出，在两个时间段内市场表现明显较好：第一个阶段是年底，11月份上涨的比例为59.8%，12月份该比例最高为70.7%，1月份为64.1%；第二个阶段是在夏季，7月份上涨的比例为59.8%，8月份为65.2%。相比之下，全部月份中平均上涨比例仅为56.5%。另一方面，9月份的上涨倾向最弱，上涨比例仅为41.3%，其次是2月份，上涨比

表29 道琼斯工业平均指数的月度表现：1897—1988年

月份	道琼斯工业平均指数上涨的比例（%）
1月	64.1
2月	47.8
3月	58.7
4月	54.3
5月	48.9
6月	52.2
7月	59.8
8月	65.2
9月	41.3
10月	55.4
11月	59.8
12月	70.7

92年全部月份平均上涨比例：56.5%

资料来源：亚瑟·美林，美林证券分析公司

例仅为47.8%。

  德拉菲尔德·哈维·塔贝尔证券公司的安东尼·塔贝尔更新的研究也证实了美林之前的发现。塔贝尔也发现，在1926年到1982年期间12月份比其他任何一个月份都更具有上涨倾向。当研究更新至1988年，情况亦是如此。在12月份，标准普尔500指数上涨了46次，仅下跌了17次。1月份次之，上涨了41次，其次是8月，上涨了40次，11月上涨了38次，7月上涨了37次。

  在表30的最右边一栏中，我们更新了塔贝尔计算的各个月份标准普尔500指数的收益率。在这个表中，8月份表现最突出，平均上涨了1.58%。7月份次之，为1.55%，其次是1月份上涨1.34%，12月份上涨1.30%，4月份上涨1.11%。

表30 标准普尔500指数的月度周期性趋势：1926—1988年

月份	标准普尔500指数变动方向		标准普尔500指数平均收益率（%）
	上涨	下跌	
1月	41	22	+1.34
2月	34	29	+0.05
3月	35	28	+0.09
4月	35	28	+1.11
5月	32	31	-0.68
6月	34	29	+1.05
7月	37	26	+1.55
8月	40	23	+1.58
9月	24	39	-1.39
10月	33	30	-0.51
11月	38	25	+0.60
12月	46	17	+1.30
合计	429	327	+0.51%

资料来源：安东尼·塔贝尔，德拉菲尔德·哈维·塔贝尔证券公司

与之前的研究一样，9月份是最糟糕的一个月，仅有24次上涨，而有39次下跌，平均回报率为-1.39%。

月份收益模式可能仍然与人们的情绪有关。事实上，圣诞节前后两天和新年前一天的累计收益几乎等于12月份的平均涨幅1.30%。如本章上一节所述，1月份的上涨可能是核税抛售的结果。7月份的良好表现也可以部分地由独立日的假日效应来解释。7月至8月市场之所以有较好的表现，是因为与一年中的其他时间相比，夏季人们感觉更舒适，这与冬天阴沉昼短的天气形成鲜明的对比，在全国许多地区，人们都会为暴雪封路而感到苦恼。

塔贝尔和美林都发现，9月是一年中最糟糕的月份，如果你关注市场情绪的波动，那么这一切就并不奇怪。9月份是假期结束之时，人们开始考虑即将到来的冬天，这让人们重新面临现实的烦恼，休息日更少，而工作量增加。

如果人们总随着情绪而波动，那么2月份也是糟糕的月份，因为该月的天气通常最糟糕。不出所料，塔贝尔发现，相对于所有月份0.45%的平均收益率，2月份标准普尔500指数平均下跌0.19%。同时，美林也发现2月份市场表现低于平均水平。

如果要结合不同月份设计交易策略，最好的办法是在5月底买入股票，在6月、7月和8月间持有，在劳动节假期后出售。如果持有至8月底，那么投资标准普尔500指数可以获得4.2%的收益。此外，在劳动节假期前，9月份第一个交易日市场还会进一步上涨。虽然暑期可观的收益可能被货币、情绪和动量这些更传统的指标掩盖，但如果这些指标看涨，而且夏天也即将来临，那么你可以更大胆地买进。

月末效应

在另一项研究中，亚瑟·美林发现，在月末的最后3天和下个月的头6天，市场往往比平常表现得更好，而在其余时间内则低于平均水平。大约10年前，在一份更为全面的研究中，分析师诺曼·福斯贝克（劳德代尔堡计量经济研究所，佛罗里达州）发现了持续时间略短的月末趋势，在每个月最后一个交易日和次月的前四个交易日，市场表现得异常好，总共有5个"周期性"交易日。

独立日和新年假期之前的节日效应可以对月末效应做出部分解释，这两个节日正好位于上述5天模式内，同时，劳动节之前的交易日也常常落入这一区间。有时候，复活节和阵亡将士纪念日也可能会为这个5天模式贡献走势强劲的一天。不过，月末5天上涨的周期性趋势远远超过了这几个假期可以解释的程度。

福斯贝克研究了从1928年到1975年4月间568个这样的月末样本。他指出，仅在这5个交易日内，投资于标准普尔500指数的10,000美元将增长至569,135美元，在每个交易时段内的收益率为0.71%，年化收益率为43.8%。相比之下，如果只在月初的第五天到本月的倒数第二天（也就是"非周期"的交易日）投资，那么同样的时间跨度内10,000美元的投资将会缩减至844美元，年化亏损率达6.6%。

我用从1975年4月到1985年6月的数据对福斯贝克的研究重新进行了测算。在对标准普尔500指数进行测算时，发现近10年市场上升的倾向并没有那么强劲，但这样的趋势确实仍然存在。在过去10年里，10,000美元的月末周期性投资将会升值到13,322美元，在每个交易时段内的收益率为0.24%，年化收益率为12.8%，远低于福斯贝克发现的更早的37年内的回报率，大约只是其三分之一。

接下来我把分析的起点往前回溯到1928年福斯贝克研究的起始时期，一直到1985年6月，在这段时间内测算了茨威格未加权价格指数的月末效应。尽管近些年的趋势仍是不如从前，但结果却更一致。在1928年到1985年6月的57年半的时间里，如果只在月末交易日对茨威格未加权价格指数投资的话，10,000美元将升值到495,300美元，在每个交易时段内的收益率为0.57%，年化收益率为33.4%。如果一个人每年只在这60个交易日内投资，那么每年的收益率会略高于7%。

不幸的是，由于只有60天的时间可以进行月末周期性趋势的交易，所以其实在一年中无法获得33.4%的收益率。尽管如此，在不到所有交易日四分之一的时间里，每年有7%的收益，而且在剩下的时间里，你可以以现行利率自由地进行现金投资。从1975年4月到1985年6月的10年间，在月末期间投资于ZUPI指数的10,000美元将增长到17,659美元，每一次月末投资的平均收益率为0.46%，年化收益率为26.3%。

如果基于月末效应进行交易，同样会遇到交易成本的问题。然而，你可以在月末的最后一个交易日之前购买无佣金基金并在下个月第四个交易日之后卖出，这种策略更好，因为每年只需要进行12次共同基金的买卖，且一些共同基金也愿意接受这类交易。同时，你还可以将节日和月末效应，以及周五的上涨趋势结合起来。

举例来说，如果该月的第五个交易日正好是节日前一天的交易日，比如复活节前的那个周四，那么你就可以将股票多持有一天。同样，如果该月最后一个交易日是节日或星期五，那么就可以再提前一天买入。长期来看，这能够增加盈利，并且可以延长你在市场交易的时间，获得更多的利润。

除了12月（节日效应与月末周期性效应重合）之外，对于月末的表现我并没有十分合理的解释。月末效应背后存在经济原因的说法无法令人信服，我也很难用情绪来对其进行解释，也许人们可能在月初或月底比其他时候感觉更"乐观"。因此，月末效应产生的原因仍然是一个谜。但事实是，这种市场模式已经持续了几十年，尽管最近10年的效应已经不如早些年那么强劲。

总统选举期效应

有一种理论认为，总统选举不仅对候选人有所影响，很大程度上对股市也会产生影响。这一观点的前提是，执政党会竭尽全力在经济上有所建树以维持政权。这意味着在选举前的一两年，在任者就会采取积极的经济政策，通常会使得股票的表现高于平均水平。当然，最后市场要承受先甜后苦的结果，选举后一两年的股市收益会相当糟糕。现在让我们来看看实际的情况，以判断这一理论是否成立。

我回顾了自1872年以来所有的选举周期，并考察了对应时期内的股票市场表现。由于选举是在11月初举行，所以我用两个相邻年度10月份平均价格的变化来衡量一年的表现。比如，要考察1984年的市场表现，就要用1984年10月平均价格相对于1983年10月平均价格的变化来度量。1926年以后，我使用的是标准普尔500指数来度量市场表现。在此之前，我尽量选择可用并且最适当的股票指数，例如考尔斯委员会编制的指数。

表31中的数据基本上支持了总统选举期效应理论。预选年在选举前两年开

表31　股票市场与选举周期：1872—1988年

年份	样本数	10,000美元投资	年化收益率（%）	市场变动方向		市场上涨次数的比例
				上涨	下跌	
预选	29	61,930	+6.5	20	9	69.0
选举	30	39,691	+4.7	21	9	70.0
选举后	29	20,391	+2.5	15	14	51.7
任期中段	29	12,223	+0.7	16	13	55.2
合计	117	614,325	+3.6%	72	45	61.5%

注：市场表现用上年10月到本年10月的平均价格变动来衡量，平均价格采用标准普尔500指数或考尔斯委员会指数。

始，在选举前一年结束，这期间市场收益最大，年化收益率为6.5%。在这29个预选年份中，市场上涨20次，占比69%，下跌9次，投资者的初始投资增长至最初的6倍。

选举当年的股票市场收益率排名第二。市场上涨21次，下跌9次，上涨比例为70%。年化收益率为4.7%，略好于1988年之前117年间3.6%的市场平均回报率。

一旦选举结束，股票市场的表现确实比通常情况更差。在选举后的那一年，股票市场平均年化收益率仅为2.5%，比单纯的买入并持有策略还差1个百分点。上涨和下跌的年份几乎相等，共有15次上涨和14次下跌。

最后，在总统任期中段，即选举结束后一年到选举结束后两年，市场只是略有上涨，年化收益率为0.7%。市场上涨16次，下跌13次，上涨的比例为55%。

因此，上述结果表明选举周期确实对股票市场产生某些影响，但显然还不足以成为主导策略。例如，大选前的一年是4年周期中最好的一年，但有时结果却远不能令人满意。1903年股市暴跌26.9%，1907年下跌33.4%，1931年股市暴跌42.8%。从选举当年（也就是另一个走势应当强劲的年份）来看，1920年市场下跌了16.8%，1932年下跌30.5%，1940年下跌16.8%。在更近的1984年，市场也微微下跌了1.9%。因此，在选举前或选举当年，尽管投资者很有可能得偿所愿，但也不要孤注一掷地认为股市一定会上涨。

相反，也不要因为选举刚刚结束而看空市场。大选结束后的1933年，股票市场上涨31.4%，1945年上涨27.8%，1961年上涨26.6%，1989年上涨29.3%。同样，虽然在任期中段股票市场的平均表现最差，但也有很多例外情况，其中1950年市场上涨了25%，1954年上涨了34.3%，1958年上涨了23.5%。在最近的两个任期中段中，股票表现也没有那么糟糕，1978年上涨了5.8%，1982年上涨了8.9%。

年底核税抛售效应

在年底，投资者经常出售行情低迷的股票，以利用其亏损达到减税的效果。如果在日历年结束之前确认损失，就可以用来抵消投资者在其他股票、房地产或其他资产上的资本收益。因此，在12月的头几个星期里，市场通常会因为核税抛售被人为地压低，至少在那些年内表现不佳的股票上存在这一现象。对于走势良好的股票，这种抛售行为较少，因为投资者几乎没有亏损。但是，如果股票在12月份处于年度低位附近，那么该股票在核税抛售中将首当其冲。不过在圣诞节附近，这些股票往往又会趋于反弹。

本·布兰奇（《商业杂志》，1977年4月）考察了1965年到1975年之间11个年底样本，他的策略是在每年的最后一个交易周买入价格跌至新低的股票，在4周之后，也就是1月下旬，将股票全部卖出。这一研究发现，之前低迷的股票在短短一个月内平均反弹了9.0%，而纽约证券交易所综合指数（对1,700只大盘股的加权指数）仅上涨了2.6%。

罗伯特·麦克纳利（北卡罗来纳大学，1969年）在其博士论文中也同样研究了从1946年到1959年之间的核税抛售效应。他的论文覆盖了650个样本股票，其策略是买入本年度表现最差之10%的股票。他在年底买入这65只表现最差的股票，持有一个月后在一月底售出。平均来看，价格被人为压低的股票在接下来的一个月内上涨了5.9%，而全部股票平均仅上涨了2.8%。

近年来的其他研究已经证实，12月份价格接近低点的股票在未来几周内将有跑赢市场的趋势。顺便说一下，在12月份整体市场相对接近低点的年份里，这种方法的效果最好，这意味着更多的股票正在走低。在1976年或1982年等市场非常强劲的年份，年底股市仍处于高点，你会发现几乎没有股票处于低点或接近低点。在这样的年份，投资者不会基于核税抛售效应进行投资，那些少数跌幅较深的股票很可能确实存在较大问题。

如果你想利用核税抛售效应来投资股票，可以在12月份的《巴伦周刊》或报纸上寻找在12月末价格跌至新低的股票。如果可供选择的股票有几十只，那么我建议选择其中几只，每只股票投资金额大致相同，并持有数周。卖出的日期比较随意，但如果1月份市场表现良好，我会继续持有股票直至1月底。如果到1月份的第二个星期，整个股市都不再乐观，那么我会将其全部抛售。

| 第 10 章 |
CHAPTER TEN

如何提前判断牛市与熊市

在行情最为激进的牛市和熊市中，股票投资往往伴随着巨盈和巨亏。然而对那些随时想要买卖的人而言有一个不好的消息：市场并不是永远都在波动。即使在大牛市的行情中，市场也会有一段较为平静的时期。据我的估计，股市中只有20%的时间是股票最活跃的牛市，只有10%的时间是快速下行的大熊市。在余下70%左右的时间里，股票在一个中性的交易区间内保持横盘，或者温和地上涨、下跌。在这个我们称作中性区间的70%时间里，投资者的市场策略并不重要。你可以全额投资，部分投资，或全部持有现金而不投资。如果你的投资组合足够分散，而市场在这些中性区间内徘徊，那么你就不太可能巨额地盈利或者亏损。

在另外30%的时间内，大牛市和大熊市行情持续推进，了解这些市场阶段的主要特征是极具价值的。好消息是，你可以关注几个关键指标，它们能最大可能地捕捉到牛市的趋势，同时也有助于避免熊市所带来的灾难。本章的第一部分将重点介绍牛市信号，最后一部分则关注熊市信号。

牛市的两个基本要素

由于没有官方的方式来定义或衡量历史上最大的牛市，为了简单起见，我选择了自1926年以来标准普尔500指数在18个月内涨幅达到最大的11个时期。我将1926年作为基准日期，因为那是标准普尔指数的起始时点。

在很多情形中，股价在18个月后还会持续上涨，但我认为一年半是确认一个真正强劲牛市的最好时间周期——特别需要注意的是牛市前几个月的涨幅往往是最大的。也有时候，标准普尔指数不到18个月就达到顶点，比方说，如果市场在12个月内上涨了100%，而在整个18个月的牛市周期内只上涨了50%，那么我就以100%作为本轮牛市的收益。

表32按时间顺序列出了1926年到1988年间11次最大的牛市。需要说明的是，20世纪20年代的大牛市不包括在内。原因有二：首先，从1926年（这项研究开始之时）到1929年，并不存在一次18个月的周期，其期间收益足以登上列表。其次，从1921年到1926年期间的市场波动都发生在本书的统计工作之前。

表32　标准普尔500指数的最大涨幅：1926—1988年

市场低点的日期	从低点起18个月内的最大涨幅（%）
1932/6/1	+154.5
1933/2/27	+120.6
1938/3/31	+62.2
1942/4/28	+69.2
1949/6/13	+50.0
1953/9/14	+65.2
1957/10/22	+49.2
1970/5/26	+51.2
1974/10/3	+66.1
1982/8/12	+68.6
1984/12/13	+53.3

表中最早的牛市期间是从1932年6月1日开始。令人难以置信的是，标准普尔500指数仅用了3个月的时间就上涨了154.5%，从4.40点上升到9月的9.31点。但值得注意的是，这一巨大的收益也仅仅使得指数回到了标准普尔1931年12月的水平。然而对当时的投资者而言不幸的是，1932年的牛市十分短暂。到1933年2月，标准普尔指数又跌至5.53点，跌幅达41.6%。几天后，新总统富兰克林·罗斯福下令银行休假（在大萧条期间超过五千家的银行破产倒闭）。股市也休市长达两周左右，这让人们有时间对这种境况进行思考和消化。

在3月15日，银行假期结束后的第一个交易日，标准普尔指数上涨16.6%。尽管在这之后的几周内股市略有回落，然而事实上却标志着20世纪30年代第二次大牛市的到来。到7月18日，在2月股市见底之后的仅仅4个半月内，标准普尔指数就上涨了120.6%。我们再也没有看见过像20世纪30年代早期两个牛市的局面了，这两次牛市终结了1929年到1932年间历史上最严重的经济崩溃。

最近的第12次牛市开始于1990年10月。其18个月内的最大涨幅为52.1%的收益。

可惜，只有天才和撒谎者才能在低点买入股票，并在上升期内一直持有。其余的凡人只希望能发现可以把握牛市风向的指标。为了寻找合适的机会，在开始时我们必须放弃一些增长空间，以便明确股票行情趋势的方向，从而保证买入是安全的。例如，在股票行情动量的那章，根据2∶1的涨跌比确认的买入点事实上就是一个很好的入场时机。

涨跌比指标是识别牛市行情的两个因素之一，如果将这两个因素合并，对表32中所列出的牛市会有极好的预测记录。从第5章可以看到，上涨股票的数量和下跌股票数量之比在10天的时间跨度达到2∶1，这种现象十分罕见，发出强烈看涨的信号。在这种情况发生后的3个月内，茨威格未加权价格指数平均上涨12.3%。2∶1的十日涨跌比是预示大牛市的首要条件，为了表述得更清楚，我们将这个因素称为"超级涨跌比率"。

第二个条件涉及美联储指标，第4章对此进行了充分说明。在美联储降低贴现率或准备金要求时，美联储指标上升，而当美联储做出相反的决定时，美联储指标下降。如果美联储指标从0分或更低升至+3分或更高，就证实这就是大牛市行情的早期阶段。（对于美联储指标来说，只需要达到+2分就意味着"非常看涨"，但我们这里的要求更加严格。）如果美联储指标达到+3或更高，然后下跌到+2或+1，之后再反弹到+3或更高，那么这就不是我们所寻找的信号。我们需要的是指标从负值或零向正值的大幅度上升，这通常需要至少连续两次下调贴现率或准备金要求。我们称这个条件为"超级看涨美联储指标"。

我们希望找到的是"超级涨跌比率"和"超级看涨美联储指标"，如果两者在相对较短的时间内同时出现，就足以说明牛市到来。测试表明3个月的时段是较为合理的。现在，让我们把美联储指标和股票行情动量指标这两者放在一起，如枪上膛，蓄势待发，我将这对指标称为双重买入信号。

表33列出了1926—1988年出现的所有双重买入信号。1985年之前，仅出现10次这样的强劲信号。仔细考察双重买入信号出现的日期，并将其与表32中1926—1988年的11次大牛市开始的日期进行比较，可以发现两组日期非常接近。例如，第一个双重买入信号出现在1932年7月21日，正好在道琼斯工业指数触底两周以及标准普尔500指数触底6周之后。无一例外，在每次牛市之前，双重买入信号都会提前出现，使得投资者能够获得接下来牛市的绝大部分涨幅。

表33中第二列显示的是标准普尔500指数在双重买入信号出现一个月后的表现。在1932年的例子中，标准普尔指数在一个月内上涨了48.7%，如此高的收益率再没有出现过。但到1982年为止，在其他9次双重买入信号发出后，市场在第一个月内走高的情况出现了7次。在双重买入信号出现后的仅仅一个月内，标准普尔指数的复合收益率平均为8.2%。

表33中还列示了标准普尔指数在双重买入信号出现后3个月、6个月、12个月和18个月之内的表现。3个月内，指数复合收益率为13.9%，6个月内复合收益率为21.1%，12个月内复合收益率为27.4%，一年半后平均增长约40%。

现在让我们来看看这11次双重买入信号出现后18个月内市场的表现。在累

表33　双重买入信号 VS. 标准普尔500指数的表现：1926—1988年

买入日期	标准普尔500指数的收益率（%）				
	1个月	3个月	6个月	12个月	18个月
1932/7/21	+48.7	+35.0	+40.6	+85.5*	+85.0*
1933/5/26	+16.4	+20.8	+7.5	+4.4	+1.9
1938/4/16	-5.1	+14.1	+25.0	+4.1	+1.9
1942/9/14	+10.3	+10.2	+29.4	+39.1	+42.9
1949/7/13	+3.7	+8.1	+12.8	+12.9	+42.8
1954/2/15	+2.0	+10.6	+18.0	+41.7	+61.9
1958/1/24	-2.5	+3.4	+11.8	+34.3	+43.0
1970/12/4	+1.9	+9.5	+13.2	+8.5	+22.7
1975/1/10	+7.9	+15.4	+30.6	+30.8	+44.6
1982/8/23	+6.6	+14.5	+26.4	+40.2	+32.9
1985/1/23	+1.2	+2.6	+8.6	+15.2	+34.6
10,000美元投资变为：	22,047美元	36,677美元	67,984美元	137,730美元	339,199美元
期间收益率 =	+8.2%	+13.9%	+21.1%	+27.4%	+38.9%

注*：这里持有期截止日为1933/5/26，以避免重复计算。

计15.7年的时间内（持有期限扣除了1932年至1933年间的重叠部分），投资于标准普尔500指数的10,000美元初始投资将增加到339,199美元。在每次为期一年半的时间跨度内，平均回报率达到38.9%，年化收益率相当于25.1%，非常可观。相比之下，从1926年1月研究开始到1988年1月期间，单纯买入且持有标准普尔指数的投资者最初的10,000美元仅增长到214,814美元。而且，由于其资金累计投资了63年，其年化收益率（不含红利）只有5.0%，不及参照双重买入信号投资所得年化收益率的五分之一。此外，在双重买入信号出现后18个月之外的46.4年时间里，10,000美元实际上会缩水至6,333美元，年度亏损率为1.0%。换言之，人们可以毫不夸张地说，自从1926年以来，所有的市场增长都发生在双重买入信号出现后的18个月内，而在其余的时间里股市实际在亏损。

表34显示了茨威格未加权价格指数在双重买入信号出现后的表现。从表中最下一行数据可以看出，茨威格未加权价格指数在信号发出后1个月内上涨了

表34 双重买入信号 VS. 茨威格未加权价格指数的表现：1926—1988年

买入日期	茨威格指数的收益率（%）				
	1个月	3个月	6个月	12个月	18个月
1932/7/21	+64.3	+54.5	+39.6	+189.6*	+189.6*
1933/5/26	+27.1	+31.2	+4.3	+48.9	+22.4
1938/4/16	-2.6	+28.8	+37.9	+10.3	+49.8
1942/9/14	+12.5	+12.3	+57.4	+77.1	+96.1
1949/7/13	+5.7	+12.5	+20.2	+18.5	+58.3
1954/2/15	+0.8	+5.5	+19.2	+44.2	+49.3
1958/1/24	-1.4	+4.4	+15.4	+48.9	+58.2
1970/12/4	+4.8	+19.8	+21.8	+7.6	+19.6
1975/1/10	+12.1	+18.2	+38.9	+34.6	+59.6
1982/8/23	+8.1	+24.2	+38.4	+57.1	+47.1
1985/1/23	+3.7	+2.9	+11.0	+17.1	+29.0
10,000美元投资变为：	32,158美元	63,894美元	122,352美元	481,146美元	1,410,207美元
期间收益率	+12.4%	+20.4%	+28.5%	+43.0%	+57.9%

注*：这里持有期截止日为1933/5/26，以避免重复计算。

12.4%，3个月内上涨了20.4%，6个月内上涨了28.5%，12个月内上涨了43.0%，18个月内上涨了57.9%。按照上述方法，如果你投资于ZUPI指数（或者与其近似的组合）10,000美元，并且在这些显著信号出现后持有18个月，那么最终你的资金将会高达1,410,207美元，相当于34.9%的超高年化收益率。

相反，如果是采用"买入并持有"策略的投资者，其投资于ZUPI指数的10,000美元在将近63年的时间里会增长到468,636美元，年化收益率为6.3%，这大约是前者的六分之一。在双重买入信号后18个月之外的46.4年内，10,000美元基于ZUPI的投资将缩水至3,323美元，年化亏损率为2.3%。

自1932年以来，历史上只出现了11次双重买入信号，而令人难以置信的是，在这60多年里，每一次信号出现都对应着一次大牛市的早期阶段。双重买入信号为投资者带来惊人的利润，在每次信号出现后的3个月至18个月的期间内，标准普尔500指数和ZUPI指数均表现为上涨。

熊市的三个重要条件

我已经教给大家一种方法，即利用两个指标来帮助你及时发现大牛市行情。那么现在，我们来谈谈熊市。首先，为避免混淆，我将熊市定义为三个重要的股票指数均下跌15%以上。这三个指数分别是：道琼斯工业指数、标准普尔500指数和茨威格未加权价格指数（如果你喜欢，也可以选择价值线指数）。如果这三个指数中的一个或两个（而非全部）下跌了15%，那么可能是不太确定的熊市，或者只是中等规模的下跌，又或者只是熊市与非熊市混合的市场。但在这一部分，我只关心真正重要的熊市表现；因此，为了符合本书的标准，我强调三个市场指数都需大幅下降。

关于我的定义有一个小例外，从20世纪20年代中期到30年代中期，这个阶段的市场非常不稳定，正常情况下市场下跌15%也并不意外。例如，从1933年7月18日到7月21日的短短3个交易日内，道琼斯工业指数大跌18.4%，从108.67点跌至88.71点。

在上述情况发生之前，市场表现得非常强劲。当时，大规模的投机现象主要针对所谓的酒类股票和农业公司股票，因为这些公司在酒类禁售期结束后将会受益。全国各州立法机构逐一投票废除了"禁止在美国销售酒类的第十八条修正案"，于是出现酒类和相关公司将赚取巨额利润的预期，股价因此不断上涨。

1933年7月，南部的两个州摆脱了该地区强烈的禁酒情绪影响，并投票否决了上述法案。这对于禁令的终结无疑是个好消息，但在结果宣布之前，股市已经有所预期并疯狂上涨。当"好消息"落实之时，投机者开始出售股票来锁定利润。（华尔街的专业人士经常依照古老的谚语来操盘，即"传言时买入，证实时卖出"。）作为投机股领先者的酒类股票终于崩溃，大部分其他股票也随之下跌。与此同时，由于农业投机者卖空黑麦、玉米和其他可能从中受益的谷物，商品市场也因此大跌。

但相对于2月份的市场表现（当时道琼斯指数已经跌至50.16点，不及7月份指数的一半），7月份的下跌其实并不严重。而且在几周内，市场的下跌已经在很大程度上得到回补。在那期间，还有其他几次不太猛烈的快速下跌。

自1919年以来，已有15次熊市符合上述标准，皆列于表35中。尽管这些熊市阶段中没有统一的共同点，但在每次熊市的开端或大部分时间内至少存在三个关键条件之一。这三个条件对市场都有很大的负面影响，任何单一条件的出现并不一定能够保证熊市立即到来，但在过去的70年间不存在任何一个条件都未能满足的熊市。

首先需要关注的是极端的通货紧缩。我通过观测政府每月发布的生产者价格指数（之前称为批发价格指数）来衡量极端通货紧缩，并分析对应的股价下跌情况。这类通货紧缩指的是生产者价格指数6个月平均年化变动率下降达到或超过10%。

我知道这听起来过于简单，下面是我的计算方法。为了简化起见，假设1月份的生产者价格指数为100，2月份为99，那么这个月下降了1%，年化变化率

(不计复利)则为-12%。换句话说,将每月的变化率乘以12(如果考虑复利,这样计算并不完全正确,但对于我们此处的目的来说已经足够了)。然后你可以把最近6个月的变化率加起来,再除以6,得到6个月的平均变化率。如果这个数字是-10%或更差,那么就表明存在极度的通货紧缩。这种状况在最近几十年来一直没有出现。

回想一下,在第3章中,极度通货紧缩是经济陷入严重困境的标志。当制造商和零售商不能卖出其产品时,他们会降价。而如果降价也不能刺激销售时,还有可能造成减产。最终的结果是价格下跌,销售恶化,这是萧条期间的常态。当然,在萧条时期,在极度通货紧缩时期,股市的表现当然也会不好。图P(第177页)显示了1948—1988年的生产者价格指数变化情况。

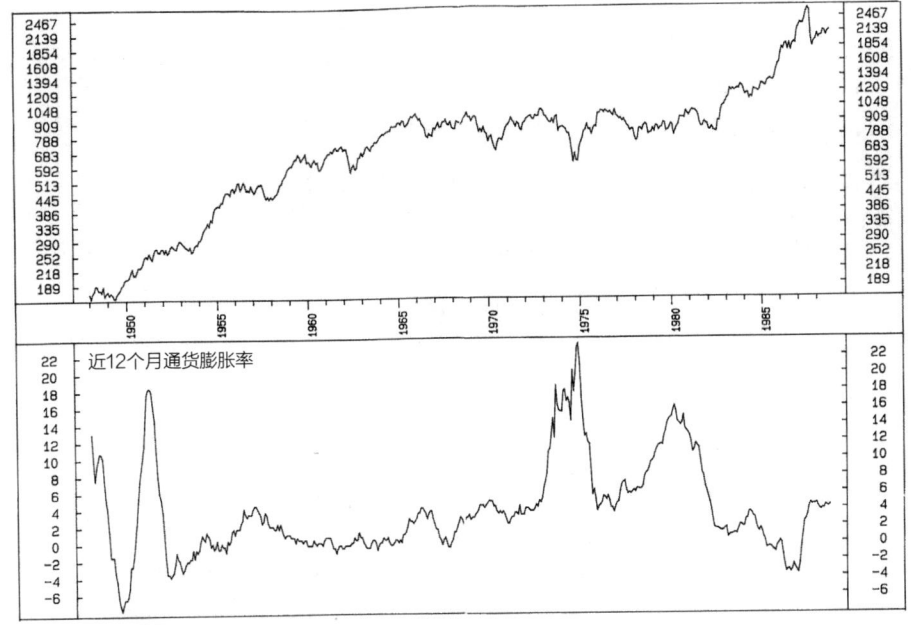

图P

如表35所示，1919—1921年、1929—1932年、1933年和1937—1938年的4次熊市中皆出现了极度的通货紧缩。其中第一次处于19世纪20年代的萧条期，另外3次处于30年代的萧条期，30年代的萧条实际上可分为两个经济阶段，第一个阶段在30年代初（覆盖了两个熊市），另一个阶段在1937年。

表35　1919—1987年间的大熊市

时间	是否发生极端通缩	市盈率是否极高	是否出现倒挂的收益率曲线	道琼斯工业指数下跌幅度（%）
1919—1921	是		是	-47.6
1923			是	-18.6
1929—1932	是	是	是	-89.2
1933	是			-37.2
1937—1938	是			-49.1
1938—1942		是		-41.3
1946—1949		是		-24.0
1956—1957			是	-19.4
1962		是		-27.1
1966		是	是	-25.2
1969—1970		是	是	-36.1
1973—1974		是	是	-45.1
1978—1980			是	-16.4
1981—1982			是	-24.1
1987		是		-36.1
平均（15次）				-35.8%

第 10 章 如何提前判断牛市与熊市

其次需要关注的是超高的市盈率。市盈率是股票的市价除以过去12个月的每股收益。对于市场整体来说,平均市盈率是平均股价除以股票平均每股收益所得的数值。道琼斯工业指数和标准普尔指数会定期计算各自的平均市盈率。整体而言,市盈率处于10—14区间为基本正常;市盈率处于6—8区间则是非常低的水平,表明未来长期趋势向上;而十几、二十几的市盈率通常反映出投机过度、市值高估和未来股价表现不佳的迹象。

图Q(第179页)显示了1926—1988年标准普尔500指数的市盈率。我发现,当标准普尔500指数的市盈率达到18倍或更高,或者道琼斯工业指数的市盈率达到20或更高时,足以引发下跌趋势。在严重的经济衰退期间这个规则例外,因为当公司的利润极低时,高市盈率只是由于收益下降所致。

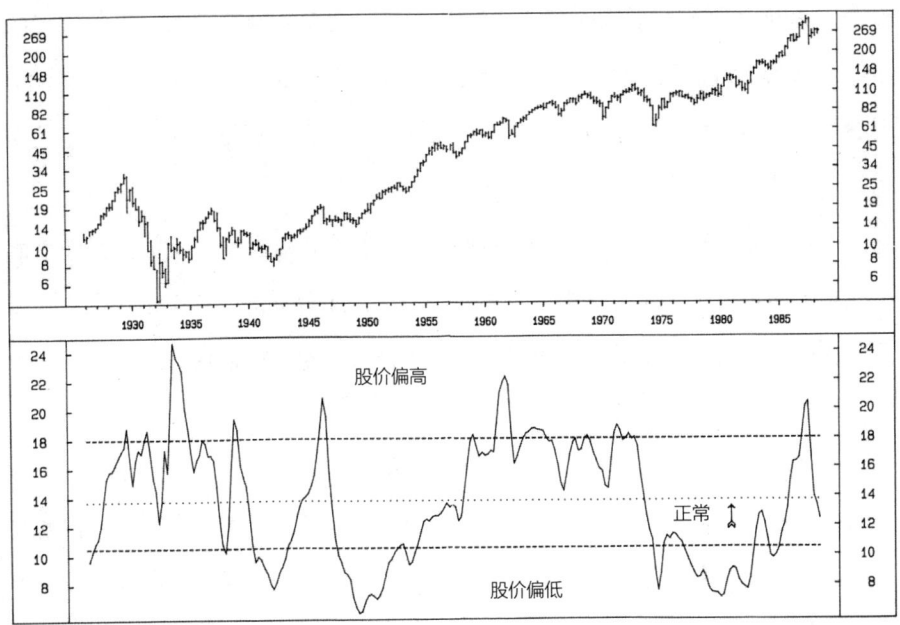

奈德·戴维斯研究公司　　图Q

例如，假设在熊市期间，主要股票的平均价格从100美元下降到50美元，降幅为50%。假设在牛市高点或高点附近，平均价格为100美元，而平均收益为5美元，那么当时的市盈率就是20倍，这就是熊市的一个预警信号。但假设在熊市期间，经济崩溃，股票平均收益异常低迷，仅为1美元。此时的平均市盈率为50，但这并不是一个非常稳定或有意义的市盈率，因为公司每股收益实在是过低。如果将前几年的收益正常化，那么肯定会比经济衰退时的收益大得多。换句话说，在公司盈利异常低迷的罕见时期，基于多年平均利润计算的市盈率会更有意义。

这种情况实际上在1983年的道琼斯工业平均指数上得到印证。此前不久结束的经济衰退已经沉重打击了道指成分股中的一些主要企业，尤其是钢铁企业。其中一些企业遭受巨额损失，道指的平均每股收益一度低于10美元。超过1,200只工业股票的市盈率超过130，这当然是荒谬的。但原因并非大量的投机，而是因为暂时的盈利下降。随着1984年公司利润恢复到正常的水平，道指的市盈率回到了11倍至14倍的更为正常的范围。1932年也出现了类似的情况，当时全国企业的利润总体呈亏损状态，而道琼斯工业股票指数的利润也只是勉强为正。

正如表35中第三列所示，有8次熊市表现出极高市盈率的特征。其中最值得注意的是1962年，当时货币条件和经济条件都十分看好。这个市场唯一的真正问题就是市场价格本身，因为投机者把价格推至疯狂的高度，道琼斯工业指数的价格水平在1961年底达到了每股收益的23倍。

最后需要关注的是倒挂的收益率曲线，即短期利率高于长期利率，这与正常的情况相反。通常15年至30年到期的长期债券收益率比国库券或货币市场基金等短期工具的利率更高，因为债券投资者承担了更大的风险。因此，投资者通常会要求更高的利率来补偿他们购买长期债券所承担的额外风险。

然而，当美联储收紧货币政策之时，或者在金融危机酝酿之际，短期利率可能大幅跳升，有时甚至会高于长期利率，从而产生倒挂的收益率曲线。为了

第10章 如何提前判断牛市与熊市

衡量收益率曲线,我使用穆迪AAA级公司债券的收益率作为长期利率,以6个月的商业票据利率作为短期利率。你可以在政府公开出版物、《巴伦周刊》和其他金融期刊上找到这些数据。

图R(第181页)显示了1960—1988年的收益率曲线。图中水平虚线以下的阴影区域显示了收益率曲线倒挂的时间段。例如,在1980年末,短期利率比长期利率高出4个百分点。相反,1971—1972年、1975—1976年和80年代初期,图中曲线为正值,长期利率高出短期利率3到4个百分点。当某个月的收益率曲线倒挂时(图表按月绘制),我认为这是对股票极其不利的条件。

有时倒挂的收益率曲线只持续一两个月,这种情况下熊市可能不会到来。但如果商业票据利率和债券收益率之间的差距继续扩大,那么股票市场的前景会越来越糟。如表35所示,过去15次熊市中有9次是在收益率曲线倒挂的情况下

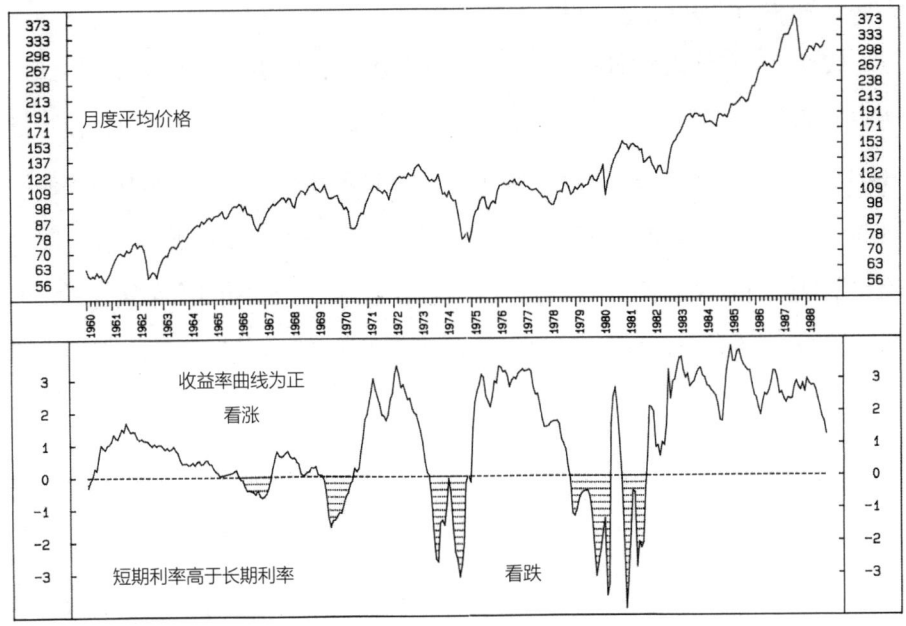

收益率曲线——AAA级债券收益率减去商业票据收益率

奈德·戴维斯研究公司　　　　　　　　　　　　　　　　　　　　　　　图R

发生的，这期间要么是有相当大幅度的下跌，要么是在之前牛市高点的附近。

如表35所示，只有1929年至1932年间的这个熊市同时出现了上述三种负面情况，不出所料，这是历史上最糟糕的熊市。而另外4次熊市同时满足其中两个负面条件，其中的三次也是毁灭性的：1919年至1921年，道琼斯工业指数下跌了47.6%；1969年至1970年，道琼斯工业指数下跌36.1%；1973年至1974年，道琼斯工业指数下跌了45.1%。在1966年，道指相对温和地下跌了25.2%，然而，这只是一个更长期熊市的开始，如第3章所描述，这一熊市一直持续到1982年。这4次熊市中道琼斯工业指数平均下跌了38.5%，下跌幅度远远超过只满足其中一个不利条件的10次熊市，这10次熊市平均下跌幅度为29.4%。

总而言之，在上述三个负面条件中只有一个条件出现时，并不能确定熊市将会开始。但是这种情况持续的时间越长，或者情况变得更为严重，又或者当另外两个负面条件接踵而至时，熊市出现的概率就越大。另一方面，如果主要的股票平均指数皆下跌了10%或更多，而这三种负面条件却都不存在，那么下跌转变为大熊市的可能性就相当小了。

假设三大负面因素都不存在，那么在上述三个平均指数皆下降10%之后，人们通常会开始买入股票。此时，市场继续下降达到15%的跌幅的可能性是很小的（除了20世纪20年代中期到30年代中期出现过几次意义不大的异常波动外），至少在过去的70年里从未出现。所以，如果市场的总体环境良好，即没有出现极端的通货紧缩，市盈率在正常范围内，收益率曲线没有倒挂，那么市场下跌10%就是绝好的买入机会，在市场再度反弹之前你的损失不会超过5%。

| 第11章 |
CHAPTER ELEVEN

如何挑选击败市场的绩优股——"霰弹枪"和"步枪"方法

毫无疑问，投资股票市场的错误方式有许多种，但正确方法也并不唯一。许多方法都可以发挥作用，让投资者实现超越市场的长期收益率，这里的收益率包含资本增值和红利。

我们可以将选股方法大体分为两大类。首先，有一种"霰弹枪"的方法，基于这种方法系统地处理所有股票的公开数据。然后，通过预先确定的标准筛选海量信息，并且选择所需的股票，这一过程多多少少都有一点呆板。通过这种广泛使用的方法，你几乎可以覆盖整只股票市场，而在任何一只股票上花费的时间则很少。通过多样化投资组合，比如说购买10只、20只，甚至30只股票，你可以避免一些错误。但该方法也存在不足，那就是缺乏对某一家公司的深入调查，从而可能会产生一些不好的结果。

第二种广泛使用的方法是"步枪"方法，这种方法只针对少数公司进行研究，每一只股票都经过精心挑选并对其进行全面分析。利用这种方法时，投资者不必依赖公开可用数据提供的表面信息，而是需要进一步深入研究会计方法的差异、管理层变动、行业发展趋势、税法调整或所有可能对公司产生实际影响的其他经济变量。如果你能够将各类信息全部综合在一起，也许就可以挑选出能够击败市场的股票。

这实际上很大程度上是一种高度重视基础价值的投资方式，其缺点是需要专业化的市场研究，不适合业余的投资者，许多华尔街分析师和一些基金管理人都采用这种技术。即便如此，由于从业者分析能力的差异，这种"步枪"方法的投资回报也会有很大差异。

我不相信这种"步枪"方法适合本书的大多数读者，坦率地说，我自己也不太喜欢。我更喜欢"霰弹枪"的方法体系，利用该方法我可以系统地研究数千家公司。采用这种"霰弹枪"方法时，我总体的失误率大约是八分之三，也就是说，在我选择的8只股票中，仅3只（或37%的）股票表现会弱于市场。换言之，这意味着在8次投资中可能有5次正确，这是个不错的命中率。我不认为"步枪"方法的结果会相对更优。

当然，这两种选股方法都有各自的优势，而且在我与乔·迪梅纳（Joe DiMenna）共同经营的封闭式基金（茨威格基金和茨威格总回报基金）中，我们整合了这两种方法。我们的大致分工是由我负责市场总体预测，而迪梅纳对"步枪"技术更加熟悉，因此他进行定向的股票选择，将几乎所有的时间都花在钻研财务报告以及与分析师和公司高管的交谈上。所以，作为团队，我们能够做到两全其美。但是如果严格按照自己的方式独立操作，我会使用"霰弹枪"方法，本章将对这一方法进行介绍。

我在选股过程中会观察下面这些变量：公司盈利和销售额的强劲增长，考虑公司增长率的情况下市盈率处于合理水平，企业内部人士买入股票，或至少内部人士没有大量卖出，股票本身相对较强的价格表现（换句话说，我倾向于买强卖弱）。之后我将详细介绍这些方面，并配以我曾推荐过股票的具体示例。我会告诉读者在何处可以找到所需的数据。与该方法相关的所有信息都是公开可寻的。

下文引用的例子最早出现在本书的早期版本中，但在本书中仍然切题适用。这些简单易用的股票选择方法经过多年来的反复试验以及精心研发，不仅十分适合保守的投资者，也适用于偏向积极交易的人士。

浏览财经信息

第一步是获取有关公司销售额和盈利的最新季度数据，其最佳的信息来源是《华尔街日报》《纽约时报》，或者是其他每天都会披露公司盈利报告的报刊。我自己更偏好《泰晤士报》，但不管你选择哪份报纸，都请坚持下去，因为公司的盈利情况可能刊载于星期一的《华尔街日报》，但《泰晤士报》要等到星期二才会刊登该信息，也可能反过来。所以，如果你从一种报纸换成另一种，那么很可能会错过一期财务报告。顺便说一句，阅读报纸上的财务报告有一个巨大优势，就是你可以看到所有公司发布的财务报告。这样到季度末的时候，你可以看到四千家甚至更多公司的盈利情况。然而做这件事的工作量其实并不像看起来那么大，因为在大多数情况下，你将只是简单浏览就会把这家公司剔除在外。

下图显示了《纽约时报》1985年6月18日刊登的一些盈利报告。你会发现，我用标签笔圈出了4份报告，这是我选股的第一步。我所寻找的是在销售额（收入）和每股收益方面有合理增长的公司。以当天盈利报告中列出的第一家公司——安卡斯特工业公司（Amcast Industrial Corp.）为例，公司名称后有一个括号，其中的小写字母"O"代表股票为场外交易，括号中的"N"表示公司在纽约证券交易所上市，"A"表示在美国证券交易所上市，无任何字母则意味着该普通股不在交易所交易，甚至也没有在场外市场挂牌。

在安卡斯特公司的例子中，我们看到截至1985年6月2日的季度业绩。销售额略高于6,700万美元，与上年同期相比下降幅度超过了250万美元，表明公司并没有增长。同样，每股收益为50美分，而上年同期为53美分，这也表明公司近期没有增长。因为增长是选择股票时的关键变量，因此我淘汰了安卡斯特这只股票。

现在让我们继续考察在纽约证券交易所上市的卡莱伯尔公司（Clabir Corp.）。

《纽约时报》，1985年6月18日，周二

公司盈利信息

For periods shown. (N) indicates stock is listed on the New York Stock Exchange, (A) the American Stock Exchange and (O) Over-the-Counter.

AMCAST INDUSTRIAL CORP. (O)
Qtr to June 2	1985	1984
Sales $	67,084,000	69,676,000
Net inc	3,312,000	3,490,000
Share earns	.50	.53
9mo sales	182,770,000	212,483,000
Net inc	6,830,000	6,938,000
Share earns	1.03	1.05

BRINKMAN (L.D.)
Qtr to April 30	1985	1984
Revenue $	60,695,000	66,798,000
Net loss	b3,062,000	cd2,528,000
Share earns	—	.37
9mo rev	188,126,000	194,279,000
Net inc	b1,870,000	c7,361,000
Share earns	.22	1.08

b-Reflects losses from discontinued operations of $4,267,000 for the quarter and $4,551,000 for the nine months.
c-Includes income from discontinued operations of $11,000 for the quarter and $348,000 for the nine months.
d-Net income.

CAMBRIAN SYSTEMS INC.
Qtr to April 30	1985	1984
Revenue $	1,103,300	1,704,300
Net loss	495,400	133,600
9mo rev	3,346,000	4,428,900
Net loss	1,470,100	270,500

CLABIR CORP. (N)
Qtr to April 30	1985	1984
Revenue $	10,937,000	7,599,000
Net inc	b204,000	c796,000
Share earns	.02	—

b-After a tax credit of $531,000.
c-Net loss.

COGENIC ENERGY SYSTEMS (O)
Qtr to April 30	1985	1984
Revenue $	1,319,088	1,122,116
Net loss	766,954	367,630

CONTINENTAL HEALTHCARE SYS.(O)
Qtr to March 31	1985	1984
Revenue $	3,728,000	2,218,000
Net inc	486,000	261,000
Share earns	.16	.08
6mo rev	6,869,000	4,019,000
Net inc	575,000	b403,000
Share earns	.19	.13

b-Includes a gain of $30,000 from the cumulative effect of an accounting change.

CULLINET SOFTWARE INC. (N)
Qtr to April 30	1985	1984
Revenue $	52,728,000	35,149,000
Net inc	6,856,000	4,812,000
Share earns	.22	.16
Yr rev	184,100,000	120,036,000
Net inc	24,688,000	16,494,000
Share earns	.81	.54

The share earnings reflect a 2-for-1 stock split paid Jan. 21.

DATAPOWER INC. (O)
Year to March 31	1985	1984
Sales $	15,231,000	15,042,000
Net loss	b968,000	c506,000
Share earns	—	.24

b-After a gain of $258,000 from the cumulative effect of an accounting change.
c-Net income.

DIGITECH INC.
Qtr to April 30	1985	1984
Revenue $	4,522,000	5,817,000
Net loss	331,000	392,000
6mo rev	9,018,000	10,706,000
Net loss	750,000	1,243,000

DIVI HOTELS
Qtr to April 30	1985	1984
Revenue $	12,702,953	8,363,826
Net inc	3,683,294	3,064,925
Share earns	1.98	2.52
Shares outst	1,858,338	1,219,862
Yr rev	29,098,500	20,155,485
Net inc	2,117,162	1,908,283
Share earns	1.38	1.59
Shares outst	1,530,595	1,200,949

EAGLE-PICHER INDUSTRIES (N)
Qtr to May 31	1985	1984
Sales $	174,646,965	180,866,737
Net inc	7,330,899	7,747,486
Share earns	.77	.80
6mo sales	329,358,506	335,415,217
Net inc	11,780,920	12,881,936
Share earns	1.23	1.33

ENNIS BUSINESS FORMS INC. (N)
Qtr to May 31	1985	1984
Sales $	27,255,000	25,305,000
Net inc	2,162,000	1,806,000
Share earns	.63	.51

EQUION CORP.
Qtr to April 30	1985	1984
Sales $	9,974,873	10,767,728
Net inc	b882,201	c1,438,948
Share earns	.16	.34
9mo sales	35,665,147	29,983,289
Net inc	b4,624,193	c2,928,918
Share earns	.90	.69

b-After tax credits of $436,419 for the quarter and $2,286,007 for the nine months.
c-After losses from discontinued operations of $195,305 for the quarter and $518,381 for the nine months and tax credits of $686,566 for the nine months and $1,397,051 for the nine months.

FEDERATED GROUP INC. (O)
Qtr to June 2	1985	1984
Sales $	74,320,000	40,537,000
Net inc	2,758,000	1,706,000
Share earns	.25	.19

Share earnings reflect a 3-for-2 stock split.
Results for the latest period are for 13 weeks.

GENERAL AUTOMATION
Qtr to April 27	1985	1984
Sales $	13,606,000	19,056,000
Net loss	4,542,000	b1,364,000
9mo sales	43,657,000	55,616,000
Net loss	6,742,000	c859,000

b-Reflects a loss of $50,000 from the reversal of a tax credit.
c-After a tax credit of $80,000.

KETTLE RESTAURANTS INC.
Qtr to April 30	1985	1984
Revenue $	11,556,000	12,578,000
Net loss	35,000	b703,000
Share earns	—	.30
6mo rev	23,156,000	25,915,000
Net inc	539,000	1,469,000
Share earns	.23	.62

b-Net income.

LEVI STRAUSS & CO. (N)
Qtr to March 31	1985	1984
Sales $	615,686,000	659,824,000
Net inc	32,059,000	b6,358,000
Share earns	.86	.17
6mo sales	1,133,855,000	1,193,677,000
Net inc	45,641,000	17,246,000
Share earns	1.23	.43

b-Reflects a charge of $24,500,000 for plant closings.

LEXICON CORP. (O)
Qtr to May 31	1985	1984
Revenue $	2,477,414	1,202,827
Net inc	457,852	315,125
Share earns	.04	.03
9mo rev	5,780,683	3,069,144
Net inc	686,847	366,282
Share earns	.06	.04

McCORMICK & CO. (O)
Qtr to May 31	1985	1984
Sales $	209,232,000	186,872,000
Net inc	3,454,000	b7,696,000
Share earns	.28	.62
6mo sales	400,100,000	358,857,000
Net inc	7,070,000	c34,062,000
Share earns	.58	2.72

b-Includes a gain of $1,000,000, or 8 cents a share, on the sale of property.
c-Includes a gain of $22,200,000, or $1.77 a share, on the sale of property.

MEDICAL ELECTRONICS CORP.
Qtr to April 30	1985	1984
Revenue $	1,749,995	940,824
Net inc	239,642	b304,515
Share earns	.04	—
6mo rev	3,346,031	1,638,893
Net inc	380,454	b403,484
Share earns	.07	—

b-Net loss

NEWBERY ENERGY CORP. (A)
Qtr to March 31	1985	1984
Revenue $	21,895,000	21,214,000
Net inc	785,000	1,038,000
Share earns	.47	.61

Cont'd on Page D14

该公司当季约1,090万美元的销售收入与一年前相比增长了大约43%，表现出显著的增长。但是，进一步考察每股收益，我们发现其每股收益仅为2美分，而上年同期每股收益为负。虽然每股收益在改善，收益水平却非常低下，这可能

第11章 如何挑选击败市场的绩优股——"霰弹枪"和"步枪"方法

更像是一种潜在的扭亏,而并非真正的增长,因此这家公司也不是我想要的。此外,请注意1985年4月30日季度净利润前面的小写字母"b"。报告中的脚注说,该净利润是考虑了531,000美元的税收抵免之后的结果。换言之,如果没有这一特别的项目,卡莱伯尔公司本季度的亏损将会超过30万美元。因此,我们也不会考虑这家公司。

下一家公司是Cogenic能源系统公司(Cogenic Energy Systems),该公司当季度为净亏损,因此我也将其排除在外。最后,我们来考察圈出的第一只股票——于场外市场交易的大陆医疗系统公司(Continental Healthcare Systems)。截至3月31日的季度销售收入增长68%,达到370多万美元,这是一个不错的信号。接下来我们看到当季每股收益从8美分倍增至16美分,这也是一个很好的趋势。然而,如果你进一步观察,将会发现一个消极的信号。

除了财年的第一季度外,公司其他三季度的报告也会对本财年的累计收入和盈利产生影响。在大陆医疗的例子中,3月份所在的季度是该公司财年中的第二个季度,因此也同时披露了6个月的半年财务报告。我们在报告的最后一行看到,6个月的每股收益是19美分,而一年前同期是13美分。然后,做一个简单的减法(用6个月的每股收益减去第二季度的每股收益),从而计算出本财年第一季度(即截至12月31日的那个季度)的每股收益情况。计算结果表明第一季度每股收益为3美分,而上年同期为5美分,显然,该季度的表现不算好。我不是寻找那些在最近一个季度有增长的股票,而是更倾向于在较长时间内稳定增长的股票。大陆医疗系统公司在本财年的第一季度未能表现出这一点,因此我会在该公司的名字上画×而将其删除。

我还圈出了在纽约证券交易所上市的另一只股票库林奈软件公司(Cullinet Software)。其销售增长率高达50%,季度销售收入为5,200多万美元,每股收益从16美分增加到22美分,上升幅度超过了37%。这还不错。4月30日结束的这个季度是库林奈公司财年的第四季度,也就是最后一季度,其全年的数据如下:销售收入为1.84亿美元,比上年同期增长53%。本季度的销售增长率仅比全年的增长率略低一点，这是合理的，但该季度的每股收益的增长率仅为37%。简单计算后，我们可以看到，该财年前三个季度库林奈公司每股收益为59美分，而上年同期为38美分，增长55%。因此，本季度的每股收益增长正在放缓，这是我们存在些许疑虑的原因。尽管如此，这仍是一个非常高的增长率，如果以30%左右的速度继续增长下去，这将会是一只极具潜力的股票。基于这一点，我会将库林奈公司圈出，并继续分析列表中的其他信息。

之后，我们继续考察市盈率指标，会发现库林奈公司目前市盈率已经处于相当高水平，大概在30倍左右，所以根据市盈率我应该剔除它。但在盈利报告中，唯一的负面因素是最近一个季度的增长放缓，还不足以让我马上就将该股票排除在外。

下一只有趣的股票是在纽约证券交易所上市的恩尼斯公司（Ennis Business Forms）。在5月31日结束的这一季度，恩尼斯公司的销售额增长约8%，达到2,700多万美元。从信息列表中，我们可以知道这是恩尼斯公司本财年的第一季度，因为表中季度数据下方没有列示6个月、9个月或全年的数据。其8%的销售增长并不算强劲，然而，本季度每股收益增长23%，达到63美分，这很不错，值得继续关注。恩尼斯公司已经在我的潜在买入清单上，任何时候在该清单上列出的股票都超过100只，并且随时剔除那些财务报告不佳或存在其他负面因素的股票，添加新看中的股票，从而不断更新该股票清单。

为了让这个潜在买入清单便于手动管理，我使用了索引卡片。（在这部分的选股方法中我没有使用计算机，你同样也不需要。）我将这些卡片分成三组，每组对应一个交易所——纽约证券交易所、美国证券交易所和场外市场。然后，将每个组内的股票按字母顺序排列。如果你在报纸上看到清单上某家公司的财务报告，你很可能会记起那家公司的名字，当然偶尔也可能想不起来。不管什么时候，如有不确定，你都可以翻阅卡片看看该股票是否已经存在，对恩尼斯公司我就是这样做的。

以该公司为例，下面是一张样卡，记录了我所收集的信息。

第11章 如何挑选击败市场的绩优股——"霰弹枪"和"步枪"方法

```
EBF          恩尼斯公司 37.5 10,000股
             内部人士0—4
每股收益      0.63 VS.0.51（2.85美元）+8% VS.+21%    1985年5月
市盈率        13×
             制作商业表格用纸
             1.30,1.56,1.72,1.80,2.21
```

卡片上第一个符号是股票代码，在此例中为EBF，如果我想要知道当前报价，代码可以方便我在Quotron设备上查找股票。接下来是公司名称恩尼斯公司（Ennis Business Forms），以及我上一次更新股票清单时的该股票价格。在此例中，当天盈利报告中恩尼斯公司的价格为37.5美元。同时我还记录了交易量——大约为10,000股——因为我不喜欢推荐交易量太低的股票。但是，如果你自己的交易账户规模不太大，这对于你就不是一个问题。我还记录了内部人士交易的情况（后面还会谈到这个问题），在恩尼斯公司的例子中，有4个内部人士出售但没有内部人士购买，这不是个好消息，但这一情况可能会随着时间而改变，所以该股票仍然在我的潜在买入清单上。

接下来，我会擦去过时的季度收入数据（要记住用铅笔更新卡片），写上当前季度每股收益与上年同期的对比，63美分对51美分。其后的括号中有一个数字2.85美元，这是过去4个季度的每股收益总和。（本章稍后将告诉大家在哪里获取这些数据。）现在，你会在括号后面看到+8%，这是本季度销售额的增长率（该数据来自《纽约时报》），之后你会看到+21%，这是上一季度销售额的百分比增长率，数据来自3个月前的恩尼斯公司财务报告。所以，对恩尼斯公司而言，一个不太好的消息是销售额增长率从21%下降到8%。接下来我记录了13倍的市盈率、公司业务的概要介绍，以及过去几年的每股收益水平。

最后，卡片上还标注了月份，在此例中是"5月"，对应着该公司最新季度

报告的截止月份。我在卡片上标注时间是便于在浏览卡片搜索股票的过程中，知道这是否是最新的或过时的报告。如果现在已经进入6月份，然而却发现我对某一公司记录的最新的季度报告时间为12月份的话，我就会知道自己可能错过了第一季度的报告，并查询财务记录以更新该报告。换句话说，标注出最新的盈利报告的日期可以方便你检查。根据当天的盈利报告，恩尼斯公司依然保留在索引卡片文件中，虽然它不是我立即买入的候选股票。

最后一只被圈出的股票是在场外交易的联合集团（Federated Group Inc.）。其销售额从4,000多万美元大幅增长至超过7,400多万美元，增幅达83%。然而，其每股收益仅增长32%，并未与销售额增长同步。在一些行业，收益的增长速度不及销售额的增长速度，这可能意味着激烈的竞争、价格下降以及利润率下降。也可能存在其他原因，比如由于引入新产品而产生的开支，这种情况下，销售额的大幅增长可能为未来的收入增长奠定基础。我们并没有足够充分的信息可以剔除该股票，因此它仍然是有待进一步观察的候选股票。

回顾一下到现在为止我们都做了什么。我们搜索了当天发布的股票盈利报告，寻找在销售收入和每股收益两方面都有合理增长的公司。大多数的股票未通过该筛选，有4只值得继续观察，并已被圈出。大陆医疗很快就被排除，因为，通过简单的计算，发现其上一季度的增长为负，与长期稳定增长的目标不一致。至少在进行下一步之前，其他3只股票还是被圈中的。

一旦掌握了这种方法，每天只需要花几分钟的时间就可以从剩下的股票中筛选出满足条件的候选股票，但是在一个季度的第二周到第四周期间可能耗时会更多，因为那时会有大量的公司披露盈利报告。但如果有丰富的经验，即使在忙碌的报告披露季，每天花在阅读财务报告上的时间也不会超过15分钟。

请记住：经验是无法替代的。虽然刚开始可能会很慢，但速度会逐渐提高，在不太长的时间里，你将成为快速阅读财务报告的专家。另外，请始终在手边准备一个计算器，这样就能较快计算出销售额或盈利的百分比变化，或者将本季度数据与上一季度、之前6个月或之前9个月的数据进行对比。

第11章 如何挑选击败市场的绩优股——"霰弹枪"和"步枪"方法

到这里，我们还有3只圈出的股票，但到目前为止，我们甚至都还不知道它们的交易价格。接下来就要浏览股票行情以获得前一天的收盘价。库林奈公司和恩尼斯公司的报价可以在纽约证券交易所的挂牌公司中找到，而联合集团的报价可以在纳斯达克柜台交易挂牌公司中找到。对于在纽约证券交易所和美国证券交易所上市的股票，股票行情表还给出了市盈率数据（尽管这一数据可能没有将最新的季度数据考虑在内），你也可以将其记录下来。我通常在股票信息列表附近的空白处简单地写上对应的价格和市盈率。

此外，我还会关注当天价格的变化。大多数盈利报告都是在市场开盘之前或当天交易过程中发布的。在下午4点市场收盘以后，一般没有太多的报告发布。因此，市场会对盈利报告的消息做出反应，这通常体现在股票当天的价格变化上。由盈利报告引发的最糟糕的结果无疑是股价急剧下跌，这通常表明市场对该财务报告感到失望——不及预期水平。很多学术研究已经表明，如果盈利显著低于预期，那么这些股票在未来1—2个季度的平均表现将弱于市场。

因此，如果我看到一只股票价格大幅下降——比方说，一只价格高于30美元的股票下跌1美元或更多，价格在15美元到30美元区间内的股票下降四分之三美元或更多——我可能会对该股票持悲观的态度，从而立即放弃该股票。请记住，股票行情的趋势是你最好的朋友。不论财务报告在你看来有多美好，报告发布之后的下跌行情无异于"死亡之吻"，保持安全比未来后悔更好。

这4只被圈中的股票当天都没有明显的价格变化，最大幅度的变化也只有八分之三美元。如果价格变动不显著，我就不会将其记录下来。事实上，如果你不是要寻找卖空的股票，你甚至不需要费心关注那些最负面的信号，只要简单地将该股票剔除在外即可。另一方面，如果股票在盈利报告发布之后大幅上涨1.5美元或2美元，那么这是一个非常积极的信号，通常意味着市场对该报告感到非常满意。同样，学术研究发现，报告中有超出市场预期的异常盈利的股票在未来3到6个月内往往比市场整体表现得更好。因此，如果你在盈利报告发布当天发现价格大幅上涨，请为该股票标注一个积极的记号。

报告发布当天，我们可以根据股票行情来排除一些股票。下一个排除方式是关注不合理的高市盈率。市盈率是股票价格除以最近4个季度的每股总收益，除非该季度报告是其财政年度的最后一次报告，就像库林奈公司那样，否则你在报纸上看不到最近4个季度的每股总收益。库林奈公司公布了本财年每股收益为81美分。将其价格24.875美元除以81美分的每股收益，市盈率高达31倍。如此高的市盈率令人望而却步，足以让我将该股票剔除。我们不知道恩尼斯或联合集团最近4个季度的收入，所以我们不得不进一步深入挖掘。到这里，报纸上有价值的信息已经取之将尽。

现在我们需要一个新的数据源，最好能提供方便使用的图表，同时还配有近期的盈利数据。我个人推荐哈利·兰克福德公司出版的图表手册。该书有三册，分别是《纽约证券交易所报价》《美国证券交易所报价》《场外市场报价》，分别对应着3只股票市场。该手册每周出版，不过我认为每个月买一次就够了。其他提供类似服务的机构还有包括威廉·欧奈尔公司（该公司出版《长期价值》)、标准普尔公司、曼斯菲尔德公司，还有一些更重视金融数据而图表较少的服务提供商，比如价值线公司。

我更喜欢《兰克福德股票图表》，因为该书也就口袋大小，我可以将3个版本都随身携带，以便随时查阅超过三千只股票的信息。该书的内容通常包括5年的年度盈利和红利，以及最近5到8个季度的盈利，图表中不仅包括股票价格和交易量，还同时列示了每股收益。我喜欢该书还有另一个理由，书中的图表使用半对数坐标，这意味着在图表中相等的距离代表着相同的百分比变化。

例如，在图中股票价格从20美元到40美元的距离和从40美元到80美元的距离是一样的。其他的很多信息提供商的图表是以普通算术刻度来绘制价格走势，严重扭曲了价格变化的幅度。在普通算术刻度的图形中，价格从80美元上涨到100美元看起来像是直线上升，投资者将会收获颇丰。而事实上，这与价格从8美元上涨为10美元无异，但是后者在图中看起来上涨幅度会小很多。《兰克福德股票图表》的缺点是图像太小，对阅读者视力要求较高。我对此并不在意，

第11章 如何挑选击败市场的绩优股——"霰弹枪"和"步枪"方法

然而一些人可能会由于数字太小而难以辨识。下图展示了《兰克福德股票图表》中关于恩尼斯公司的信息。

　　找到一种好的图表或金融信息服务,你就能够查阅过去12个月的盈利数据,以下图所示的恩尼斯公司为例。《纽约时报》上的财报显示,5月31日所在的季度,也就是本财年第一季度,每股收益为63美分。查看该公司图表,我们可以看到该季度报告之前3个季度的情况,每股收益分别67美分、66美分和89美分。加上最新的季度报告,4季度合计为2.85美元。得出这个结果还有第二种方法,首先计算当前季度与上年同期的差值,即63美分减去51美分为12美分。也就是说,恩尼斯公司本财年第一季度的每股收益比上年同期增加了12美分。你所要

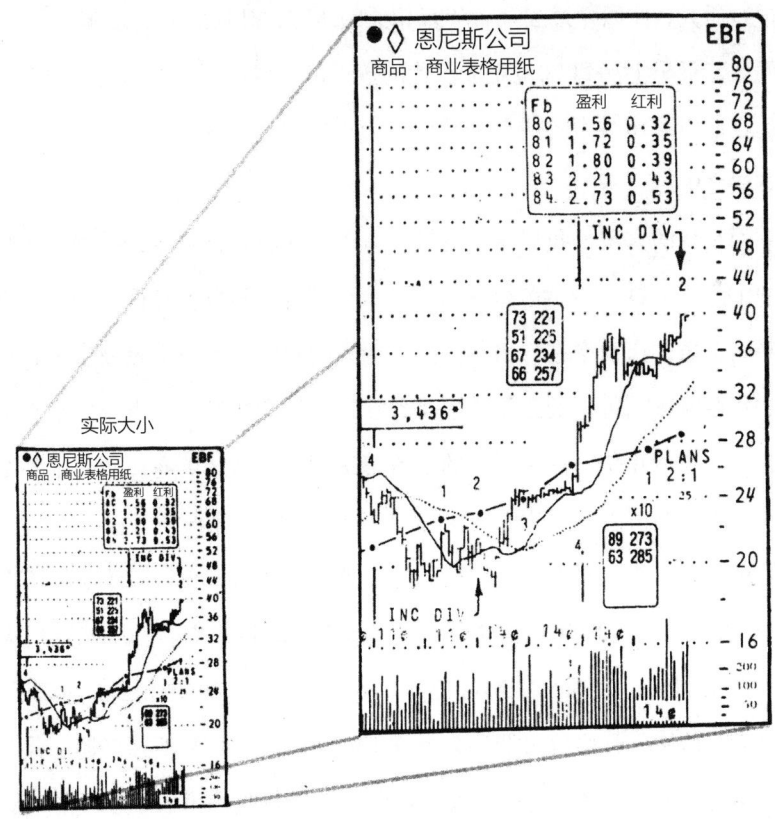

重印授权:哈里·兰克福德公司

做的就是将12美分加到之前4个季度2.73美元的总收益中,同样得到2.85美元。

如果使用价值线公司、标准普尔公司、曼斯菲尔德公司或欧奈尔公司的服务,你可以将季度数据相加以获得最近12个月的收益。在得到计算结果时,你可以将最近几个季度与上年同期数据进行简单比较。如果你发现这几个季度公司股价走低或增长缓慢,你可能需要剔除该股票。请记住,我们要寻求的是合理稳定的增长。

市盈率

前面对库林奈公司进行分析时,我提到要避免过高的市盈率。现在我们继续详细探讨与市盈率相关的问题。部分学者曾对股票价格表现与市盈率之间的关系进行研究,而回顾过去几十年来相关的研究,对我们来说是非常有帮助的。总体而言,最早上溯到20世纪30年代的数据确切地表明,低市盈率股票的长期表现远远超过高市盈率的股票。然而更为重要的是,我们怎样才能将其应用在选股方法之中?

下面是我的方法。我尽量回避最高市盈率的股票,当然,随着市场整体市盈率的上涨或下跌,最高市盈率的绝对水平随着时间也会有很大变化。道琼斯工业平均指数的市盈率在1961年达到了惊人的23倍,为历史最高水平,略微超过1929年在股灾前创下的纪录。但是,在1968年和1972年,市盈率水平也出现了飙升。在那些年份,许多股票的市盈率达到40倍甚至更高,而其中甚至有相当一部分股票的市盈率高达80到100倍,实在是难以置信。

另一方面,道琼斯工业平均指数的市盈率在1974年和1982年的熊市低谷时期低于6倍,在这些时点上也没有太多市盈率为20倍或更高的股票。但无论市盈率的范围如何,我都会尽量避免高市盈率的股票。比如说,库林奈公司的市盈率为31倍,尽管股价可能还会继续走高,但我对此并不感兴趣。我关注的是该公司超高的市盈率,它几乎是1985年年中市场平均市盈率水平的3倍之多,这样的情形已是岌岌可危。

如果库林奈公司的未来盈利大致符合华尔街的预期，或者好于预期，那么该股可能没有问题，但一点点令人失望的表现可能就会带来毁灭性的后果。一旦市盈率达到超高水平，就没有容许出现任何差错的余地。如果市场预期公司增长率达到30%，而实际上只达到20%—25%，那么股价可能会受到严重冲击；而如果增长率仅达到10%，那么股票很容易遭受重创；如果最糟糕的情况发生，盈利急剧下降，那么市盈率很高的股票很可能下跌70%—80%。因此，市盈率非常高的股票有时会表现得很好，但从风险收益的角度来看，它们与毒药无异。

如前所述，从另一方面来看，学术研究表明市盈率低的股票表现最佳。然而，这些研究存在一些技术上的偏差，其结果可能会存在一些问题，尤其是那些破产的公司往往被排除在研究之外，因此得出的结果往往会存在正向偏差。

一般来说，市盈率极低的股票有两种类型。第一种是处于严重财务困境中的公司，它们仍然有盈利，但投资者不愿意为这些盈利支付太高的价格，因为公司可能面临破产的危险。如果公司的资产负债状况非常糟糕，并且公司本身将在未来一两年内陷入困境，那么你可能不会以3倍于每股收益的价格购买股票。当然，没有人能确切知道将来到底会发生什么。不过，如果你打算购买市盈率极低的股票，我建议你首先要仔细研究资产负债表和该公司其他方面的财务情况。我通常将这种类型的股票排除在外，因为它不符合我的"霰弹枪"式选股标准。

还有另一种市盈率非常低的股票，其所在的行业普遍为人们忽视，这可能是因为一些不利的消息尚未落实，悬而未决。例如，近年来，由于面临建设可能中止或企业融得的资金可能用尽的风险，正在进行核电厂建设的公用事业股已经开始以非常低的市盈率出售。现有的例子包括缅因州公共服务公司（Maine Public Service）和长岛电力公司（Long Island Lighting），这些例子也可能是接近第一种类型的边缘情况，如果它们在核电厂建设方面继续出现问题，那么可能会濒临破产。

最近其他低市盈率的股票中包括汽车板块，特别是福特汽车公司和克莱斯勒汽车公司。克莱斯勒几年前游走于破产的边缘,但最终起死回生。福特是一家更稳定的公司,然而在1988年底其市盈率低于5,在这期间福特并没有任何破产的迹象,只是由于汽车行业的周期性和国外竞争的威胁,华尔街认为其不能继续维持之前的收益状况,因此出现了极低的市盈率。

学术研究表明低市盈率的股票表现最佳,福特就是一个完美的例证。我并非要推荐福特公司的股票,不过如果你持有一组与福特公司相类似的股票,那么在一两年内确实可能跑赢市场,如果该投资组合每年都进行再评估,以剔除那些市盈率已经上涨到较高水平的股票,并用市盈率下降到较低水平的可靠股票替代它们,结果会更好。

由于我的选股方法强调稳定和合理的增长,所以不太可能找到既符合上述标准同时市盈率又极低的股票。因为如果一家公司确实表现出稳定可靠的增长,那么至少在某种程度上会得到市场认可,市盈率会更倾向于处于正常或更高的水平。事实上,如果遇到一只市盈率非常低但增长良好的股票,我会对其心存疑惑。我将进一步分析其资产负债表是否存在问题,订单是否下降,或者是否存在其他重要的不利因素,而答案通常是肯定的。因此,我通常不会选择市盈率非常低的股票,因为它们通常不符合我的选股标准。但是,如果你能非常谨慎,按照低市盈率标准进行投资的方法没有任何问题。

同时,我也不喜欢市盈率非常高的股票。我选择的大部分股票市盈率都接近或略高于市场平均水平。如果市场的平均市盈率为10倍,而我找到的股票相比市场总体有着更高、更稳定的增长,那么我就能确定这些股票的公允价值将高于市场目前的市盈率水平,比如14倍或15倍。如果我能找到一只其他方面都相似但市盈率为11倍或12倍的股票,这就是一次不错的投资机会。如果市盈率达到16倍或17倍,那就不那么划算了,尽管其增长率足够高并且公司具有明显的竞争优势,将来稳定增长的可能性更高,但目前的价格就是其内在价值。这是基于我的经验和直觉的判断。

为了理解什么样的市盈率才是合理水平,你必须回溯并研究过去几年的盈利趋势。观察前面《兰克福德股票图表》中关于恩尼斯公司的信息，你会发现在1980年公司每股收益为1.56美元。随后该指标表现出持续上升的趋势，在后续年份中依次达到1.72美元、1.80美元、2.21美元和2.73美元。计算得到4年间平均每年的复合增长率为15%。顺便说一句，如果你手边有一个可以很容易地算出复合收益率的计算器，那么它会非常有用。

将目光移回恩尼斯公司，其每年15%的增长率并不差。此外，恩尼斯公司的盈利水平每一年也在上涨，最新一季度增长率达到23%，高于长期增长率，这让我对这家公司我十分看好。恩尼斯公司的股价为37.5美元，市盈率13倍，略高于市场整体10倍到11倍的市盈率水平，但鉴于恩尼斯公司多年来的稳定回报，这似乎合情合理，因此，我仍然把该股票保留在我的潜在买入清单上。我之前对该股票持冷静观望态度主要有两个原因，其中一个原因是其季度销售收入仅增长8%，这是我之前提到过的，而另一个原因是在数月前有4位内部人士存在抛售股票的情况。

在《兰克福德股票图表》或其他可使用的服务中，你可以看到公司业务的简要说明，比如书中就介绍了恩尼斯公司提供的产品和服务。但如果你想对公司业务有更细致的了解，请使用价值线公司或标准普尔公司的资料。恩尼斯公司所处的行业很有趣，因为即使其他公司在经营低迷的时候也仍然需要它的产品。在经济衰退时期，销售额可能有所下降，但这并不是一个具有显著周期性的产业，也没有过重的固定成本负担。而且，公司目前的增长速度并不是很高，实际上在某些情况下这可能其实是一件好事。超高的增长率会吸引竞争对手，而竞争最终会使得利润率和增长率下降。如果恩尼斯公司和该行业的其他股票能够以每年15%的增长速度"稳健前行"，那就相当不错了，特别是如果你能够在其市盈率与市场大致持平的时候买入该股。如果恩尼斯公司的市盈率回落一些后达到市场平均水平，那么它就会变得非常有吸引力。

让我们继续讨论之前在盈利报告中圈出的最后一只股票——联合集团。仔细阅读《兰克福德场外报价图表》后可以发现，截至1985年2月的12个月联合集团的每股收益为1.16美元。1986年第一季度的收益增加了6美分（由当前季度的25美分减去上年该季度的19美分计算所得）。将这增长的6美分与之前的1.16美元简单相加，也就意味着在过去12个月每股收益为1.22美元。在报告发布的那天，联合集团的股价为22.5美元，那么市盈率则为18倍。该公司1980年每股收益很少，次年每股损失7美分，对这样一家公司来说，现在的价格已不算低廉。虽然1981年之后盈利不断增长，但1980年到1981年期间股票净值的不稳定性也令我相当担心。

关于该股票另一个可疑的因素是，其季度盈利增长了32%，这很好，但上一季度的增长率超过了6倍，所以我不能确定这是否意味着增长放缓。联合集团可能确实是一只很好的股票，但我现在更倾向于不考虑它。因此，在1985年6月18日财报公布后，基于我的研究，只有恩尼斯公司入选了潜在买入清单，而它在我的清单已经保留了很长时间。

在此我想补充一些关于盈利趋势的想法。我试图去发现盈利变动趋势的稳定性，如果盈利每年都稳定增长15%，那很好。如果盈利一年增长30%，下一年增长5%，再下一年增长40%，之后一年下降2%，而后一年又增长20%，这样长期增长率可能不低，但缺乏稳定性会带来负面影响。其次，财务报告中的盈利并不总是与实际相符，有很多种会计方法可以按照公司管理层的期望来"平滑"收入。如果使用我的方法，则无需进一步分析报告中的盈利是否被夸大或低估。在某些情况下，可能会偶尔失手，但从长期来看，根据我的标准你会找到一些优秀的股票。如果你有时间并且愿意对财务信息进行深入挖掘，也可以放手去做，但这样最终可能会占据你全部的工作时间。

正如我之前所说的那样，我和伙伴乔·迪梅纳对公司做进一步的深度挖掘，他的任务是进行广泛的信息搜集和调查。在我们的养老金管理公司阿凡达联盟（Avatar Associates）中，我们也做了广泛彻底的调查。我们的基金经理奈德·巴比特（Ned Babbit）、查尔斯·怀特（Charles White）和弗朗辛·戈德斯坦（Francine Goldstein）每人负责其中几个行业，大致上是一个人负责三分之一。例如，奈德跟踪石油板块，如果在分析了盈利趋势与市盈率之后，觉得股票表现良好，那么他就需要进一步分析公司的财务报表，并与正在跟踪该行业的分析师交流。但是一般来讲你不会走到这一步，只要资产足够分散，并遵循我的方法（尤其是第13章中介绍的止损原则），上述步骤就不是必需的。

另一个你偶尔可能需要考虑的因素是公司的债务水平。《标准普尔选股指南》中记录了公司的长期债务水平和短期债务水平，其中短期债务由流动资产减去流动负债计算所得。在价值线公司或标准普尔公司的其他出版物中还可以找到更多的细节。如果一家公司的债务水平非常高，那么盈利或盈利增长率的价值就会因为潜在的风险而下降。负债高的公司有很高的利息支出，而利息支出是固定成本。如果业务量稍有下降，那么高昂的固定成本可能会对盈利产生非常不利的影响。所以要小心，不要过度投资于高负债公司。当然，你也许根本不想投资这类公司。

价格表现

我们现在已经根据盈利和销售收入增长以及市盈率指标来筛选股票。下一个用于筛选股票的因素就在走势图形中——也就是股票自身的价格表现。回顾第5章中使用的价值线股票价格指数的百分之四模型，尽管该模型是针对整个市场，但它清楚地表明，通过买强卖弱，可以获得远高于市场回报率的良好收益。这一方法同样适用于个股，毕竟市场只不过是所有个股的集合。

我对股票的价格表现并没有严格的判断规则。尽管你可以借助计算机或大型数据库，并用一些机械性的规则来筛选表现良好的股票，但与其说这是一门科学，不如说是一门艺术。当我浏览股票行情图时，我并不专门地去关注大多数技术分析员所遵循的图表形态，比如头肩顶、头肩底形态、上升楔形形态或三角形态。我不相信这些东西，但我确实希望能找到表现优于市场的股票。因此，首先要考虑的是市场最近的整体表现。

假设最近的市场走势非常强劲，所以毫无疑问，我要剔除那些跟不上市场步伐的股票。若股票在低点附近徘徊，或者在图表中表现出明显的下跌趋势，那显然也是要被剔除在外的。如果股价一直在上涨，但上涨非常缓慢，并且也没有突破之前几年的高点，那么可能也不是很好的候选股票。毕竟，如果市场强劲，在过去的6到8个月内上涨了15%或20%，那么任何表现明显低于该水平的股票都会令人生疑。我的理论是，如果一只股票真的很好，那么它至少应该和市场水平不相上下，如果并非如此，那么这本身就是一个警示信号。

在一个非常强劲的市场中，最好的一种价格表现是在图表上呈现出明显的上升趋势，你会在趋势向上的价格线上看到一系列越来越高的波峰和波谷。如果小幅的下行未跌破不久前的低位，那么最好的买入点就位于从高位短期回落5%至10%的区间内。如果整个市场在一段时间内横盘整理，那么一只刚刚从这种长期趋势中摆脱并向上突破的股票将成为值得买入的对象。

例如，假设一只股票在一年左右的时间内交易价格始终徘徊在20美元到25美元之间，整个市场总体上横盘持平，现在该股票突然成功突破25美元，它显然比市场表现得更好，这是一个积极的信号。这就是我喜欢购买的股票类型，如果它回落了一两个点，那就更好。

最后，假设市场已经崩溃，就像在1982年中期那样，道琼斯工业平均指数从1981年高于1,000点的峰值一路跌至777点，当价格在8月中旬开始走强时，我开始积极买入。数百只股票继续创下新低，但我并不关注这些。我想要寻找的是近几个月来表现超越市场的股票。时间追溯到1981年9月底，市场在经受了夏季200点的跌幅后暂时见底。许多股票跌至低点并在之后的秋季恢复回升。当1982年春季和夏初市场整体缓慢下跌后，多只股票的价格仍高于1981年9月的低点。对我来说这就是这些股票相对强势的极佳信号，因此在1982年的夏天我买入了很多这类股票。

这些股票中有些还在继续下跌，但是它们的下跌速度低于市场，并且仍然保持在之前的低点以上。这表明针对这些股票的最糟糕的卖出行为可能已经结束，并且即将开始出现强劲买盘。实际上，许多受益于通货紧缩的防守型股票在1981年底和1982年初表现得非常好，尽管当时主要的市场指数创下新低。这类股票中包括百货公司类、食品类和公用事业类。有趣的是，在1982年市场跌至低点之后的3年里，这类股票仍然领涨市场，在这段时间内的表现超过了大盘的平均水平。在1982年中期的最后低点之前，它们早期的强势表现已经证明了它们会是出色的领先者。

看清市场趋势与可能从中受益的行业之间的关系，可能会让你获得高于正常水平的回报。如果你勤于阅读和思考，就会发现在股市的历史中，这样的事实一次又一次不断上演。换句话说，如果出现一个重要的经济趋势，如通货膨胀、通货紧缩、低利率、国外竞争、美元疲软等，这可能会导致某些行业具有极佳的长期投资机会。20世纪70年代末，当物价狂飙时，黄金股、其他贵金属股、石油股和林产品股表现良好。相反，公用事业股、航空股和汽车股（石油消费者）因此遭受不利影响。

如果你能洞悉长期的经济趋势，就可以从中获利。当然，很多人在股价已经做出反应之后很久才认识到这一趋势，为时已晚。在本章后面的部分，我会向读者介绍几次挑选股票的例子，然后重点展示我是如何基于对通货紧缩和个人投资者重返市场的长期趋势判断以及该趋势对公司带来的利好，选中德雷福斯公司（Dreyfus Corp.）这只股票的。

无论你对长期经济趋势的判断是否正确，都要拒绝那些与你的判断不相符合的股票，这至关重要。例如，如果你认为石油价格会继续下跌，即使个别公司的前景看好，你心理上也会很难接受购买石油股。在这种情况下，即使你可能错过上涨的机会，也最好忽略这类股票。因为如果你购买的股票与你自己的感觉大相径庭，你会对此类投资内心排斥，而且很可能会在第一次不利变动出现时将其售出，或者在它价格略有上涨时便获利退出。这违背了购买股票的总目标，即寻找那些可能有重大变化的股票，以此来增加收益，但同时控制损失。

如果你对5%或10%的收益感到满意，那么就不要购买股票，这不值得冒险，因为投资股票而睡不安稳也不划算。所以，你需要选择让自己感到舒服的投资方式。在我的投资生涯中，基于对长期经济趋势的看法，我拒绝过各类行业的股票。幸运的是，在1981年底和1982年初，我非常早地开始相信反通胀时代的来临。这使我在很大程度上避开了自然资源股，并更加倾向防守型股票。

即便如此，我在1982年8月还是推荐了几只黄金股，因为我认为熊市中的黄金即将开始出现大幅的反弹，事实上反弹也确实出现了。我通常并不会参与此类投资，因此在投资黄金股的同时我购买了大量的公用事业股来对冲风险。讽刺的是，在接下来的几个月中，黄金板块是整个股市中表现最好的，而公用事业板块是最差的。尽管如此，两者的组合仍然击败了市场。几个月后，我将黄金类股票卖出，因为我知道它们不具有长期趋势。

内部人交易

我用于挑选股票的最后一个主要变量是内部人员交易的频繁程度。内部人是指公司的高级职员、董事或大股东。我的逻辑是无风不起浪。如果内部人士大量出售股票，不管他们所宣称的原因是什么，我通常都会将其视为不利信号。如果一位内部人出售股票，这可能并没有关系，因为他可能需要一些钱来支付子女的学费。但如果有七八位内部人都是如此，那就可能意味着危险。相反，如果众多内部人士在几乎同一时间买入股票，那么这通常是一个利好的信号。

一些学者曾对内部人交易进行研究，并且都发现内部人大量买入的股票表现优于市场。多年前，我在《巴伦周刊》（1976年6月21日）上发表过一篇文章，总结了其中几篇学术研究的结果。表36显示了上述结果，以及当时我自己研究中实现的收益情况。前四项研究的时间段从1958年到1965年，日期后的第一列显示了在上述研究期间市场的整体年化收益，下一列显示了内部人买入量较大（由不同研究者在研究中对此作出了界定）时股票的表现。在接下来这一列，你会看到存在内部人买入的股票和市场回报之间的差异，在一个研究中差异都是相当显著的。最后，在最右边的一列中，你会看到存在内部人买入的股票其

表36 内部人买入信号的表现(年化收益率)

研究	时间	市场	内部人买入信号	与市场的差异	内部人买入相对于市场的倍数
罗戈夫	1958	+29.7%	+49.6%	+19.9%	1.67
格拉斯	1961—1965	+9.5%	+21.2%	+11.7%	2.23
迪维亚	1960—1965	+6.1%	+24.3%	+18.2%	3.98
杰夫	1962—1965	+7.3%	+14.7%	+7.4%	2.01
茨威格	1974—1976	+15.3%	+45.8%	+30.5%	2.99

表现是市场平均水平的1.67倍到3.98倍。

我将自己研究的简要结果列在表格的最下方一行，时间范围为1974年到1976年间的22个月。在此期间，市场整体以年均15.3%的速度增长，但存在内部人买入信号的股票其回报率为上述数值的3倍，每年上涨45.8%。我将内部人买入信号定义为3个或3个以上的内部人士在最近3个月内买入股票且没有任何出售行为。相反，如果3个或3个以上的内部人士在最近3个月内出售股票而没有买入行为，我会将此定义为内部人士卖出信号。我比较喜欢对信号作出一致的定义。

在我的研究中，1974年到1976年期间有104只股票发出了内部人买入信号，信号发出后，我买入这些股票，并持有6个月时间。其中有62.5%的股票表现好于市场，这些股票的累计涨幅为99.5%。在此期间，道琼斯工业指数仅上涨24.3%，我的茨威格未加权价格指数上涨29.8%。在那段时间内，还有275只股票发出了内部人卖出信号，其中只有37.1%的表现好于市场。换句话说，大约有八分之五的内部人买入信号股击败了市场，而内部人卖出信号股中只有八分之三左右超越市场。在近两年的研究期内，这275只内部人卖出信号股的涨幅微乎其微，仅为3.6%，明显低于市场平均水平。近年来的一些学术研究也证实了早期研究的结果。

如果将内部人交易与市盈率结合起来，尤其是如果将大量的内部人卖出与非常高的市盈率相结合时，情况会变得更加有趣，种种迹象表明一定要避免这类股票。在很久之前为《巴伦周刊》（1973年12月17日）撰写的文章中，我开始对内部人交易进行分析，那篇文章中我列举了23只投资者需要回避的股票，如表37所示。

在过去的一年中，共有266名公司内部人士出售股票，且没有一位内部人士买入。令人惊讶的是，平均每只股票有11.6个内部人在卖出。更令人难以置信的是，在内部人士卖出这些股票的同时，机构投资者正在以同样的速度买入它们，并将这些股票的平均市盈率推高到32倍。这里的市盈率是以1973年11月底的价格为基础计算的，在1973年的大部分时间内，市场整体不断下行。换句话说，即使这些股票在过去几个月中价格已经下滑，这23只股票的市盈率仍然非常高。

所有这些股票都是当时被称为"漂亮50"的明星股成员，是机构最喜爱的"成长型"股票。的确，在那个时代有一个更为愚蠢的理论，即这些是"一锤定音"股票，也就是说你需要做出的唯一决定就是买入它们。据当时的推测，这些股票的增长将永久持续，因此价格还会继续走高。

这个理论与1929年盛行的由欧文·费雪（Irving Fisher）教授发表的理论一样无效。他主张购买普通股，因为公司的收益总是会更高，因此股票会持续上涨。该理论一定程度上造成了20年代后期的大规模投机，并最终导致了市场崩溃。当然，也有些人从不效仿。

表中的股票以及其他几十只股票的市盈率被推向令人难以置信的高度，这实在是荒谬。想象一下，国际香料公司的市盈率为55倍，巴勒斯公司的市盈率为40倍，而可口可乐公司的市盈率为36倍。其中一些股票在随后几年继续呈现盈利增长的趋势，但其中许多股票甚至无法维持增长，之前属于成长股的施乐公司和国际香料公司很快优势不再。不过，正如前面所述，当市盈率太高时，风险变得难以承受，下跌已成为必然。

第11章 如何挑选击败市场的绩优股——"霰弹枪"和"步枪"方法

表37 高市盈率明星股的内部人出售行为

股票名称	1973年内部人出售次数	市盈率（1973/11/30）
美国家用产品公司（American Home Procucts）	5	33×
自动数据处理公司（Automatic Data Processing）	18	36
雅芳公司（Avon Products）	42	35
贝克顿-迪金森公司（Becton, Dickenson）	10	26
巴勒斯公司（Burroughs）	11	40
可口可乐（Coca-Cola）公司	11	36
迪士尼（Disney Productions）	17	26
花旗集团（First National City Corp.）	5	21
甘尼特公司（Gannett Co.）	6	24
惠普（Hewlett-Packard）	10	44
IBM公司（IBM）	10	26
国际香料公司（Int'l Flavors & Fragrances）	7	55
科麦奇石油公司（Kerr-McGee）	14	39
麦当劳（McDonald's）	13	41
默克公司（Merck）	6	36
3M公司	13	30
摩托罗拉（Motorola）	16	19
彭尼百货（Penney, J.C.）	14	21
珀金埃尔默公司（Perkin-Elmer）	10	35
菲利普·莫里斯公司（Philip Morris）	9	20
宝洁公司（Procter & Gamble）	8	26
简单模式（Simplicity Pattern）	6	37
施乐（Xerox）	5	34
合计	266	
平均	11.6	32.2×

在我发表文章之后的那一年，也就是1974年，整个股市陷入崩溃。这是几十年来最糟糕的熊市，市场对高市盈率股票的投机热情大大降低。之后，这其中很多股票在盈利方面也令人失望。即使到了今天，我仍无法想象机构投资者在内部人集体退出的同时，怎么愿意为这些股票支付32倍于收益或更高的价格。

在我将上述股票在《巴伦周刊》的文章中列出的一年后，道琼斯指数下跌了27%。然而，存在大量内部人卖出和超高市盈率的23只股票平均下跌41.5%，跌幅超过道指14.5个百分点。

总而言之，排除消极因素与筛选积极因素一样重要，甚至更重要。如果你能够排除所有股票中最糟糕的10%，在这之后即使是随机地选择其余的股票，都可以击败市场。好的防守实际上有助于进攻。

如果你想继续将股市与足球作类比，可以想象一支具有出色后卫和一般前锋的球队，与一支二者都很一般的队伍比赛。防守能力强的球队很有可能会比防守能力一般的球队多得分，原因很简单，因为他们能够将球传向前锋，而且位置更好。另外，通过防止其他球队频繁得分，后卫也更容易帮助前锋呈现最佳的状态，而不是迫使他们开展追赶型进攻。所以，良好的防守在足球中将有助于进攻。在股票市场中亦是如此，只要避免弱势股，或者至少大多数的此类股票，将有助于你提高相对于市场的回报率。

所以，正如研究显示的那样，通过追踪内部人的动向，你已经获得了大约5∶3的优势。那么问题是，从哪里获得内部人交易信息？公司内部人的交易必须在对应的证券交易所和美国证券交易委员会登记备案。然后政府将发布关于内部人士交易的月度报告，但获得同样数据的方法还有很多。威格士股票研究所（Vichers Stock Research）（纽约大街226号，亨廷顿，纽约，11743；516-423-7710）是一家监控内部人交易行为的市场服务机构，它在得知内部人交易发生时就直接派代表去交易所查阅文件。研究所每周都会公布一份列有所有重要内部人交易的清单。这些年来威格士研究所一直向我提供这些数据，利用这些原始数据，我先后推出了两份报告，即《茨威格证券筛选》和《茨威格股票

第11章 如何挑选击败市场的绩优股——"霰弹枪"和"步枪"方法

表现评级报告》。

在《茨威格证券筛选》中，我列示了近1个月、3个月、6个月内部人买入、卖出交易的数量，而《茨威格股票表现评级报告》只展示了近3个月的数据。我并不是要推销自己的市场服务报告，我只是感觉对半职业投资者来说，这是最合适的内部人交易数据来源。如果想要了解关于内部人交易更详细的信息，我会购买一份《威格士股票研究》。当然，市场上还有一些其他的关于内部人交易的服务。

顺便说一句，像本章之前提到的那样，《茨威格证券筛选》和《茨威格股票表现评级报告》利用电脑筛选评估了大约3,000只股票。借助计算机，我们可以用机械化方式分析大量数据，根据盈利和销售额的增长、盈利的稳定性、市盈率、公司的债务结构、股票的相对价格表现、内部人交易以及其他一些本书没有介绍的变量来筛选股票。尽管借助电脑可以轻松得到评估结果，操作也很方便，但我仍然更喜欢通过每天阅读盈利报告的方式来开始选股程序，正如我在这里所展示的那样。这有点费劲，但努力都是值得的。

在同一时期，我用同样的方法利用计算机筛选股票已经超过9年了，我的伙伴尼克·凯撒（Nick Kaiser）现在也正在进行计算机编程。我展示该过程的结果，不是为了怂恿大家使用计算机，而是要证明人工的方法也可以得到同样出色的结果。计算机对股票的评级范围从最好（1）到最差（9），每组中的股票数量不完全相同。所有股票中评级位于前5%的股票归入第1组，接下来的8%为第2组，之后的12%为第3组，接下来的15%是第4组，居中的20%为第5组，之后的15%为第6组，再之后的12%为第7组，临近最差的 8%为第8组，而所有股票中最差的5%为第9组。

表38显示1976年5月至1988年12月151个月内的评级结果。股票的评级频率为月，因此该方法假设（可能不太现实）你每个月都会调整你的投资组合，以便仅保留评级为1、2等的股票。显然，如果你在现实中这样做了，往往会产生高昂的交易成本。更实际的方法是买入评级为1、2或3的股票，并持有6个月或

表38　茨威格股票评级结果：1976年5月至1988年12月

评级分组	各组股票所占百分比（%）	151个月的累计收益率
1（最好组）	5	+1696.9%
2	8	+1520.0%
3	12	+695.5%
4	15	+587.8%
5（平均水平）	20	+412.7%
6	15	+313.1%
7	12	+206.2%
8	8	+182.6%
9（最差组）	5	+124.9%
所有股票		+455.9%

资料来源：《茨威格股票表现评级报告》

直至评级跌至5级以外。虽然结果不如此处显示的那样好，但它们仍然会跑赢大盘，并压低交易成本。

　　评级最高的那组在过去短短12年的时间内累计升值1696.9%，而所有样本股票的平均升值幅度仅为455.9%，前者是后者的3倍多。相反，如果你只持有评级为第9组的股票投资组合，那么你的收益只有124.9%，相对于所有股票的平均收益而言，这是一个可怜的收益水平，甚至都没有办法补偿在此期间的通货膨胀。每个组的表现与预期基本一致，也就是说，第1组表现最好，第2组接近最佳，然后逐渐下降，直到最后的第9组。请记住，得到这些结果使用的方法与我之前介绍的非常相似，唯一的主要区别是，这里完全借助电脑而非人工完成，同时也考虑了市场上投资者的想法。

| 第12章 |
CHAPTER TWELVE

我自己的股票选择——为什么有时"太早"卖出是对的

要让大家了解我的选股方法,利用现实的例子可能是最好的方法。让我们看看最近几年我在《茨威格预测》中推荐的5只代表性股票。这些例子来自本书的上一版,但它们仍然很好地说明了我的选股方法。

杜尔-费劳尔医疗(DURR-FILLAUER MEDICAL)

杜尔-费劳尔医疗是亚拉巴马州蒙哥马利市的一家医疗、外科、医院和实验室用品分销商,位于美国东南部。1980年5月19日,我第一次在我的咨询服务报告中推荐该股票,当时价格是7.5美元(根据后续拆股做了调整)。我看重这家公司稳定的业务和出色的长期增长率,但最重要的是,它的价格似乎很便宜,市盈率只有8倍。那年春天,我也逐渐变得越来越看好市场。

我对股票的判断被证明是正确的。1981年中期,我以15.375美元的平均价格卖出了杜尔-费劳尔医疗的股票,在1981年7月出售了一半仓位,获利115%,在1981年9月售出另一半仓位,获利95%。按照平均价格计算,获利105%。相比之下,道琼斯工业指数在此期间的涨幅不到8%。这只是一场提前的演练,下面我将更详细地描述我第二次购买杜尔-费劳尔医疗的情况,当时是1982年中期。

显然，由于我在第一次购买杜尔-费劳尔医疗时的美好经历，我心中对这只股票有了好感。因为当我卖出后，在1981年的熊市中，股票价格下跌了大约40%，所以我密切关注着它。到1982年夏天，我已经准备好买入一些股票了，因为我非常偏好杜尔-费劳尔医疗的商业和利润模式，我再次深入分析了这只股票。在1982年7月12日，我决定以每股8.25美元的价格买入（此价格也根据后续拆股做了调整）。在那个时候，最近的一个财报季度是1982年的第一季度，也就是3月份，公司盈利增长了27%，销售额增长了36%。这不仅是实实在在的增长，而且远远高于过去63个月的长期增长率，在此期间，销售额和每股收益年均增长了17%。自1974年以来，杜尔-费劳尔医疗公司的盈利呈现逐年递增的趋势。

即使股价略显低迷——该股较此前高点下跌近20%——但市盈率还有13倍，这比我几年前购买该股时的8倍市盈率高出很多，但在1982年的市场环境中，这个市盈率水平似乎是合理的。此外，我知道6月份的季度报告将在几天内发布，我期待着报告中出现可观的盈利。事实上，当这份报告发布时，公司的盈利在本季度增长了38%，销售额增长了41%，这使得12个月的累计每股收益达到70美分，按照8.25美元的购买价格计算其市盈率为12倍。进一步的调查显示，在过去的6个月里，杜尔-费劳尔医疗公司没有发生内部人交易。

因此，我找到了一只增长稳健、市盈率合理、没有内部人出售的股票。自从我开始看好整只股票市场以后，唯一剩下的问题就是股票本身的价格走势。在1981年的熊市中，杜尔-费劳尔医疗曾从近10美元的高点回落，在6美元附近触底（同样，这些价格也根据拆股做了调整）。

1981年夏天，道琼斯工业指数下跌了约200点，于9月底暂时在824点处触底。经过秋季的反弹后，市场在1982年上半年开始下滑，形成了新的低点，道琼斯指数7月份曾接近800点，8月份降至777点。但杜尔-费劳尔医疗公司的股价保持在8.25美元处，比1981年的低点高出30%以上。这只股票的表现比整个市场好得多，我决定推荐它。

一个月后，股市触底，杜尔-费劳尔医疗开始上涨。我在1982—1983年的牛市中一直持有这只股票，在那段时间里，杜尔-费劳尔医疗涨至每股20多美元。我不断上调跟踪止损点（第13章描述的方法）。我可能应该更严格地止盈，但因为我非常喜欢这家公司，也因为我在第一次购买该股票时做得很好，所以我想要让它尽可能实现其成长空间。最后，1983年8月，该股回落至15美元，止损卖出，获得了81.8%的长期资本收益。在这13个月的持有期内，道琼斯工业指数上涨了44.7%，涨幅不及杜尔-费劳尔医疗的一半。

在我卖出杜尔-费劳尔医疗的股票时，其市盈率高达20倍，而当股票处于更高水平时，市盈率实际上还超过了20倍，它已经被高估了，但我还是继续持有，因为股市的整体动量仍然是积极的。但在1983年夏天，整个市场开始有所波动，较高市盈率的股票开始回撤，这导致我卖出杜尔-费劳尔医疗。

卡奇公司（CACI, INC.）

在1982年7月我推荐杜尔-费劳尔医疗的同一天，我还推荐了卡奇公司。卡奇公司为其他主体提供分析工具和计算机软件服务，帮助解决管理和运营问题，其中主要是为政府提供服务。在观察到1981年第四季度盈利报告净增135%后，在几个月中我都将其列入潜在购买清单。1981年第一季度，在我购买股票之前的最近一个季度，公司每股收益为98美分，而上年同期为45美分，相比销售额71%的增长，每股收益增长了118%。这种极快的增长速度大大超过了近5年的增长速度，5年中公司盈利的年化增长率高达64%。

我再次发现了这样的股票，它的盈利稳步增长——这家公司的盈利甚至是惊人的增长——最近一个季度的增长速度超过了长期趋势。我还是期望在我买入股票后的几天内公司能够披露不错的盈利报告，事实证明确实如此。1982年第二季度的每股收益为1.67美元，比上一年的95美分增加了76%，与之相对，销售额增长了53%。这仍然高于长期增长率，过去12个月累计的每股收益达到4.26美元。

令人难以置信的是，卡奇公司的价格在我购买时只有41.125美元（在未来一年中出现的两次1拆3拆股之前）。因此，尽管盈利有了巨大的增长，市盈率仍然保持在非常合理的10倍。我当时没有发现明显的内部人交易的迹象，所以最后的问题还是价格走势。当时卡奇公司股价走势非常好。尽管市盈率仍然不高，但从1981年的低点开始，卡奇公司的股价大约翻了3倍。股市走低，卡奇公司仍在强劲上涨，购买股票的唯一绊脚石是有没有勇气购买一只在前一年已经增长了3倍的股票。许多投资者拒绝为这类股票买单，但我实际上更愿意这样做，只要盈利稳定增长，市盈率合理。事实证明这是一个很好的选择。

到了9月30日，卡奇公司的股价飙升至61.25美元，此时盈利为46.3%，我决定卖出一半仓位的股票，从而获得部分利润。在此期间，道琼斯工业指数仅上涨了8.6%。回想起来，出售是一个错误的决定，但当时我想减轻一些头寸，把钱用在其他地方。我也想通过卖出一定数量的股票，打消继续卖出的想法。我决定坚定地持有剩下的股票，让利润增长。

随后，股票一拆三，原始购买价格降至13.96美元。拆股后的新股票大幅上涨，1982年12月15日，我以42美元的价格出售了剩余的股票，相当于6个月前的126美元，净收益为200.9%，而同期道琼斯工业平均指数仅增长20.3%。

回想起来，我这次还是卖得太早了，但当时市盈率已经升至24倍，短期内我对整个市场有了不同的看法（在1月份市场再次上涨之前曾出现小幅下跌）。到1983年中期，我卖出时42美元的股票达到78美元，不过，经过第二次1拆3后，股价高点达到过26美元。但随着公司盈利迅速下滑，分拆后的卡奇公司股票在1984年一路暴跌至每股2美元。这相当于我以42美元"过早"卖出的股票最后价格仅为6美元。任何时候我都愿意犯这样的"错误"。

伊美莱斯公司（EMULEX CORP.）

熊市于1982年8月12日星期四见底，道琼斯指数收于777点。8月13日星期五，道琼斯指数在平静的交易中上涨了约11点，这个涨幅并不令人印象深刻。

第 12 章 我自己的股票选择——为什么有时"太早"卖出是对的

那天晚上，美联储在5周内第三次下调贴现率，正如我们已经看到的，这是一个积极的信号。然而，在此前的两次下调中，股市仅上涨了一天左右，每次都跌至更低的低点。8月16日周一上午，道琼斯指数上涨了约11点，但随后逆转，收盘时仅上涨4点。这一行为并没有给人留下深刻的印象，市场似乎对连续第三次下调贴现率的反应也不会超过几个小时。

然而，大部分信号都符合牛市特征，货币条件是看多的，我们在前面一章构建的货币模型处于最高的看涨位置，情绪指标的表现非常出色，因为悲观主义在那个时候已经达到极致。唯一缺少的是行情的表现。

突然，一切都逆转了。8月17日星期二上午，所罗门兄弟公司（Salomon Brothers）首席经济学家亨利·考夫曼（Henry Kaufman）预测利率将下降，尽管考夫曼几个月来一直是错的，他一直预期利率会更高，但华尔街这次选择认同这一最新预测。在短短几周内，利率已经暴跌了约5个百分点，但投资者仍不相信这一正在下降的趋势。考夫曼立场的转变，促使了华尔街对利率调整的看法发生了改变，给了人们购买股票的勇气。

当日，道琼斯工业平均指数大涨约38点，上涨/下跌成交量之比跃升至创纪录的42∶1。这一天的行情足以让我相信市场——之前缺失的信号——已经令人信服地掉头向上。那天晚上，在我的电话热线（这是我的《茨威格预测》服务的一部分）上，我积极地推荐购买股票，包括我前面提到的黄金股和公用事业股。我那天晚上推荐的伊美莱斯公司的股票也有增长，第二天的平均价格是15美元（公司在1983年初进行了1拆2的拆股，价格调整为7.50美元）。

伊美莱斯公司为微型计算机设计和制造外围产品。在我推荐该公司之前发布的第二季度报告显示，该公司本季度盈利增长了50%，销售额飙升了95%，上一季度的盈利也有50%的增长。伊美莱斯公司在大约一年前才上市，只有短短两年的财务记录。然而，在这期间，公司盈利以48%的速度增长。的确，这家公司没有长期的财务记录，但高科技股票往往就是这样。

高科技股票比大多数股票风险更高，因为竞争环境变化很快，今天的成长型公司可能明天就破产清算。但是当所有机构都进入股票市场时——我很少看到比1982年8月更好的整体市场状况——购买股票就应该更激进。当然，伊美莱斯公司成立至今只有较短的时间，但这只是一个小缺陷，其他方面都表明这是一只极好的投资对象。

当我将该股票推荐给茨威格预测基金时，伊美莱斯公司的12个月累计每股收益是96美分（公司在后来几年中进行了两次一拆二的拆股，这使我的实际购买价格降至3.75美元，见图S）。伊美莱斯公司当时的股价为每股15美元，市盈率为16倍，高于市场平均水平。但对于一家在非常看好的股市环境中以大约50%的速度增长的公司来说，似乎有相当大的空间让盈利继续增长，让市盈率进一步提高。我也没有发现这只股票存在大规模的内部人交易。

至于价格走势，伊美莱斯公司在1981年秋季跌至8.5美元，它在年底有所回升，然后在1982年春季又跌至8.5美元，与上一年的低点持平。到了夏天，当道琼斯指数和其他主要指数创下新低时，伊美莱斯公司的股价略有上涨。虽然整体市场只比前期低点高出几个百分点，但在我买入该公司股票时，它的价格几乎已经翻了一番。显然，伊美莱斯公司相对于市场有更好的表现。

到11月中旬，也就是3个月后，伊美莱斯公司股票上涨超过一倍。我以33.625美元的价格卖出了一半的头寸，获得了124.2%的盈利，在此期间道琼斯指数仅上涨了23.1%，我的策略是将头寸降至我可以放心持有剩余头寸的水平。

如果一只股票仓位过重，你会非常担心，往往会过早地将其卖出。通过卖出一部分实现部分利润，我发现继续持有股票要安心得多。请记住，当时市场不确定性很大，像伊美莱斯公司这样的股票波动较大，我不希望股价小幅下跌时被迫卖出。但是我需要勇气来接受市场可能出现的较大波动，而通过出售一部分仓位让我可以做到这一点。此外，伊美莱斯公司的市盈率已经翻了一番，达到31倍以上，这也容易造成较大的心理负担。

尽管如此，在牛市中，当这种股票跟随大盘时，它可能会攀升至过高的价格。我不会在这样的股票上冒全部的风险，但在该股票上的投资收益已经翻番

第12章 我自己的股票选择——为什么有时"太早"卖出是对的

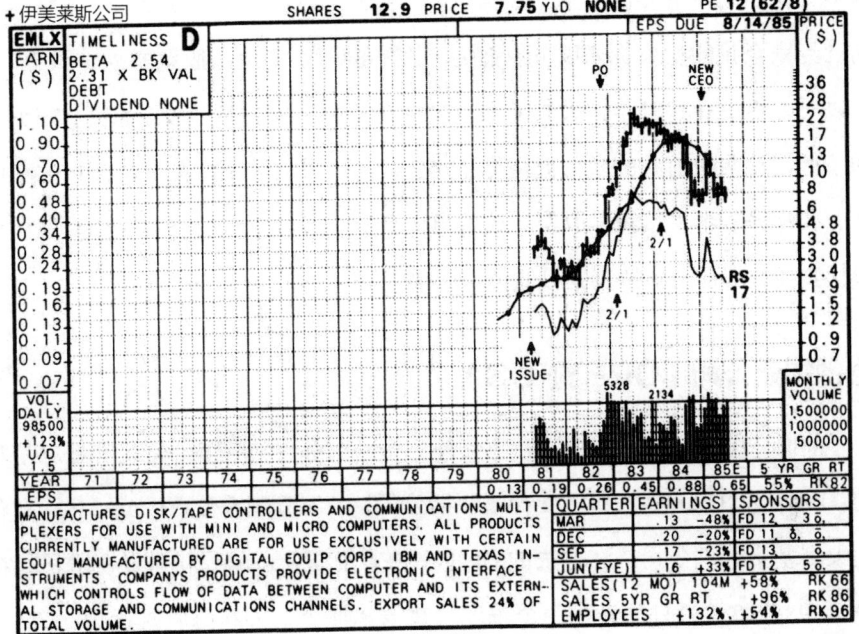

重印授权：长期价值公司

图S

甚至更多。这样卖出一半后，我其实已经将最初的投资（甚至更多一点）全部收回，因此能够继续持有该热门股票，尽管它被高估了。我还通过跟踪止损点对该投资设置额外的保护，这将在下一章中详细介绍。

1983年初，伊美莱斯公司按一拆二进行拆股，这样调整后的成本价格变成了7.5美元。没过多久，拆分后的股票就回到了拆分前的水平，每股30美元以上。1983年4月4日，我已经有了足够的盈利，以33.25美元（相当于图中的16.625美元，因为以后还有另一次拆股）卖出。这一操作使我在8个月内实现了343.3%的大幅盈利，而在此期间，道琼斯工业指数仅上涨了35.9%。在出售时，伊美莱斯公司的市盈率高达43倍。即使在牛市狂飙突进的情况下，这也是我无法容忍的。

这一次，我还是卖得"太早"。在我出售后的3个月内，伊美莱斯公司的股价攀升至27.75美元的历史高点，相当于拆股之前的55.5美元（按照拆股之前的价格计算，我的出售价格为33.25美元）。然而，到了1984年春天，伊美莱斯公司已经跌至我的卖出价格以下。然后，在1984年下半年，股票暴跌，跌至7美元以下，然后在1985年初大幅上涨。之后，伊美莱斯公司的股票跌至5.75美元的新低，比两年前我的卖出价格低了65%以上。因此，就像在卡奇公司的案例中，我让另一个人接盘了股票，让他可以获取最后几个点的收益。如果他没有很快卖掉，那他就要持有这只低价的股票了。

德雷福斯公司（DREYFUS）

前面介绍了针对3只股票的4笔交易，每一次都盈利颇丰，但我并不总是对的。1983年7月21日，我推荐了德雷福斯公司，一家管理着数十亿美元共同基金的大型基金管理公司。在过去的8年里，德雷福斯公司的盈利一直在增长，在截至1983年3月31日的最近一个季度，德雷福斯公司公布每股收益为89美分，比上年同期的65美分增加了37%，销售额也在以类似的增长率增长。最近12个月的累计每股收益为6.98美元。德雷福斯公司的买入价格是68.25美元，市盈率非常合理，大约10倍，与当时的市场平均水平一致。同样，德雷福斯公司表现出了卓越的长期增长。

然而，当时我在挑选德雷福斯公司的时候犯了两个错误——后来还碰到了一个棘手问题。首先，德雷福斯公司在过去3个月里有3位内部交易人，不是很多，但它足以发出警示信号。我的第二个错误与德雷福斯公司无关。当时市场的整体走势开始变得起伏不定，接下来几个月，多数蓝筹股勉强维持横盘，而多数规模较小的二级股则有所下降。第三个问题是，在我推荐买入后的几天，德雷福斯公司公布的第二季度每股收益只有70美分，而一年前同期为75美分，我显然没有预料到这一下降，我认为华尔街也没有。股票立即下跌了几个点，我在61.5美元处卖出，损失了9.9%，当时道琼斯指数下跌了2.4%。

尽管这个季度糟糕透顶，接下来又有3个季度表现欠佳，但我仍然喜欢德雷福斯公司，这家公司的业务包括管理短期货币市场基金以及长期股票和债券

第12章 我自己的股票选择——为什么有时"太早"卖出是对的

基金。我认为,始于1981年并持续至1984年的通货紧缩,将使股票和债券等金融资产成为市场上最好的长期投资对象,远远好于房地产、黄金、石油或收藏品,而这些东西在20世纪70年代末通胀飙升时曾是最佳选择。德雷福斯公司控制着数十亿美元的资产,我觉得从长远来看,这些资产将会升值,再加上随着通货紧缩的持续,公众会投入更多的资金给德雷福斯公司管理。

1984年9月份,德雷福斯公司的盈利又回到了正轨,每股收益为85美分,而前一年同期为70美分,增长了21%,这是5次下跌后的第一次季度增长。1984年的秋天,利率开始下降,我觉得这会提高德雷福斯公司股票和债券的盈利能力。此外,养老金法律的变化创造了个人退休账户(IRAs)这一庞大的现金池,德雷福斯公司在其中获得了不错的市场份额,我认为这将有助于提高公司的长期业绩。

受1984年第三季度德雷福斯公司财务报告的鼓舞,同时对整个市场前景更加乐观,1984年11月2日,我再次推荐德雷福斯公司,并以37.375美元的价格买入。1983年底,在我第一次交易后,该公司股票进行拆股,因此最新的推荐价格实际上高于我1983年的上一次购买价格,那次投资损失超过9%。因此,我曾在德雷福斯公司股票上犯过一次错误,但现在我又再次以略高的价格买入它,然而,市场很少知道也不关心一年多前我做了一次糟糕的股票交易,现在重要的是目前的行情。与前一年不同的是,市场明显好转,德雷福斯公司没有发生过重大的内部人交易。此外,我认为与1983年末和1984年初多少有点低迷的财务数据相比,未来季度的业绩会好很多。

在我1984年11月的买入点(正好就是美联储降低贴现率的时候),德雷福斯公司过去12个月累计每股收益为3.15美元。市盈率是合理的12倍。由于1983年盈利略微下降了7%,这是9年来的第一次,使得公司的市盈率显得略微偏高了。当该公司开始显示出重回正轨的迹象,尤其是当其行业前景正在改善,市盈率保持在适度水平时,增长率的短暂下降是可以原谅的。

当时,德雷福斯公司的价格走势也没有问题,因为该公司的股价已经达到了那年的最高水平，市场表现明显超过了整个市场。1985年中期，该股涨到68美元左右，创下新高，比买入价格高出82%。我也多次上调了保护性止损点，所以即使股票开始下跌，我也能保证有不错的利润。我于1986年1月以85美元的价格出售了那只股票，平均卖出价格最后为67.5美元，利润为127%。

中大西洋银行（MIDLANTIC BANKS）

最后一个例子是购买一只看起来非常便宜的股票。多年来，银行股的市盈率都很低，主要是因为一些大型国际银行的账面上有可疑的外国贷款，中小型区域银行很少有这类贷款，也不容易受到这些贷款的影响，但无论如何，它们还是受到行业的影响。此外，其中一些地区银行也有自己的问题，特别是在西南地区，许多银行向石油行业大量放贷，而石油行业正处于困难时期。但在其他地区，特别是东部和东南部，有许多盈利趋势良好、不良贷款风险小、市盈率极低的地区性银行。中大西洋银行就是一个这样的例子，我在1984年8月10日的《茨威格预测》中推荐购买，当时价格为24.25美元。

充分考虑稀释效应后（假设认股权证、可转换债券和所有未到期期权转换成普通股后的每股收益），中大西洋银行报告1984年第二季度每股收益净增至99美分，而一年前为83美分，增长19%。但银行股通常不披露销售收入。在过去的4个季度中，中大西洋银行的每股盈利为3.72美元，因此其市盈率只有6.5倍。我关注到，中大西洋银行从1975年开始，每年的盈利都在增加，当时每股收益为76美分。因此，在过去的8年半中，中大西洋银行的每股收益年均增长率为20%，成绩斐然。如果中大西洋银行是一只高科技股票，按照20%的长期增长率，其市盈率将是现在的3到4倍。但因为它是一家银行，所以往往被市场所忽视。

在我涉足股票市场的几十年里，我看到几乎每一个行业都会拥有某个时候的辉煌岁月。早在50年代末和60年代初，市场上领先的板块包括钢铁、铝、化工和公用事业，你能想象现在这些股票以20倍到30倍的市盈率出售吗？好吧，它们当时就是这样。我见过保龄球股走俏，移动房屋也是如此，其他行业也曾经进入了热门榜，如赌博、黄金、餐馆和航空航天股票，每一个板块的泡沫最终都被刺破，回归正常。

在大多数情况下，在这些板块大幅上升之前的一段时间，它们被认为是壁花①。换句话说，今天的壁花有机会成为明天的热门股，不管它看起多不可信。当时我的观点是，中大西洋银行是否从事银行业务并不重要，重要的是，它能够在10年中的大部分时间里实现20%的年化增长率，而且其间没有衰退的年份，经营风险很低。如果我能在一个不错的股市环境中以6倍的市盈率买入这样的股票，似乎是一个非常好的投资机会。

在买入时，中大西洋银行在过去的3个月里有一次内部人买入，但没有内部人卖出。这至少不是负面信号。在价格走势方面，中大西洋银行在1984年初创下了历史新高，股价超过24美元，之后在年中时掉头向下跌至21美元。随着市场在那个夏天的好转，当市场总体仍低于其前高点的时候，中大西洋银行向上突破历史高点。这只股票不管从相对表现还是绝对表现来看都不错。

在我推荐它后不久，中大西洋银行再次创下有史以来的最高价，达到26美元左右。随后它又巩固了几个月，到1984年年底时已超过29美元。

中大西洋银行股价继续走高，1985年中期达到39.5美元，这时我的盈利达到63%，而道琼斯指数同期仅上涨了7%。在此期间，我曾几次提高保护性止损点价，如果价格开始下跌，能够锁定不错的利润。1986年12月，我卖掉了中大西洋银行，当时它的价格是41.25美元，盈利为70%。

设置和使用止损点是我的市场策略的有机组成部分，你将在下一章中找到有关这一限制风险方法的完整详细的介绍。

---

① 舞会中没有舞伴而坐着看的人。——编者注

| 第13章 |
CHAPTER THIRTEEN

止损！如何管理投资以最大限度地降低风险并实现利润最大化

正如之前说过的，我为自己在股票市场的经历感到自豪。自从《赫尔伯特金融文摘》在1980年中期开始对大多数投资咨询服务公司进行评级以来，我没有一年是亏损的——在目前评级的145家公司中，只有我们一家公司做到了。但我也犯过错误，我相信未来还会犯更多的错误。

假设我做了错误的买入决策。或者至少可以这么假设，我推荐的几十只股票中，有一些表现与预期相反。那怎么办呢？答案很简单：我对每一只建议的股票都设立止损点。

止损是什么

止损命令可以通过经纪人直接向纽约证券交易所的交易专员发出，它告诉交易专员在你的股票到达止损点或"触发价格"时"以市价"卖出股票。在没有交易专员的场外交易股票上，你不能这样设置止损。美国证券交易所的情况也是如此，在美国证券交易所，止损规则有些不同。但在我看来，这些不同通常不会有很大影响。因此，对于场外交易和美国证券交易所股票，我建议使用

"心理止损"。这意味着你或你的经纪人必须跟踪有关股票，当价格达到你之前设定的心理止损点时，经纪人必须立即卖出。

回到纽约证券交易所，当股票下跌到止损点时，止损点会自动触发。你没有机会重新思考，取消止损，然后调低止损价格，因为你已经提前设置好了——这往往是一个致命的错误。有些人不想让经纪商看到自己的止损命令，因为他们担心他们可能操纵价格下降到刚刚触发止损的水平。经验告诉我并非如此。如果我的止损指令执行，而价格随后反弹，我也不会因此而责怪交易专员。如果你已经制定了遵守心理止损的原则，那么就正常地使用该止损原则。但在大多数情况下，至少对于纽约证交所的股票，建议投资者还是通过经纪人设置止损。不管如何操作，当价格下跌时都不要违背原来的计划。如果这样做，止损的意义就完全不存在了。

你肯定记得我之前提到的杰西·利弗莫尔，有时他被认为是最伟大的投机者。他60多年前说过这样一段话："我遭受损失后，就不再会为此感到困扰，睡一觉后就可以把它忘掉。但犯错——拒绝承担损失——则是对财富和心灵的伤害。在所有的投机性失误中，没有什么比试图挽回一次输掉的投资更严重的了。永远记住把带来亏损的股票卖掉，保留那些能带来利润的股票。"

止损就是让你与杰西·利弗莫尔的原则保持一致，让利润持续增长，但同时尽量减少亏损。如果你以20美元的价格买入了一只股票，以17美元的价格卖出，损失15%，这并不是太大的损失，你还剩下大部分资金。我能够承受大约20%的跌幅，因为只需要25%的反弹就能回到保本点。也就是说，如果一只股票从20美元跌至16美元，它损失了20%。在从16美元回到20美元的过程中，实际上要增长25%。这并不是一件很难实现的事。

然而，如果一只股票遭受50%的损失，比如从20美元跌至10美元，就需要价格翻倍才能回本。或者，如果情况更糟糕，股票从20美元下跌90%到2美元，你需要价格增长至10倍，或者增长900%，才能收回之前的本金，而这种收益是很难获得的。因此，看着股票损失而放任不管是极其愚蠢的做法。记住：不要

第13章 止损！如何管理投资以最大限度地降低风险并实现利润最大化

让后来的损失超过第一次损失！

一般而言，我会把止损点设在低于买入价10%到20%的位置，具体水平取决于我自己对股票交易模式的分析，以及我从20多年的市场经验中获得的"感觉"。通常，我会给高科技类股等波动性较大的股票更多的空间，而给公用事业类等较为保守的股票更少的空间。10%的止损空间对于波动性很大的股票来说通常太少。一只30美元的高科技股票在正常的调整后迅速跌至27美元，然后又回升，这算不了什么大事。不过，一只古板的公用事业股通常不会这样，除非它即将发生重要的趋势性变化。

我经常将止损点设置在略低于近期低点的位置。有时我还会在股价走势图上画一条趋势线，把止损点设在向上倾斜的趋势线之下，如果向上的趋势中断，可能会导致价格反转向下。必须承认，设置止损点是一门艺术，而不是一门科学。有时候，在股价向下调整中接近触底时触发止损，那时我就特别希望自己当初设置止损时应该多留一点空间。但另一些时候，股价向下跌破之前的震荡区间，我止损卖出，在接受了合理的损失后，我就成为一名看着它暴跌的旁观者。

图T（第224页）是美国世界通讯国际公司（MCI）的股价走势图，图中显示了投资者在使用止损时可能会多么不幸。1982年7月下旬，就在新一轮的繁荣牛市的前3周，我推荐了MCI公司，我建议的买入价格是42.875美元，并把止损点定在39.875美元，事实上我应该多留一点空间。正如你在图上看到的，MCI连续下跌了几个星期，价格跌至9美元（其间经历过两次1拆2的拆股）。这个价格相当于拆股之前的36美元。换句话说，因为两周内股价下跌3美元触发止损我卖出了MCI，之后股票又跌了大约4美元。随后，股价反弹至28美元以上，相当于我推荐时的42.875美元涨到了112美元以上。

问题出在了哪里？我进入市场的时机很好，因为我的推荐意见是在1982年8月底前几周提出的。我选择的股票也不错，在接下来的几个月里，MCI几乎翻了3倍。但我设置的止损点太靠近买入价格，而随后市场出现了短期下跌。因

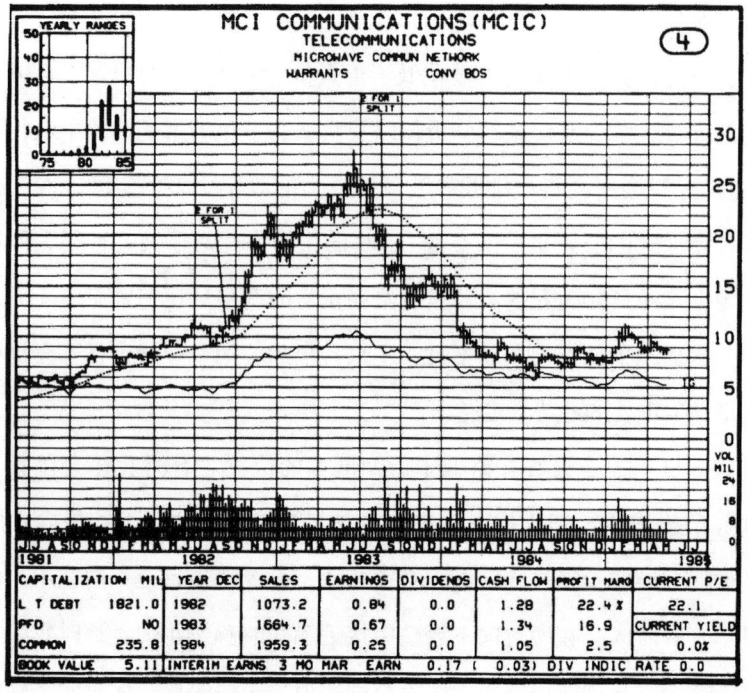

图片授权：趋势线公司（该公司为标准普尔公司的子公司）　图T

此，在股票开始其一轮大涨之前，我就被迫离开了。如果我把止损点设在低于买入价17%的地方，我会在这一轮操作中收获巨大的收益。然而，当时我不太确定市场的方向，因此不希望在设置止损时给股票太多的空间。

　　在我过去成百上千次推荐中，很容易找到更多的类似MCI的例子。然而，我也发现更多的情况下，我的止损建议很好地保护了订户的利益。例如，1982年8月中旬牛市开始爆发时，我推荐黄金股票ASA，当时股价为32.75美元（见图U）。两个月后，我建议以51.5美元的价格出售ASA，获得了57.3%的利润。1983年7月，在接近市场顶部的时候，我决定再次推荐ASA（这时我违背了前文提到的通货紧缩趋势，这样做并不明智）。当时股票价格为70.625美元，我在64.75美元设置了止损点。1983年9月，在我推荐它之后不到两个月，ASA就触及止损点，卖出股票，损失了8.3%。到了11月，ASA猛跌至50美元，后来在一次

第 13 章 止损！如何管理投资以最大限度地降低风险并实现利润最大化

图片授权：趋势线公司（该公司为标准普尔公司的子公司） 图U

反弹之后，股价继续震荡下行，从1984年到1985年，多次徘徊在44—45美元。最后，在1985年中期，ASA跌至35美元。显然，以64.75美元的价格卖出避免了更大的损失。

1983年9月，我推荐了一家电子公司桑德斯（Sanders Associates），价格为55.625美元（见图V，第226页）。该公司的股价很快就升到了60美元以上，我把我最初的止损点提高了几个点，调整为53.5美元（后文有关于跟踪止损点的更多信息）。随后桑德斯股价迅速翻转，跌破了止损点，造成了4.3%的小幅亏损。到1984年3月，桑德斯跌至35美元，比我的止损点低了35%。即使在1984年的一次不错的反弹中，桑德斯的股价也没能达到我的止损水平。从那以后，它又跌至1985年初的31美元。显然，在这个案例中，止损是有用的。

1983年11月，我建议购买一家名为圣裘德医疗（ST. Jude Medical）的非处

图片授权：趋势线公司（该公司为标准普尔公司的子公司）　　图V

方药公司，当时股价为17.625美元（见图W，第227页）。我在14.875美元处设置止损。圣裘德医疗经历了一轮较弱的上涨，价格超过19美元，随后股价大跌，我在1984年2月该股票上的损失达到15.6%。到1985年初，该股已跌破7.5美元，比我的止损点低了50%。如果我持有该股到这个价位，就需价格上涨100%才能收回投资本金。

　　记住，如果一只股票在买入后立即下跌——这是买入股票后可能发生的最糟糕的事情——我会止损，这样会有损失，但能够保留大部分资金，使我有机会找到更好的标的。没错，一个小的损失，换来一个机会在其他地方获得利润，它让你有机会把负债变成资产，而不是坐在那里祈祷你之前买入的股票还会涨回来。

　　因此，当我从ASA、桑德斯和圣裘德医疗的投资中止损撤出时，我承受了

第13章 止损！如何管理投资以最大限度地降低风险并实现利润最大化

图片授权：趋势线公司（该公司为标准普尔公司的子公司） 图W

适度的损失，剩下的资金被重新部署到了更有希望的股票中，而且让人欣慰的是，在我卖出后，这3只股票遭到重创。即使是在MCI的案例中，在我止损后不久公司股价飙升，我至少可以把我的大部分资金用在其他地方。我于1982年7月21日买下了MCI，直到8月18日，也就是股市开始上涨的第二天，我才购买了另一只股票。8月18日我一共买入了13只股票，这是我一个交易日买入数量的最高纪录。5天后，随着市场继续上行，我再次推荐了6只股票，3天后我又增加了3只股票。用于购买这些股票的部分资金来自MCI卖出所得，加上我在7月份止损卖出的其他一些股票。

我8月18日买入了一只在计算机领域的场外市场股票，叫做伊美莱斯，在上一章（图S）中提到过该公司。我以每股15美元的价格买入该公司股票，1983年4月以相当于66.5美元的价格卖掉了它的最后一部分（该公司按2：1的比例进行拆股，因此对应新股票的价格为33.25美元），盈利达到343.3%。我不知道如果我没有止损卖出MCI，我在8月18日会做什么。当然，那天买入的股票中至少有一只我是不会投资的。因为伊美莱斯和MCI一样，都是不稳定的高科技场外股票，从某种意义上说，它是MCI的一个很好的替代品。那天我推荐的大部分股票，包括黄金和公用事业，跟MCI公司完全不是一类。事实上，伊美莱斯是唯一一个具有这些特征的公司。

如果我没有卖出MCI，我很可能永远也不会买入伊美莱斯。事实上，我对后者的投资要好于对前者的投资，即使我能够在1983年在最高点卖出MCI（这是最不可能发生的事件）。因此，当我止损后，我永远不会回头看，即使这只股票只低了一毛钱，然后价格猛涨。相反，我把注意力集中在如何应用卖出股票所得的资金上。没错，也许你找不到多少像伊美莱斯这样的股票，但看着逃掉的鱼抱怨毫无意义，最好的做法是尝试去钓下一条鱼。

锁定盈利

正如我们所看到的，止损的第一个用途是避免损失。如果股票在你买入后不久下跌，止损点会使你在保持大部分资本的同时将损失降至可以承受的范围内。止损的第二个用途是在股票开始上涨后锁定利润，这显然是一项更令人愉快的任务。这个想法是让你的利润随着股票的不断上涨而上升。当股价继续攀升时，你可以不断抬高所谓的"跟踪止损点"。最后，在某个时候，市场会下跌，你在跟踪止损点卖出，通常会获得巨大的利润。

让我们举一个理论上的例子。假设你以每股20美元的价格买入XYZ公司的股票，将保护性止损点设置为比购买价格低15%的位置，即17美元。幸运的是，你的股票开始上涨。我们很难精确地知道跟踪止损点应该设置在何处，这是一门艺术。如果我对整个市场仍然非常乐观，我会放慢提高跟踪止损点，如果市场总体趋于恶化，我会尽快提高跟踪止损点。有时候，股价只是小幅上涨，我也会提高跟踪止损点，因为担心市场环境的变化。有时我甚至会因为某只股票的负面影响而变得谨慎，这可能还不足以让我直接卖掉它，但为了增加保护，我会提高先前的止损点。

另一个要考虑的因素是股票本身的交易行为。如第11章所述，我倾向于购买一开始就很强势的股票。假设XYZ在我们以20美元购买时呈上升趋势。假设该股是从15美元开始上涨，之后有几次从21美元回调至20美元。假设股票在我们购买后的小幅调整中从未跌破过19.5美元。现在XYZ攀升到每股24美元左右，账面盈利为20%，这时我们就需要考虑提高止损点了。一个合理的位置是在19.5美元附近，这是之前行情的最低点。如果不出意外，股价不应该跌破这一价位，因此，合理的止损点可能是19.375美元，比之前低点略低一些。

确定跟踪止损点的另一种可能方法是构造连接股票最近几个低点的向上趋势线。假设目前向上倾斜的趋势线是每股20美元左右。因此，设置另一个可选择的止损点大约是在19.875美元或19.75美元处，比该趋势线略低一点即可。

有时没有设置止损的合理价位，特别是在股票价格突破的时候。假设XYZ公司的股价长期在20—25美元之间徘徊并且从未超过25美元，近期突然涨到30美元。在这一新价格下，可以分析的交易模式非常有限，没有次级底部可以设置跟踪止损点，向上的趋势线太过陡峭，也不能用于设置止损点。这时的止损设置完全就是一种艺术。我通常会把止损点提高到至少高于购买价格的水平，以确保我不会损失本金。然而，XYZ公司股价到达30美元时，这笔投资将有50%的利润，这样的收益已经足够高了，不采取任何保护性措施无疑是不明智的。

因此，我要确定在价格走势的技术面没有发生重大变化的前提下，多大程度的损失是股价的"合理"反应。假设我的估计值为25%，这个比例虽然很大，但对于波动性较高的股票来说也算合理。这意味着，股价下跌7.5美元，跌至22.5美元左右，所以我可以把止损点设为22.25美元。这样可以锁定至少在我的购买价格的基础上11.25%的收益，并且让我不会因为股价相对正常的波动而退出。当然，如果不是非常看好该个股和整个市场，我通常不会设置25%的止损空间。

假设我们把跟踪止损点提高到22.25美元。现在股票开始从30美元回落到27美元，并从这里反弹，向上突破到一个新的高点，达到32美元。在这一点上，股价从32美元跌至22.25美元的幅度实在是太大了，所以现在需要再次提高止损点。至少在这里，我们有一个合理的价位可以设置跟踪止损点，即27美元左右，这正是上一次小幅下跌的低点。同时留出一点额外的空间，我们可以把止损点设在26.5美元。这大约比目前32美元的价格低17%，比我们的购买价格高出32.5%，锁定了一个非常不错的收益。

现在假设XYZ公司股价开始逆转，最终崩溃并触发止损，我们卖出股票，但也获得了32.5%的盈利，相对于峰值回撤得不算太多。我们通过以下方式保护上述投资：首先，以低于购买价格15%的价格设置一个保护性止损点，即17美元。接下来，当XYZ开始上涨时，我们将保护性止损点提高到略低于购买价格的水平，即19.75美元。第三，随着股价继续攀升，我们将保护性止损点上调至22.25美元，锁定了11.25%的收益。第四，随着股价的进一步上涨，我们再次将保护性止损点上调至26.5美元，锁定了32.5%的最终收益。理论上如果我们的股票继续攀升，我们会不断提高止损点。但是上涨最终会结束，最终的结果当然没有什么可担心的，我们获得了32.5%的盈利。

我建议把止损点提高到能让你最舒服的位置，唯一可以设置止损点的人就是你自己。如果保护性止损点比目前的股价低25%，你可能会觉得止损价格太低，无法让你安心。很显然，在你最终卖出之前看到股票暴跌25%一定不会心情愉快。另一方面，如果你把保护性止损点提高到比目前价格低5%或6%的水平，那么就很容易因为一次小小的价格波动就被迫卖出。

在这一过程中最主要的就是尽力预测价格的正常反应，而不是当利空消息或对公司预期盈利下降——或者更糟糕的情况，即股票市场总体下跌——时对应的股价下跌水平。你要努力将随机波动、正常的短期调整与非随机波动、异常的下降区别开，后者是受更多负面条件的影响而产生的。在这方面，没有人可以做到始终正确，但基于合理的判断，你可以保持领先，明智地设置保护性

第13章 止损！如何管理投资以最大限度地降低风险并实现利润最大化

和跟踪止损点。

以下是我使用跟踪止损点的几个实例。第一个是美国航空公司（USAir），这是我在1982年8月24日的《茨威格预测》中推荐的股票，当时市场处于牛市的初期，美国航空公司的股价刚刚突破了此前17.75美元左右的高点，我的买入价是18.5美元，那时候我在15.75美元处设置了保护性止损点。从图X（第231页）中可以看出，最近的低点约为14.25美元，这可能是一个更容易接受的保护性止损点。不过，14.25美元的价格卖出意味着亏损23%，我觉得损失太大。因此，权衡之后，我选择了15.75美元。然而，这比1982年春季的交易高点低了大约0.5美元，我认为这个价位能够对股价形成合理支撑。

美国航空公司股价随即飙升至21美元，然后回落至17.75美元左右。在最初开始大涨时，我把保护性止损点提高了1美元，设置于16.75美元，比之前17.75

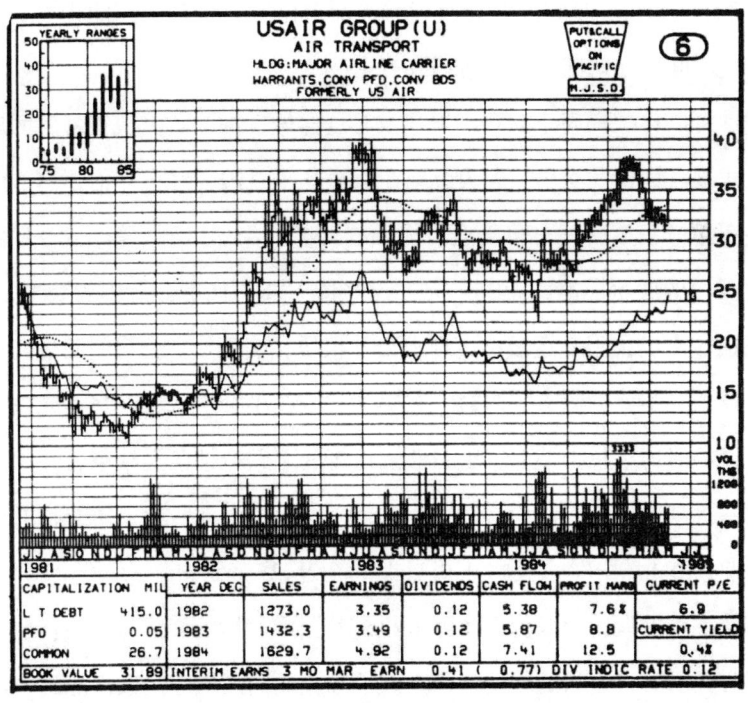

图片授权：趋势线公司（该公司为标准普尔公司的子公司） 图X

美元的高点低了1美元。10月初，17.75美元的区域被证实为股价支撑点，此后，美国航空公司和整个市场启动了又一轮猛涨。

股票上涨时，我把止损点又提高到17.75美元，然后，10月份股票飙升至25美元，我再次把跟踪止损点提高到19.75美元，这样锁定了大约7%的盈利，比我的购买价格高出1.25美元。把止损点设置在19.75美元，使得我可以接受股价5美元，或者说20%的正常下跌。此外，这一止损点位比上一次反弹高点低了1.25美元，也比较合理。事实上，我也许应该把止损点设在更高的价格，比如20.25美元，不过当股票反弹到更高点时，我很快就这样调整了止损价格。

随着美国航空公司的股价进一步上涨，到达28美元，我把跟踪止损点提高到22.25美元，接着在11月提高到了23.25美元。在此之后美国航空公司的股价就快速突破了30美元，我再次把止损点提高到25.25美元。由于股价上升得太快，以至于很难找到最合理的价位来设置跟踪止损点。因为我不希望自己相对于高点损失20%—25%，所以将止损点设置在那个位置。25.25美元的止损点持续了几个月的时间，在此期间股票达到36美元。

我本可以再次提高止损点，但我没有这样做，因为我觉得正常的回调可能会触及止损点，让我卖出。因为股票在短短几个月内上涨了一倍还多，所以在正常情况下，股票价格也可能会有大幅的调整。果然，到了第二年1月份，美国航空公司的股价一路跌至26美元，比峰值下降了10美元。因为我在25.25美元处止损，所以我很幸运没有止损退出。很快，美国航空公司的股价又再次掉头向上冲击36美元的高点。当时，我感觉它应该不会再次跌至26美元以下，因为股价已经经历了重大调整，整只股票市场的下跌行情已经结束，并迈向新的高点。

因此，在1月份时，我将止损点上调至26.25美元，在2月份上调至27.75美元，接下来的调整中股价下跌到了29.5美元，没有触及止损点。直到1983年5月，那时美国航空公司的股价终于突破了36美元的区域。当股价涨到将近40美元时，我在5月份将止损点调整到29.625美元，接着6月又调整为30.75美元。

在我第一次将止损点设置为15.75美元之后，我一共提高了11次。事后来看，或许我确实应该设置更多的止损点。但当股价运行至34美元附近时，上涨趋势被打破，股票下跌到略低于33美元的位置，低于上一个低点。如果我有先见之明，就应该再次提高止损点，比如提高到32.75美元。但我选择将止损点保留在30.75美元，主要是考虑到这只股票波动比较剧烈。最后，在1983年8月16日，我以30.75美元的价格卖出，在不到一年的时间里获利66.2%。

最大的遗憾是，只差一周左右这一收益就可以被确认为长期资本利得（在那之后，认定为长期资本利得的持有期已经减少到六个月零一天）。事实上，这也是我将止损点设置在30.75美元而不是32.75美元的原因，那时我持有该股票的时间已经非常接近长期资本利得的确认标准，因此我愿意牺牲几个点的盈利，以便有足够的空间来实现这个目标。不幸的是，在即将达到这一目标之前，我就止损卖出了股票。

我卖出股票后，股价很快下跌到26美元左右的区间，并在1983年第四季度实现了反弹，公司股价最终又回到1984年初35美元的价格。但在那之后，股价在1984年年中又跌至每股22美元，这比我在卖出时的价格低了近29%，这足以让我对一年前卖掉股票感到相当满意。

我们再看下一个例子。1984年8月，市场开始大幅反弹，我推荐了一家场外市场交易的公司，名为第一数据源公司（First Data Resources）（股票代码FDRI），这是一家从事数据处理业务的公司。我的买入价格为15美元，最初的保护性止损点设置为13.25美元。可以在图Y中看到，第一数据源公司符合我关于股价走势良好的标准，因为在当时的价位，它正在向上突破到一个新的高点，公司盈利也很高。止损点为13.25美元时，我的保护性止损点只比购买价低11.7%，有点偏紧。然而，当时我并不是非常看涨，因此不想在价格下跌时承受太大的损失，13.25美元的止损点比6月份的低点稍微低了一点点。

之后第一数据源公司的股价立即反弹到16美元上下的区间，我也随之将止损点提高到14美元。在7月份，它在14美元和14.5美元之间浮动了几个星期，但

图片授权：趋势线公司（该公司为标准普尔公司的子公司）　　图Y

没有跌破14美元，所以我认为如果股市和市场保持向上的趋势，就没有理由跌破14美元。9月份，第一数据源公司的股价攀升至17.5美元，我将止损点提高到15.5美元。同样，这也是一个偏紧的止损设置，不过却锁定了0.5美元的利润，即大约3%的收益。市场总体已经停止升势，我在那个时候对趋势的判断最多只能算是中性，于是继续保持了偏紧的止损点。（那年秋天晚些时候，我转而看涨。）之所以选择15.5美元，也是因为它刚好低于8月份股市突破后的一段小交易行情的底部。

到了2月，第一数据源公司的股价已经超过24美元，此时，我已经把跟踪止损点提高到18美元，然后又提高到19美元。19美元仍然比1月份的峰值低不少，我觉得除非出现很糟糕的情况，否则第一数据源公司不会跌破这一价位。该股在3月底和4月初回落至略低于22.5美元，但仍远高于我19美元的跟踪止损点。即使我在这时卖出，也会有4美元的利润，盈利26.7%。

4月中旬，第一数据源公司的股价再次开始反弹，突破25美元，创出新高，我再次提高跟踪止损点至21.75美元，这比3月和4月的行情低点低了约0.5美元，我提高止损点之后，第一数据源公司就迅速涨到了27美元以上。所以，我又一次面临一项令人愉快的任务，那就是把保护性止损点提高到22.75美元。这样做是因为从27美元到前一止损点21.75美元之间有20%的下跌空间，而我不想放弃如此大的利润。此外，在17美元和22.5美元的两个重要低点之间连成一条大致向上的趋势线，而此时趋势线向上正好穿过22.75美元左右的位置。前面提到过，将止损点设置在向上倾斜的趋势线下方通常是一个合理的做法。

第一数据源公司随后被美国运通以每股38.25美元的现金收购。我推荐《茨威格预测》的订阅用户购买该公司的股票，如果听从我的建议，他们能够获得155%的长期收益。这次偶然的收购也使得我最后的止损点失去了意义。

我可以回忆起过去经历过的许多股票，在这些股票上，保护性止损点或跟踪止损点帮助我避免了后来的灾难。如果你在股价微小波动的底部附近卖出，可能会很痛心，但是你必须在某个时候做出明确的决定。有些时候，我可能会仅仅差一点就因止损点被触及而卖出，就像第一数据源公司的例子那样，当第一数据源公司在一次微弱的下跌中回落到17美元时，我的止损点是16.75美元，这其中有运气的成分，也许下次我就不会那么走运了。但是，我将继续使用止损点。从长远来看，它们使我能够把损失削减到合理的水平，并让投资收益有机会继续增长。在理财方面，我想不出比这更重要的事了。

| 第14章 |

CHAPTER FOURTEEN

卖空——并非不爱国

如果不介绍卖空，任何关于在股市赚钱的讨论都是不完整的。事实上，许多交易员并不真正理解卖空。卖空的想法很简单——你认定某些股票会下跌，所以现在就把它卖出，并希望以后能以更低的价格买回来。仔细想想，这和所有你想要以低于出售价格买入的交易类似。这种情况下的唯一区别就是你要先卖出。

从技术上讲，当你卖空时，你从证券公司借入证券，然后在市场上出售，你欠经纪人这些证券。作为抵押品，你必须在经纪人处存入一定数量的现金，因为账户中有足够的资金能够在必要时购回股票，所以卖空没有时间限制。不要在意那句老话："如果有人卖出了非他所有的东西，则必须将其买回，否则就要进监狱。"可是，迟早你都需要结清卖空头寸。

卖空至少有两个很好的理由：如果你认为目前市场是熊市或某只股票正在下跌，你可以通过卖空获得不错的收益；你也可以通过卖空来对冲投资组合的风险。假设你持有10万美元的投资组合，而你认为市场将在未来6个月内走弱，但也许因为税收原因不想卖出一些长期持有的股票，你能做的就是卖空其他股票作为对冲。假设你持有一些通用汽车公司的股票，并希望长期持有，那么短期内，你可以卖空福特汽车的股票来进行对冲。因此，无论是投机还是对冲风险，卖空都非常有用。

我自己也喜欢做空，而且经常觉得做空比做多头更舒服。但市场上对卖空有一些不好的观点，一般人对卖空也心存顾虑。我不知道为什么，但确实如此。下面列出了一些关于卖空的负面看法，但都不合理。

第一种批评是卖空是不爱国的表现。在一定程度上，这似乎成为了卖空的标签。人们认为卖空是在赌国家经济走下坡路，这其实是不对的。如果你卖空的是通用汽车或AT&T，你就不是在押注美国经济走弱，你只是认为这些股票可能被高估了。如果股票价值50美元，但价格却达到70美元或80美元，那它很有可能跌至50美元甚至40美元，特别是在熊市的情况下。这种对股价的评估无关道德，这只是现实——股票可能下跌。

如果你认为一家公司即将破产，你也可能会卖空它的股票，那也不是不爱国。美国每年有成千上万的破产案例，你的卖空不会导致任何公司破产，你所做的只是在股票市场上押注一家公司有问题。即使它没有破产，它的盈利也可能很低，股票也可能下跌。你基于自己的判断获利，这和你预期公司的盈利增加时做多获利原则上没有什么不同。

此外，卖空在股票市场以外是一种非常常见的商业行为，只不过它们不叫卖空。例如，你去一家汽车经销商那里买一辆雪佛兰汽车，你希望车身喷涂漂亮的红色，并配置立体声音响和自动座椅加热器，你提出了这些附加的配置要求，但经销商说："我没有这种车，所以必须为你订购。"你说："好吧，没关系。就是它。"他说："一个月后就有车了，你需要现在付我押金，我们会向厂商订购并交付于你。"你同意。这里发生的事就是经销商卖空了一辆汽车，在他从工厂订购之前，他已经把它出售给你了。

关于卖空的第二种批评是卖空的盈利有限，而损失可能无限——这完全是胡说八道。例如，有一种批评的观点认为如果投资者在50美元的价格上卖空股票，而公司破产，最多可以赚到50美元，或者盈利100%。相反，人们相信，如果投资者猜错了，所遭受的损失并没有理论上的限制，股票可能会涨到1,000美元，在这种情况下，你的损失将是自有资金的20倍，这种想法完全是错误的。

首先，当你卖空时，你需要向经纪人提交担保，担保品可以是国库券（如果你希望担保的资金可以继续获得利息收入），担保品价值最低是交易金额的50%。所以，如果你以50美元的价格卖空100股股票，金额为5,000美元，你必须至少用2,500美元作为抵押。

让我们将这个问题简化，假设你提供了100%的交易金额，将5,000美元的国库券存在经纪人账户中。如果股票上涨，经纪人会打电话要求追加保证金。如果股票涨到80美元，你会损失3,000美元，你的资产就下降到2,000美元。在此之前，经纪人就会要求你提供更多的保证金，如果你没有及时追加，经纪人会买入该股票平仓空头头寸，而你只能认亏出局。

唯一能让投资者损失趋于无限的情况就是不断地追加越来越多的保证金，这就如同损失不断累积。此时，记住投资的黄金法则，"趋势是你的朋友，不要和市场作对"。如果发生了那样的损失，就果断离场。没人拿枪逼着你要更多的保证金，只有傻瓜才会在那样一笔亏本的卖空交易中继续投钱。

从好的一面来看，你在卖空交易中的利润潜力并不局限于100%的利润，它实际上是无限的。例如，你以50美元的价格做空100股，股票跌至25美元，那对你来说就获得了2,500美元的利润。如果你一开始持有5,000美元的资产，现在账户中的总资本是7,500美元。目前股价为25美元，即每100股2,500美元，如果要保持交易金额的100%，你的账户中只需要保留2,500美元就够了。

然后你再接着投机（同样，不需使用保证金），再卖空200股。你现在持有300股空头，这需要7,500美元的担保。如果股票价格跌到零，你会再赚7,500美元。因此，按照5,000美元的投资来计算，总利润将是10,000美元，也就是200%的回报率。

但股价不是必须要从25美元跌到零，假设股票从25美元跌至10美元，现在你持有300股股票，当前价格为10美元。你所需要的资金总额是3,000美元，不需使用保证金。记住,此前你的账户中已经有7,500美元的资本。当股价从25美元跌到10美元之后,每股又赚了15美元,或者说每百股1,500美元。这样,最初的7,500美元之上又增加了4,500美元的利润。因此,当股价跌至10美元时,你账户中的资产是12,000美元。你只是卖空了300股,此时,你还可以在10美元的价格上再做空900股股票,且无需再增加资金或使用保证金。

假设上面的过程顺利,现在股价为10美元,你累计卖空了1,200股,你要做的是跟着市场走,随着股价下跌,你卖空获利越来越多。现在假设公司破产了,股票从10美元跌到零,你的利润又增加了12,000美元。当股价为10美元时,你的账户已经增加到12,000美元。因此,当股价为零时,你的期末账户余额为24,000美元。相对于最初的5,000美元投入,利润几乎达到了5倍。如果你想的话,你可以在股价持续下跌的过程做更多次的连续投机,例如,你可以以5美元或任何其他价格做空,所以理论上卖空的利润是无限的。

记住,如果股票下跌,而你不再继续做空,那你的账户中就会有多余的资金。如果上面例子中股票从50美元跌至25美元,你的账户中就有7,500美元的资本,因为你只需要2,500美元作担保,你可以拿出额外的5,000美元进行投资赚取利息或做其他事情。

另一方面,如果市场处于上升行情中,而股票价格从50美元升至100美元,此时,你就不能从账户中提取资金,除非利用保证金。因此,在上升的市场中,为了避免被踢出局,你需要不断地追加投资。而在下降行情中,要想充分投资,你只需要随着价格的持续下跌而不断增加卖空的股数。不知为何,人们好像都没有认识到这一点。

许多投资者认为,在下跌的过程中进一步卖空更多股票是有风险的。如果你清楚自己在做什么,那就不是真的风险。如果公司即将破产,你在何种价位上做空都不重要,在5美元时做空能赚的钱和在25美元时做空能赚的钱一样多。只要股价下跌,即使是已经从100美元跌至10美元的股票仍然是相当不错的做空标的。如果股票最终跌至2美元,即使没有持续卖空,你也可以在10美元时做空获得80%的收益。如果你在100美元时做空，你可以获利98%。80%和98%的回报率并没有很大的差别。

这就是我认为做空有意义的一个原因。如果你愿意充分使用资金，可以获得远远超过100%的收益，甚至不需要使用保证金。你的损失并非无限大，只有当你疯狂到不断地把资金投入到一只卖空失败的股票上时，它才可能变得无限。是的，对卖空的批评其实并没有道理。

卖空的第三种负面说法是真实存在的。1929年股市崩盘后，政府不得不把责任归咎于某些人，虽然股灾的真实原因并非卖空者，但他们是很好的替罪羊。于是部分人的卖空行为成了市场崩溃的导火索，而政府也决定加大卖空难度，这就是为什么他们强制要求提价卖空的原因。这意味着，如果你打算卖空，你必须以高于先前价格的价格卖空上市股票，这虽然没有完全禁止卖空，但无疑使得卖空交易变得更加困难。

此外，税务当局也对卖空采取歧视政策。即使你持有空头头寸超过6个月，你也不能将做空收益作为长期资本利得申报。不管你进行卖空交易的时间有多长，都只能视为短期损益。不过，不做卖空可能会更糟糕，你可能在熊市中遭受损失，也可能在熊市的下跌行情中不参与市场而错过机会。

卖空的另一个好处是没有多少人这么做。所以相对于做多，市场竞争更小。

我还发现，对一家公司负面的研究通常相对于其正面研究质量更高。一项覆盖多年股票市场活动的研究显示，跟随证券公司的买入建议，实际上并不比随机选择股票来得更好。换句话说，与证券公司的购买建议相比，通过向报纸的股市版面投掷飞镖的方式选择股票，其结果几乎没有差别。但是证券公司发出的卖出建议则是另一回事，其中约四分之三的公司表现不如市场。也就是说，这些公司下跌的幅度超过了市场。出现这种现象部分原因是卖出建议很少，因此它们往往更准确。

根据个人经验，找出负面信息更容易。如果一家公司利用了会计规则，夸大了盈利，那么这些问题最终还是会暴露。或者，如果一家公司存在某些深层次的问题，比如订单下降同时库存积累，这种情况迟早会暴露。既然已经在酝酿之中，坏消息就会在市场上传开，股票可能会下跌。如果你押注股价上涨，通常你所依赖的可能是一个无法实现的预测。

假设XYZ有一款非常好的产品，预测者估计未来五年的销售额和盈利将每年增长20%。很多时候，会出现意想不到的竞争或经济下滑，盈利也没有像预期的那样快速增长，长期的前景和短期的状况都存在问题。通常好消息对股价产生影响的难度要高于坏消息对股价的影响。一旦不利因素形成，它就会一直存在，无法摆脱，最终股价会受到冲击。这就是我认为做空相对于做多更容易的原因。当然，在错误的市场卖空会让你遭受巨大损失，如果不是做对冲，那么绝对不要在牛市中卖空。

我自己觉得卖空是一种不错的操作方式，我也清楚这种做法在市场上存在很大的误解。写这一章就是为了澄清对这种投资策略的种种错误认识。然而，在这里，我并不建议一般投资者进行卖空操作。我认为卖空是真正老练的投资者的一种补充策略。也许在我的下一本书里，我会尝试介绍更复杂的内容，那时，我将对卖空阐述得更深入。

| 第15章 |
CHAPTER FIFTEEN

关于投资的问与答

为什么持有存单、国库券或货币市场基金的人现在要考虑投资股票？

从1966年到1982年，市场处于长期熊市，道琼斯工业平均指数在近16年中从大约1,000点下降至不足800点，而通货膨胀率大约则翻了3倍。经通货膨胀调整后，道琼斯指数从1,000点跌至250点！随着"真实"或通货膨胀调整后的股价下降，公众纷纷退出股市，成为股票市场上的卖方——我认为这是理所当然的。由于其他投资工具的收益率较高，整整一代投资者都没有把大量资金投入股市，然而，现在情况已经发生了变化。

人们应该考虑投资股票，因为股票提供了所有金融工具中最高的长期回报。在撰写本书时，定期存单（CDs）和国库券的收益率处于相对较低的历史水平，这使得投资这些工具变得毫无吸引力，同时也使股票更具诱惑。因此，近年来资金大量涌入股市，但在其他工具收益率较低的时候买进股票，你应该知道利率未来也可能上升，而股票市场也会因为风险提高而开始下跌。

然而，当利率较低时，我不反对人们把部分资金投入股市，当然，当利率开始上升时，你必须作出调整。这就是我在本书中描述的指标发挥作用的地方。当指标显示风险较高时，你应该减少股市投资，直到情况好转。

消息灵通的个人投资者是否比大型机构投资者有任何优势？

是的。我认为，一个消息灵通的个人投资者能够击败金融机构，因为他拥有巨大的灵活性。如果你用于投资的资金为5万美元，它不会对市场产生任何影响。但一家拥有数十亿美元的机构就像一艘战舰，很难操纵，不能频繁交易，行为受到很大的局限。他们不能买入很多小市值公司的股票，因为资金量太大，可能最后会拥有整个公司。作为个人投资者，可能会找到一只每天交易5,000股、价格为10美元的场外交易股票，可以买几千股，甚至几百股，这对其收益可能会有重要影响。简单来说，通过更灵活的操作，消息灵通的个人投资者与机构相比有巨大的优势。

普通股仍然是一种很好的通货膨胀对冲工具吗？

我不确定普通股是否曾经是一种好的通货膨胀对冲工具。研究表明，股票在价格相对稳定的时期表现最好，在1920年和20世纪30年代早期和晚期的熊市期间，股票价格表现最差，同时伴随着极端的通货紧缩，表现第二糟糕的时候是通货膨胀率达到8%、9%甚至更高的时期。

当然，有些股票在通货膨胀时期常常表现良好，其中包括采掘业的股票，如黄金、白银、铜和石油以及木材，这些商品的价格通常比成本上涨得快，增加了利润，使股票更具吸引力。

大多数其他行业在通货膨胀时期都会受到影响。例如，公用事业类公司的燃料成本大幅增加，但没有按比例提价的能力，航空公司也存在燃油价格问题，严重依赖原材料和劳动力的公司发现利润受到挤压。总体而言，在严重通货膨胀时期，市场通常表现不佳。

大多数人对通货膨胀时期股票的表现存在误解的原因之一是，他们把今天的股票价格与50年前的股票价格进行比较，发现股价增长超过了通货膨胀率。这是错误的逻辑，因为，如果把这50年划分为若干时间段，可以发现市场在价格稳定时期表现非常好，在高通货膨胀时期表现非常糟糕。一般来说，股票能很好地对冲通胀是一个不切实际的神话。

我需要多少钱才能开始投资股市？

你不需要很多钱，但如果你只有少量资金——500美元或1,000美元，甚至5,000美元——我建议你买共同基金而不是股票。

如果我想比较严谨地进行股票投资，我需要哪些新闻和信息来源？

首先，你需要一个好的日常信息来源。三个有价值的信息来源是《纽约时报》的财经板块（从中我获得了我追踪的大量数据）、《华尔街日报》和《投资者商业日报》。由于全国大多数地方报纸都没有充足的财经版面，上面三家之一是投资者必备的。

在市场总体数据方面，我最依赖的是《巴伦周刊》。你可以长期订阅，但我通常每星期六早上在报摊上买。《巴伦周刊》是非常好的信息来源，而且真的没有任何报纸或杂志可以替代它。

至于具体的投资建议，因为有很多此类信息和服务，我不会完全依赖单一的信息来源。你可能需要不时地参考标准普尔、穆迪或价值线公司的报告。其次是股市通讯，包括我自己的《茨威格预测》和《茨威格股票表现评级报告》。你还可能想研读一些证券公司的研究报告——这有一定的风险，因为经纪人提供的报告有些很有意义，有些却毫无价值。如果你愿意，你可以查阅大量的资料。我会尽量限制我阅读的资料范围，以免失控。不过，我的确花了很多时间研究政府部门发布的和其他来源的统计数据，而一般投资者并不需要这些资料。

我应该如何建立一个小规模的投资组合，比如2万美元？

首先，你应该多元化。当我说多元化时，我指的不仅仅是几只股票，而是不同行业的股票。那句关于"不要把所有鸡蛋放在一个篮子里"的谚语确实适用于股市，因为放在一个篮子里风险太大了。世界上最糟糕的事情就是打赢战役，却输掉了整场战争，而这场战役指的就是市场的方向。

假设你对未来看涨，而市场确实也上涨了——但是你把所有的钱都投入到一只股票，而它却下跌了。显然你并不希望这种情况发生，所以你要采取多样化的投资。不过你也不应该买入太多的股票。一般投资者应该买入5到8只股票。如果是5只股票，你可以考虑每只股票投资4,000美元，考虑不同股票的交易价格，4,000美元差不多足够了。为了节省交易佣金，尽可能购买200股而不是100股。如果你买入的是15美元或20美元的股票，你可以做到这一点；但如果你买一只每股50美元或60美元的股票，你将不得不把买入数量限制在100股左右。

如果我只投资于共同基金，你的指标会起作用吗？

当然。你可以使用本书第6章展示的超级模型，根据买入信号投资于共同基金或封闭式基金（在交易所交易的基金），并根据卖出信号投资于货币市场基金。或者，也可以对模型适当修改。当模型指标非常好的时候，比如说得分为8分或更高的时候，可以全额投资；当模型为中性的时候，你可以调整到50%的仓位；而当模型得分为2分或更低的时候，你可以将资金全部投入货币市场基金。你也可以使用第5章中介绍的跟踪市场行情的百分之四模型或第4章中讨论的货币模型来指导交易。

你认为股票市场投资的合理回报率是多少？

对过去近60年的股票市场行为的研究发现，考虑红利再投资，一个人每年可以赚取9%到10%的收益，其中大约一半的回报来自红利，其余的来自资本增值。这个收益率未考虑通货膨胀。如果你把这段时间的通货膨胀率考虑在内，股票市场的实际回报率为6%到7%。当然，这包括一些回报为负的年份。

如果你进入了市场，你必须意识到投资回报在很大程度上取决于市场总体的走势。如果市场表现不佳甚至下跌，你也不太可能一年赚20%到30%。

我喜欢投资蓝筹股。这是明智的投资策略吗?

这里的问题是,一些蓝筹公司已经成熟,可能不会有太多的增长机会。由于这类公司很安全,它可能会溢价出售,从而降低长期回报率。此外,今天被视为蓝筹股的股票可能几年后就会失去蓝筹股的地位。不久前,美国钢铁公司还是蓝筹股中实力最强的公司之一,但在最近10年左右的时间里,人们都认为它是一只"狗股",具有讽刺意味的是,这反而可能使它成为一只值得投资的股票,因为它不受欢迎,价格可能被低估。

在极少数情况下,蓝筹股公司也可能崩盘,造成灾难性的后果。我记得19世纪一个新英格兰家庭的故事,当一个非常富有的家庭的户主去世后,他留下了一笔不可撤销的信托基金,把他所有的资产都投入到了当时最蓝的蓝筹股——纽黑文铁路公司(New Haven Railroad),那时候,该公司如同今天的通用电气一样。多年来,铁路公司的财富不断缩水,继承人努力想撤销信托,但都没有成功,最后铁路公司破产,他们的财富化为乌有。

总的来说,尽管有上述例子,蓝筹股确实比普通股票更安全,它们的回报也比较低。毕竟风险越高,收益就越大。

我是否应该买入那些红利较高的公司的股票?

我不会仅仅因为股票支付很高的红利就买入,但如果其他方面也不错,而且股票红利率高,那就非常好。你必须小心的是红利特别高的股票,这些股票的红利之所以过高,可能是有好的理由,也可能是因为该公司存在未解决的问题。也许你最好的选择是购买高红利但非超高红利的蓝筹股。

如果在过去的20年、30年或40年里,你投资于道琼斯指数成分股中的8只或10只红利最高的股票,并每年调整你的投资组合,那么你在同一时期的总回报率会优于道琼斯指数。换句话说,高红利收益率的股票,其资本增值加上红利之后的总回报会高于红利收益率较低的股票。然而,低红利收益率的股票往往支付红利较少,甚至不支付红利,这类公司通常市盈率较高,往往是成长股。

长远来看，红利收益率高、市盈率低的公司的表现往往优于成长股，所以买高红利股票没什么不好。事实上，在其他条件相同的情况下，这将是首选的做法。我只是想提醒大家，在红利最高的股票中，大约有1%的股票可能有些风险。

如何看待新股？我应该找新股投资吗？

新股有好有坏，新股市场也存在周期循环。当股票市场投机性较高时，许多热门的新股就出现了。热门新股的开盘价高于发行价，假设发行价是20美元，如果你有幸在这个价格买进，股票可能在25美元甚至30美元开盘，这样的收益足以让投资者兴奋，并对新股趋之若鹜。不幸的是，质量较低的公司也争相发行股票。如果你曾经经历过投机性强烈的那些时期，比如1961年、1968年或1983年，当时很多垃圾股上市，有些人最后为此付出了代价。

如果你投资新股，要选择那些较好的标的。研究表明，新发行的股票在上市后的6个月内往往表现得优于市场，但你不能玩得太久。如果你在1968年底购买了新发行的股票，持有到第二年就会变成灾难。1983年的情况也是如此，如果你在1983年底的新股发行热潮中投资新股，在1984年就会遭受严重损失。就像其他事情一样，如果你对投资的新股比较了解，并且能够及时退出，那么新股是不错的选择。

我会避免买入那些市盈率过高的新股，我也不会选择那些质量较低的新股，我还会避免买入那些由较差证券公司承销的新股，我会远离初创公司和概念公司（甚至没有生意可做的公司），此外，我不会买那些原股东出售股票的公司发行的新股。如果公司本身想要筹集资金，这是好事，但如果股东抽资却可能是坏事，因为在这种情况下公司原股东会出售大量的股票。如果他们卖的数量不多，也许不用担心，但他们卖得越多，你就应该越谨慎。

购买股票时，你如何看待平均成本法？

我对平均成本法并不太感兴趣,因为这意味着如果股票下跌,你要买入更多的股票。我不喜欢买表现不好的股票,如果你以50美元的价格买进一只股票,而它跌至40美元,也许是出了什么问题。如果这是一只很棒的股票,为什么它在第一时间下跌?我宁愿买强卖弱。如果你定期在市场上投资,也许是在个人退休账户(IRA)里,你每年1月份投入2,000美元,这可能不错,有点像是按投入额进行平均。如果市场走低,同样资金低价买入的股票数量会超过高价时买入的股数。但是如果1月份(往退休账户存钱的时候)的市场状况糟糕,我不会马上投资2,000美元。我会把它投入货币市场基金,等待情况好转。

拆股真的有帮助吗?

不,股票分拆几乎没有任何意义。它们只对经纪人有利,因为拆股之后股票数量更多,同时也能带来更高的佣金。股票分拆的效果和把馅饼切成更多块没什么不同,如果你把一个十二英寸的馅饼切成两半,你还是拥有一个十二英寸的馅饼,不管你切多少片,馅饼的数量都一样。股票分拆也是一样的,它毫无价值,但许多天真的人认为他们得到的东西是免费的。从积极的一面来看,分拆可能会为股票提供更多的流动性,使交易变得容易一些。但这么做并不会增加公司的价值。

有没有办法发现像收购这样的特殊状况?

有些人投入大量的资金去寻找收购事件,而且这种技术没有任何问题,但我不采用这种方法。在我看来,收购是专业人士从事的工作,这一工作极度困难,也很耗费时间。

一般来说,要识别潜在的收购对象,你需要寻找资产价值大大超过股票市值的公司。然而,依靠公开信息,很难确定资产的实际价值。例如,一家公司可能在50年前以100万美元的价格购得达拉斯市中心的土地,如今价值1亿美元,这不会反映在公司报表中,所以你必须想办法确定这些资产的价值。

如果你有兴趣梳理年度报告和各种统计信息,你可能会发现潜在的收购目标。但这并不意味着它们将被收购,如果确实被收购,也可能需要几年时间。如果你喜欢这种方法,并能在心理上接受它,那么无论如何都要坚持。这一方法不适合我,但适合其他一些人。

与买高价股相比,买低价股有什么好处?

公众经常被低价股所吸引,比如每股10美元以下的股票。人们认为,如果他们买一只5美元的股票,只需花500美元买一手,5美元的股票涨到10美元或20美元比50美元的股票涨到100美元或200美元更容易。事实上,在牛市中,情况的确如此。然而,在熊市中,情况正好相反。在牛市顶端,有很多股票的售价是15美元和20美元,就是从5美元涨起的,这些股票将来回波动,然后突然暴跌。因此,低价股票的风险更大,股票的质量也更低。

为什么有些股票价格只有几美元,一个很好的理由是:它们很可能是垃圾股。当然类似1974年的情况则是例外,当时市场已经完全崩溃,之前30美元或40美元的股票现在只以5美元的价格出售。从长远来看,我建议大家想办法剔除垃圾股,专注于那些有真实盈利或真实资产的优质股来赚取更多利润。

在我们讨论这个话题的时候,市场上其实还有一种股票,其价格甚至比5美元股票还要低得多,这就是所谓的便士股票,其股价还不足1美元。一般来说,这些股票通常在区域性市场挂牌交易,比如盐湖城或丹佛,或者斯波坎矿业交易所,它们大多数都是矿业类公司股票——这些公司中几乎没有盈利的公司,所属的矿山也基本上没有开工。在盐湖城和丹佛的证券市场上有大量的高科技公司,这些公司的股票价格很低,但很多公司还没有生产产品,你必须非常小心。但在投机狂潮时期,10美分的股票可能会涨到5美元,人们认为他们可以在这些市场上赚一笔,但大多数人的财富最终都灰飞烟灭。我一般会远离便士股票,对于退休账户或基欧退休计划来说,更应规避这类股票。

我是否可以投资美国证券交易所的股票或者场外市场股票？

我并不认为美国证券交易所或场外市场有问题，但这两个市场交易不太方便，由于这些市场通常交易量小，交易商的资本规模也不大，所以如果你的交易量较大，那么纽约证券交易所是更好的选择。至于股票本身，美国证券交易所和场外交易公司的股票往往更具投机性，相应地公司规模也小于纽约证交所上市的公司。

真正的问题是你是想买次级股票还是蓝筹股，我倾向于只在整个市场非常非常看好的情况下才大举买进次级股票。在我们的超级模型显示非常积极的信号，美联储放松信贷，特别是市场正处于或刚刚走出衰退的时候，你可以买入那些最安全的次级股票。在比较中性的时期，模型给出不明确的信号，这种时候我倾向于推荐比较保守的公司。当然，如果模型发出不利的信号，投资者最好完全退出股票市场。

这本书的大部分指导意见都是关于股票的，那么债券呢？我是否应该投资债券？如何选择债券？

债券本身没有问题。当债券市场走强时，其反映出的环境对股票也同样利好。在这些时候，股票的表现优于债券。虽然在行情不好时，股票的跌幅可能超过债券，但从长期来看，投资股票的收益要高于债券。至少从过去五六十年的记录来看，确实如此。然而，股票比债券的波动性和风险更大。所以如果你不愿意承担股票投资的风险，也没关系。但是关于债券投资时机的内容超出了本书的范围。

如果我是一个长期投资者，拥有个人退休账户或基欧账户，而且不打算在10年、20年或30年后退休，我也会选择股票而不是债券。许多经纪商向投资者推荐所谓的零息债券，这些债券将在二三十年后到期，利率为6.5%至7%。虽然这类债券对于个人退休账户来说很有吸引力，但我觉得，如果你有那么长的投资期限，那么投资股市会更好，即使你可能会有一两年的时间业绩不佳，我相信投资股票会让你的退休账户积累更多的资金。

如何看待公司年度报告？在买进公司股票之前是否应该阅读年报？

我不常使用年报。如果要基于价值分析买入公司股票，你就应该参考年报，以及公司提交给证券交易委员会的更全面的10-K报告。当然，你还需要使用标准普尔、穆迪或价值线公司的统计数据，在这些数据中，你可以获取大量资产负债表信息和财务历史记录，以及相关的深入分析。如果喜欢阅读年报，不妨花点时间阅读脚注。你可以花大量的时间分析一只股票。根据前面的内容，读者应该知道我在股票市场上采用的是不同的方法。在股票投资中，没有唯一正确的方法。在具体的投资决策过程中，阅读年报和相关材料是有帮助的。

股票市场能预测经济状况吗？

事实上，确实可以。股票市场是政府公布的12个主要指标之一，在预测经济未来走势方面也有着最好的预测记录，这很有意思，因为很多时候我们听到的是基于经济走势的股市预测。市场是一种贴现机制，它对未来的经济表现进行贴现，而不是反过来。股票市场往往会在经济到达高点之前达到顶峰，也会先于经济触底。一般来说，股票市场将在经济衰退前6个月触底，购买股票的最佳时机是在经济还处于衰退期间。一旦经济衰退成为共识，知道经济未来走势对股票投资不会有太大帮助。而另一方面，如果你想预测未来经济走势，看看股市就知道了。

道琼斯工业指数能够在多大程度上代表整个市场？

道琼斯指数并不具有代表性，因为它只有30只蓝筹股。在某些时期，比如1972年，道琼斯指数上涨了大约10%，而股票市场却下跌了大致相同的水平。在另一些时候，如1977年，市场总体略有上升，但道琼斯指数下跌约15%。因此，有时精选蓝筹股的回报率与次级股票（或小盘股）的回报率相差很大。

一些武断的决策也会对道琼斯指数的表现产生重大影响。例如，IBM在20世纪30年代被剔除出道琼斯指数，直到70年代末才再次入选，而IBM在40、50和60年代取得了惊人的发展，如果IBM不被剔除，道琼斯指数在70年代的某个时候可能会达到1,700或1,800点，而当时的实际数字只有1,000点。与此同时，AT&T作为一家公用事业公司，而不是一家工业企业，在此期间一直留在道琼斯指数成分股中。

虽然道琼斯指数并不完全具有代表性，但如果它在一段时间内表现得很好或很差，那么市场上的其他板块也会有同步的表现。

经纪商的广告中承诺美国政府为吉利美（Ginnie Maes）提供回报担保。广告中是否遗漏了关键信息？

是的。吉利美代表了政府支持的抵押贷款证券池，这些证券可能波动很大，到期日可能是10年、15年，甚至20年。期限越长，这些投资组合对利率变化越敏感，例如，平均而言，利率每变动一个百分点，投资组合就可能变动7%。换句话说，如果利率从6.5%升至7.5%，投资组合的价格可能会下跌7%，这是他们没有披露的。

我该如何寻找经纪人？

首先，你需要确定自己想从经纪人那里得到什么。如果你是一个完全自己动手的人——也就是说，如果你自己有关于股票投资的理念，对市场走向有自己的看法，你只是想要通过经纪人下订单——那你应该找一家折扣经纪人，节省一半或更多的佣金成本。折扣经纪人不会提供太多的服务，除了下订单和提供定期交易信息，他们不会给你打电话，你必须打电话给他们。如果这就是你所需要的，那么折扣经纪人就够了。

另一方面，如果你需要全面的服务，则应找一家全服务经纪商。全面服务具体包括哪些呢？首先，它可能会为你提供一些服务，有些人确实需要。经纪人也可以提供投资建议。

大公司的经纪人可能会提供其他服务，例如向客户提供共同基金、市政债券、期权等折扣经纪人可能没有的产品。如果你是一家大型零售经纪商的优质客户，他们还可能会让你成功申购到热门的新股。

我有一位很信任的经纪人。为什么我还要看这本书？

这本书可能是对你信任的经纪人的一个很好的补充。首先，你不应该依靠一个自己都不信任的经纪人，这太荒谬了。经纪人可以信赖，但他可能仍然不知道股票市场的走向，或者他可能没有好的投资思路。坦率地说，我认为你最好只是通过经纪人下订单，让他向你介绍其他适合你的产品，比如共同基金、债券、市政债券等。

怎样看待保证金交易？你会向普通投资者推荐吗？

首先，我想确切地解释一下保证金是什么。保证金是经纪账户中的自有资金与股票市值之间的差额，差额就是你借入的保证金。经纪人非常乐意提供这种服务。例如，如果你有25,000美元的股票，你可以把它放入保证金账户，并根据目前的规定，以2∶1的杠杆借款。也就是说，你可以拥有价值5万美元的购买力。不管借入的资金是多少，你都必须支付利息，保证金借款的利率总是高于优惠利率。

经纪人可以用你的股票作抵押去借钱，他们按照所谓的经纪人贷款利率借款，这个利率略低于最优惠利率。这对于银行来说是一笔不错的贷款业务，因为它有担保品。经纪人通常会在自己的借款利率上增加几个百分点。如果你只是一个普通的客户，他们可能会增加2到3个百分点，如果你是一个大客户，增加的点数可能会少一些。无论如何，你都要支付相当高的利率，利息直接从经纪账户中扣除。经纪商在保证金业务上做得很好，事实上，许多零售证券公司赚取的利息甚至比交易佣金还多。这就是为什么经纪人喜欢保证金账户，但它们可能不适合你。

如果你有25,000美元,你可能不应该购买超过25,000美元的股票。一般人进入市场,利用保证金,突然拥有5万美元的购买力。他做好了股票投资成功的所有准备,但是他没有在市场中留下来的能力。如果市场下跌几天,他可能会担心自己破产而退出市场。在使用杠杆的时候,利息不断地累积,成为沉重的负担,目前的利率为两位数,也就是说你每月要付1%的利息来继续持有股票,这实际上削减了你的利润。当你使用杠杆时往往会努力获取小利,但却不能让利润飞涨。

此外,如果你采用保证金交易,往往会购买太多的股票。让我举个例子。1966年,那时我只是自己做投资,我做了很多研究,并看中了斯佩里·兰德公司(Sperry Rand)的股票。我认为这只股票相对便宜,未来表现会非常棒,我相信买的越多,赚的钱就越多,于是采用了保证金交易。我有2万美元的自有资金,又借了2万美元,以每股20美元的价格买了入2,000股。在这只股票上,我的判断是正确的,但所有的钱都投资在该股票上,几乎没有剩下持久作战的资金,没过多久时间,我就被迫卖出了。后来,如我所料,在接下来的几年里,该股上涨到每股70美元左右。如果我能够坚持下来,每股会赚50美元,用2万美元的自有资金实现10万美元的盈利。但这只是幻想。

首先,我永远也不会恰巧在最高点卖出。其次,我显然持有过多的这只股票,我持有太多,受不了这种压力。如果我最多只买500股,我会好很多,也会拥有更强的持有能力,并最终获得每股50美元的盈利。当提到保证金交易的时候,我总是回想起斯佩里·兰德公司的例子,这种交易会让我觉得不舒服。

第16章
CHAPTER SIXTEEN

给聪明投资者的结束语

"人们好像不容易掌握股票交易中最基础的东西。我经常说,在一个正在上涨的市场中买入是购买股票最舒适的方式。请记住,股票永远不会高到你买不到,也不会低到你卖不掉。但是在首次交易之后,不要接着交易,除非在第一笔交易中你赚了钱。"

我完全同意上面这段话,这是杰西·利弗莫尔的名言,我在前面提到过这位股票市场中的英雄,在20世纪前三分之一的时间里,他是一位伟大的投机者,也可以说他在埃德温·勒菲弗(Edwin Lefevre)所著的一本名为《股票作手回忆录》的书中永垂不朽,该书于1923年首次出版,大约40年后再版。我强烈建议大家看看这本书。

利弗莫尔的观点对今天的市场也十分重要。关于市场动量和跟随市场行情的重要性,他有如下观点:

"他们说你只要赚钱就绝不会变得贫穷。不,你不会,但你也不会因为在牛市中的小赚而致富。"

换句话说,正如我在本书中所强调的,其中的理念就是尽量让盈利增长,同时减少损失。太多的人倾向于过快地实现他们的利润,因此在一轮巨大的牛市中，他们最终只获得了微不足道的利润，而眼睁睁地看着他们以前持有的股票飙升。这通常会使他们在以后犯错误，因为他们认为市场亏欠了自己，所以在错误的时间以更高的价格买进。

为了避免这些错误，请使用我的市场择时模型——货币模型、百分之四模型和超级模型。它们在确定市场总体的上涨和下跌趋势方面做得很好。显然，当择时模型，特别是我们的超级模型看涨时，你应该开始买入。

在下跌时买进可能会引发大麻烦。当然，下跌总是会随时发生。如果市场非常强劲，但在半个小时的回调中你的股票下跌了0.375美元，那么此时入市并没有什么问题。但当市场连续几天表现不佳，股价下跌了四五个点时，买入则可能会带来麻烦。

无论市场状况如何，即使在一个总体为牛市的市场上，你也必须定期清理所投资的股票。举例来说，如果你持有的公司业绩平平，或者有太多的内部人士开始抛售股票，或者股票的市盈率涨得越来越高，你就需要调整股票，寻找其他股票来补充投资组合。除了常规的投资组合调整外，当前面描述的模型从看跌转向看涨时，你就需要大幅增加股票投资的比例，比如从0增加到100%。

当市场指标相对中性或略显乐观时，应该怎么办呢？这种情况下股票投资比例可能应该低于100%。但更重要的是，这意味着风险虽然不是特别高（不如模型完全看空时还持有股票的风险高），但也已经很高，尤其是当持有激进型股票时更要谨慎。在这种情况下，我更喜欢保守的股票。相反，当我们的择时模型从看跌转向看涨时，我倾向于更激进的股票，比如1982年年中、1984年秋季和1991年初。

保守的股票是那些像中大西洋银行这样的例子，它的盈利稳定程度很高，但市盈率很低。更激进的股票通常是那些盈利迅速增长但市盈率也很高的成长型股票，一个很好的例子是1982年的伊美莱斯公司。当所有预测系统都指向牛市时，我喜欢激进的成长型股票，在牛市的疯狂阶段，这些股票往往比市场整体表现得更好。但当市场指标不那么牛气十足时，我会转而买入那些更具防御性和保守性、市盈率更低、盈利稳定性更强的股票，即使这意味着其增长速度更慢。

当市场整体状况良好时，我将变得非常积极。但当指标好坏参半或只是适度看涨时，我会尽快从股票中抽离部分资金，持有一些现金等价物。当指标非常负面的时候，我基本上不持有股票，而是持有现金。我学会了不盲目地大海捞针，即使在这种时候我有少数股票，比如说整体资金的10%到20%，我仍更喜欢保守型股票。

一般人在股市下跌时买进股票，在上涨的最初阶段卖出，这就是1973—1974年道琼斯指数下跌近500点时的情况。美林证券（Merrill Lynch）的鲍勃·法雷尔（Bob Farrell）的数据显示，公众的买入始于1973年2月，在市场触底之前两年。确实，到了1974年12月当市场跌到最低点时，公众也在大举买进，看起来他们似乎是对的，但在这次买入高潮之前投资者已经持续买入了近两年时间，许多人在购买过程中遭受了重大损失。

最后，当你购买股票时，你必须多元化。什么程度的多元化才是合适的？这取决于你投资组合的规模。多元化也有缺点，如果你的投资组合规模较小，那么交易成本会增加。这里有一个粗略的指南。如果只有不到5,000美元，我不太可能购买股票，相反，我会尽快把这些钱投入一个免费的共同基金，通过基金实现多元化。

如果你有5,000到20,000美元，我会试着买4或5只股票。当你有大约5万美元的投资组合时，我会尝试购买8到9只股票。在10万美元的水平上，可以增加到大约12只股票。对于25万美元的投资组合来说，大约20只股票就足够了。

学术研究表明，如果你在不同的行业间进行多元化，一旦你达到大约8只股票，你将获得约八分之七的多元化收益。重要的是不要把所有的鸡蛋放在一个篮子里，如果你只买一只、两只或三只股票，当整个市场上涨时，你可能会战胜市场；但你也可能会不如市场，因为当市场上涨时，你的股票可能表现不佳，甚至可能下跌。如果你的投资多元化，只要市场表现良好，你的投资很可能也会不错。此外，在多元化的情况下，如果一两只股票下跌，不会给你造成任何重大损失。但是，如果你只有一只股票，只要它表现不佳，那你就会遭受损失。

关于选股方法我还想说最后一句话。前面提到过，我建议大家仔细阅读日报上的每一篇盈利报告，有些人可能会发现这是一件苦差事，不愿意去做。当然，你不能指望不劳而获，要想获得高于正常的投资回报率，你必须有起码的投入。然而，如果你想减轻任务，并愿意放弃一些不错的机会，你也可以根据个人喜好挑选出盈利报告。

例如，如果你想了解一些比较保守的股票，你可以只看纽约证券交易所的报告。或者，如果你更激进，希望在竞争较少的市场上操作，你可以只专注于场外交易。另一种可能的筛选标准是挑选季度销售额高于1亿美元的股票，这样你就能找到更适合你口味的大公司。相反，如果你更激进，可能会希望投资规模小得多的公司，这些公司每季度销售额可能只有1,000万美元。

显然，有很多方法可以将市场进行分割，以减少你想要追踪的股票数量。我自己喜欢覆盖整个市场，因为我在小盘股中找到了我喜欢的股票（如我前面提到的卡奇公司或伊美莱斯公司），我也在最典型的蓝筹股中找到了机会（如我在过去几年中多次推荐的通用电气和美国电话电报公司）。

不管你买的是什么股票，如果头寸让你不安心或者头寸规模过大，是不利于睡眠的。如果你睡不安稳，那就说明你在某些地方出错。记住，如果你遭受了一点损失，总有挽回的机会。如果你最后损失惨重，那就忘掉它吧。这是一个简单的算术问题，如果你在股票上损失10%，你需要赚11%才能收支平衡，如果你亏损20%，你需要盈利25%来弥补，但如果你亏损90%，比如说，从100美元跌至10美元，则需要股价增长到10倍才能实现盈亏平衡，这几乎是不可能的。

更有意义的是，我想强调，如果你在牛市中买入的股票获利丰厚，就继续持有。你也许想买更多其他股票——但这样很容易使得收益平均化，在牛市中太早卖出是很不明智的。想象一下，如果身处1990年11月开始的牛市，但你却在1991年12月或次年1月就卖光了。你可能在一些股票上赚了15%到20%的收益，但你会放弃3个月、6个月或12个月的机会，这些机会本来会让你的资金翻倍。

　　总结一下，我想给大家留下一些简单明了的规则：买强卖弱，和市场保持同步。和任何规则一样，我想总会有打破规则的时候，但我希望你抵制这一诱惑，即使像杰西·利弗莫尔这样精明的交易者也发现，当他不严格履行他所宣扬的原则时，他自己也会遭到惨败，在赚了数百万美元之后，他曾经破产过三到四次。我不能保证你会在市场上赚上百万，但是，如果你听从这本书的建议，我想你会一直领先市场，体会投资的乐趣，享受相对安心的睡眠。

扫码免费听
《高效能人士的七个习惯》有声书

量价分析：
量价分析创始人威科夫的盘口解读方法

ISBN：978-7-5153-4437-9

作者：〔英〕安娜·库林

定价：49.00元

- 美国亚马逊量价分析主题图书长期排名榜首。
- 威科夫量价分析法至今被华尔街所有投资银行奉为圭臬。
- 杰西·利弗莫尔、J·P·摩根、理查德·奈伊所倡导的盘口解读法。

利弗莫尔的股票交易方法：
量价分析创始人威科夫独家专访股票作手利弗莫尔

ISBN：978-7-5153-4285-6

作者：〔美〕理查德·威科夫　杰西·利弗莫尔

定价：38.00元

- 两位华尔街传奇人物的对话，一部珍宝级的投资宝典。
- 投资大师理查德·威科夫对利弗莫尔的独家专访首次整理成书。
- 从5元本金到身家过亿，缄默的股市传奇终于接受采访！

行为投资学手册：
投资者如何避免成为自己最大的敌人

ISBN：978-7-5153-4549-9

作者：〔美〕詹姆斯·蒙蒂尔

定价：39.00元

- 被评为"华尔街人必读的22本金融佳作"之一。
- 《怪诞行为学》作者丹·艾瑞里倾情推荐。
- 3小时迅速摆脱投资中常见的行为偏差和心理陷阱。

投机教父尼德霍夫的股票投机术

ISBN：978-7-5153-4887-2

作者：〔美〕维克多·尼德霍夫　劳蕾尔·肯纳

定价：59.00元

- 金融巨鳄乔治·索罗斯最器重的顾问与操盘手。
- 华尔街传奇人物的大胆惊人之语与投机智慧结晶。
- 带你进入一个另类的投机世界，成为股票实战投机中的高手。